国家科技部"十五"攻关课题"旅游资源可持续利用示范研究"成果之一

中国科学院地理科学与资源研究所旅游研究与规划设计中心和大连市人民政府资助出版

生态旅游区建设的理论与实践

全华 著

商务印书馆

2007年·北京

图书在版编目(CIP)数据

生态旅游区建设的理论与实践/全华著. —北京：商务印书馆，2007

ISBN 978-7-100-05391-4

Ⅰ.生… Ⅱ.全… Ⅲ.生态型—旅游点—研究 Ⅳ.F590.7

中国版本图书馆 CIP 数据核字(2007)第 023499 号

所有权利保留。
未经许可，不得以任何方式使用。

生态旅游区建设的理论与实践
全华　著

商　务　印　书　馆　出　版
(北京王府井大街36号　邮政编码 100710)
商　务　印　书　馆　发　行
北京瑞古冠中印刷厂印刷
ISBN 978-7-100-05391-4

2007年9月第1版　　　　开本 880×1230　1/32
2007年9月北京第1次印刷　印张 10½
定价：28.00 元

目 录

第一章 导 言 …………………………………………… 1
第一节 生态旅游理论研究述评 ……………………………… 1
第二节 生态旅游方法研究述评 ……………………………… 15
第三节 生态旅游区实证研究述评 …………………………… 21
第四节 生态旅游区建设及其问题 …………………………… 27

第二章 生态旅游区建设理论探索 …………………… 41
第一节 生态旅游区建设的理论基础 ………………………… 41
第二节 生态旅游区建设的基础理论 ………………………… 58

第三章 生态旅游区构成与建设内容 ………………… 67
第一节 生态旅游区构成要素辨识 …………………………… 67
第二节 生态旅游区建设内容 ………………………………… 77

第四章 生态旅游区建设时序 ………………………… 102
第一节 建设准备 ……………………………………………… 102
第二节 总体规划 ……………………………………………… 108
第三节 软件建设 ……………………………………………… 117
第四节 硬件建设 ……………………………………………… 122

第五章　建设判别模型与驱动机制优化 ································· 133
第一节　生态旅游区"负建设"剖析 ································· 133
第二节　建设并优化驱动—制约机制 ································· 146

第六章　建设状态识别与可视化表达 ································· 160
第一节　适度建设指标判断与理想状态识别 ························· 160
第二节　规划建设构想四维可视化表达 ····························· 177

第七章　张家界生态旅游区建设 ····································· 195
第一节　张家界生态旅游概述 ····································· 195
第二节　发现与开发简况 ··· 206
第三节　建设过程中产生的问题分析 ······························· 245
第四节　张家界景区生态环境阈值分析 ····························· 272
第五节　景区生态环境的恢复与重建 ······························· 277
第六节　生态环境监测保护体系建设 ······························· 303

结语 ··· 319

参考文献 ··· 323

后记 ··· 330

第一章 导　言

第一节　生态旅游理论研究述评

一、生态旅游的发展历程

生态旅游的概念诞生于20世纪70~80年代，但其根源性的观念和实践却已经有好几个世纪了。D. A. 芬内尔(David A. Fennell, 1999)认为：将旅游与环境保护结合在一起的观念，在非洲人的狩猎远征和19世纪国家公园的建设中就已有体现。1835年，达尔文在距离厄瓜多尔海岸600英里(1英里＝1.609 3公里)、由120个火山岛组成的加拉帕格斯群岛，停留了5个星期。因此，这个群岛不仅为进化论的诞生提供了重要的实证，而且被认为是生态旅游的发源地。20世纪60年代以后，在加拉帕格斯群岛开展起来的生态旅游逐渐成熟。此后，肯尼亚、哥斯达黎加等地的生态旅游也得到迅速发展。

生态旅游的发展可以分为以下三个阶段。

1. 兴起阶段

一般认为，生态旅游最初是从欠发达的国家开始的。除了加拉帕格斯群岛较早开展生态旅游以外，非洲的肯尼亚和拉丁美洲的哥斯达黎加被认为是发展生态旅游的先驱。哥斯达黎加是拉丁美洲开展生态旅游颇有成效的国家。1970年以前，为了发展农业而砍伐森林,造成水土流失,土壤贫瘠。为改变这一状况,哥斯达黎加成立了国家公园局,先后建立了 34 个国家公园和保护区,开展对森林非破坏性的生态旅游活动。国家对此制定了严格的法规,并成立专门机构,监督这些法规的执行。到 20 世纪 80 年代中期,旅游业的外汇收入成为这个国家外汇的最大来源,取代了传统的咖啡和香蕉的地位。据 Y. 罗文斯基(Yanina Rovinski,1991)调查,来哥斯达黎加的旅游者中,大约 36% 的旅游者是看中了生态旅游。非洲的肯尼亚是当代成功开展生态旅游的国家之一。其最初开展生态旅游是被逼出来的。肯尼亚以野生动物数量大、品种多而著称。20 世纪初,殖民主义者掀起了野蛮的大型动物狩猎活动,受益者主要是白人。1977 年在肯尼亚人的强烈要求下,政府宣布完全禁猎,1978 年宣布野生动物的猎获物和产品交易为非法。于是一些由此而失业的人被迫开辟新的谋生形式,提出了"请用照相机来拍摄肯尼亚"的口号。他们以特有的生物多样性、独特的生态系统、迷人的野生动物以及阳光充足的海滩招揽游人。生态旅游从这些发展中国家逐渐兴起。

2. 发展阶段

生态旅游兴起以后,在全世界得到广泛的响应和迅速发展。这与资源节约、环境友好、和谐社会、可持续发展等新观念的确立密切相关。由于工业、农业、交通运输业的高速发展和城市人口过度密集,带来了严重的环境问题。人类社会,经历了工业化阶段的快速发展,资源逐渐枯竭,生态环境日益恶化,特别是城市居民工作节奏加快,城市建筑形成的"水泥丛林"快速向四周蔓延,空气污染和水体污染日益严重,固体垃圾处理的速度,远远落后于垃圾增加的速度。越来越多的人生活在水质不净、噪声不断、食品污染、垃圾围城的状态下。在这种背景下,城市居民"回归自然"、"返璞归真"的愿望越来越强烈。因此，生态旅游一经提出，便得到世界范围的全面响应和快速发展。

20世纪80年代初，生态旅游（ecotourism）的概念受到世界自然保护和旅游界的认同。一些有远见的旅游经营者逐渐意识到生态旅游的潜在利润。他们从当地人那里租用或购买土地，建设生态旅馆，提供导游服务，并获得较好的效益。韦弗（David Weaver）在20世纪80年代末期，引用一些轶闻信息来说明生态旅游的发展情况，信息表明一些专业化的生态旅游经营机构，正以每年15%～20%的速度扩展着他们的消费者基数。

20世纪90年代，随着生态旅游在一些国家的成功实践，越来越多的组织、政府部门、研究人员、企业、当地居民、非政府组织等介入生态旅游的实践与探索，生态旅游的概念不断清晰、完善，各种原则和框架也不断建立，在对诸多成功或失败的案例进行分析的基础上，人们对生态旅游的认识也越来越深入。

进入新千年之后，生态旅游获得了更广泛的关注，一个重要的事件就是联合国将2002年确定为"国际生态旅游年"。

据世界旅游组织统计，生态旅游已经成为国际旅游业发展和增长最快的领域，年增长率为7%～10%，占旅游总收入的20%。特别是中国，随着由亚洲旅游大国向世界旅游强国的发展，生态旅游有望成为21世纪中国许多地区新的经济增长点和国际投资的重点领域。生态旅游作为一种宣传主题和产品品牌，日益深入人心。

3. 泛滥阶段

由于城市景观日益趋同，乡村环境逐渐退化，愈来愈多的人们对熟悉的人居环境产生厌倦情绪，向往空气清新，水质洁净，植被茂盛，生态环境优越的旅游目的地。旅游经营商为了迎合这种趋势，将一些传统旅游产品,也贴上了生态旅游的标签,导致了生态旅游的泛滥。对于旅游开发商和经营者来说,生态旅游这一招牌所能带来的商机无疑是潜在而巨大的。作为一种新的旅游产品,生态旅游以其回归大自然和环境保护的时尚理念,吸引着越来越多的旅游者。面对这一具有广阔市场前景和潜在经济效益的大蛋糕,众多旅游企业不免对生态旅游趋之若鹜。但欲发展真正的生态旅游,旅游开发商们也将不得不付出更大的代价:他们要承担起环境保护和社区受益的责任,即应该追加远大于常规旅游区的成本。在现有制度下,旅游开发商们为了获得更大的经济利益,往往还利用签约前的机会主义,并不追加足够的成本。为使这种行为成为正当,他们很愿意在环境保护和社区经济发展标准上进行模糊化处理。于是,生态旅游就开始泛滥了。

在理论上,产生了一股生态旅游概念泛化的思潮。对生态旅游概念的界定,国内外学者在几十年的研究中,曾给出过不同的定义。虽然至今尚未统一口径,但对其基本内涵的理解已日渐趋于一致。在众多定义中,具有代表性的、反映着众多学者共同意见的,当属国际生态旅游协会(ITES)和国际自然与自然资源保护联合会(IUCN)对生态旅游的界定。1991年,国际生态旅游协会在众多的早期定义中给出了生态旅游的一个定义:"在自然区域所开展的负责任的旅游的同时,既保护了环境,又发展了当地人的福利事业。"

生态旅游的泛化主要体现为有关生态旅游三个重要概念的泛化,即生态旅游地的泛化、生态旅游者的泛化和生态旅游景区的泛化。

生态旅游地的泛化。生态旅游地是包含景区和接待服务区的生态旅游目的地。生态旅游的内涵要求生态旅游地相对未受干扰或没有被污染。但随着人类改造自然的能力不断增强,人类的干扰作用已无处不在。根据 R. 福尔曼及 M. 戈德罗恩的观点,地球上的景观按照人类的干扰强度由弱到强可以被划分为自然景观、管理景观、耕作景观、城郊景观和城市景观。生态旅游地只应属于自然景观、管理景观和耕作景观中的某一特定地域,而不可能出现在城市景观或城郊景观中。生态旅游地的泛化,几乎将所有旅游地都称作生态旅游地,出现了所谓的城市生态旅游的提法。

生态旅游者的泛化。生态旅游的内涵要求生态旅游者须具备两个条件:一是前往生态旅游地,即购买旅游产品;二是具备一定程度的生态意识。上文已提及条件一已经被泛化;而条件二,即是否具有一定程度的生态意识,由于这一点仍然是难以测量和统计的,所以这一缺憾又为生态旅游者范畴的泛化创造了条件。在生态旅游泛滥阶段,大部分游客几乎没有生态意识或只有表层的生态意识,但这两者差别的难辨,最终使泛化现象体现为"凡是去生态旅游地的游客都成为了生态旅游者"。

生态旅游景区的泛化。生态旅游地可分为两种:一种是未经旅游业开发的部分,另一种是已被开发的区域,即生态旅游景区。生态旅游景区作为生态旅游业的核心部分,与常规旅游景区有着较大的差别。常规旅游景区的建立是以满足旅游者需求,获得最大经济利益为主要目标,而生态旅游景区以生态、社会和经济综合效益最大化为主要目标。因此,生态旅游景区相对于常规旅游景区,还需要担负两个责任:环境保护和社区受益。而且这两个责任不应仅仅只作为口号去争取,还应该具体化地制定一定的操作标准,作为衡量生态旅游景区资格的标尺。只有同时满足这两个标准的旅游区,才能是真正的生态旅游景区。然而在生态旅游泛滥阶段,任何旅游区只要搬上了生态旅游的思想模式或按照生态旅游的基本原则来经营管理，它就泛化成了生态旅游景区。凡是由自然开发成的旅游区都是生态旅游区，无所谓旅游区环境究竟破坏了多少，也无所谓社区居民究竟是否获益。环境保护和社区经济发展，这两个作为区分生态旅游景区和常规旅游景区的标志，由于对其程度理解的随意性，导致了生态旅游景区已泛化成了所有的旅游区(裴沛,2005)。

4. 发展趋势

经过一段时间的泛滥，人们开始重新审视生态旅游。生态旅游在实践上泛滥造成的后果，将被逐步弱化。在生态旅游理论上形成的"泛化"现象，也将逐步得到纠正。可以预见，在不远的将来，生态旅游将进入一个平稳发展的时期。这一时期将比上述第三阶段，即泛滥阶段，要持续更长的时间。但是，随着全球化、城市化、工业化速度的加快，世界人口的进一步增长，相对未受干扰或没有被污染的生态旅游地，将不可避免地逐渐减少。在愈来愈少的生态旅游地中，随着旅游强度的不断加大，旅游地的自然、社会和生态环境承载力极限将被突破。如果没有采取补救措施，或补救措施不得力，生态旅游将进入停滞阶段，最后步入衰落阶段。

二、理论研究进展与趋势

1. 研究进展

生态旅游第一个重要的文献出现在 20 世纪 80 年代。1980 年，由美国著名旅游学家 D. E. 霍金斯(Hawkins)编著的《旅游规划与开发问题》论文集中，收入了加拿大学者克劳德·莫林(Claude Moulin)的一篇题为"有当地居民和社团参与的生态和文化旅游规划"(Plan for Ecological and Cultural Tourism Involving Participation of Local Population and Association)的论文。文章中提出了"生态旅游"(Ecological Tourism)一词。墨西哥学者谢贝洛斯·拉斯喀瑞(Hector Ceballos-Lascurain)于1981年他使用了西班牙语 turisimo ecologico。1983年,他将"Ecological tourism"合并为"Ecotourism"。但是直到20世纪90年代,规划者、管理者和研究者才真正地发现了这一现象。早期的研究只是分散的、描述性的,从1993年开始,各国政府和研究人员出版了大量的重要研究成果,这些研究已经具有明显的分析性和预测性的特征。目前,全世界每年以英语出版的重要生态旅游文献有150多个。

由于生态旅游是20世纪80年代才兴起的新的研究领域,所以目前关于生态旅游的研究主要侧重于对概念、定义和市场分析方面。除此之外,主要的研究领域还包括:生态旅游与保护的关系(保护区管理、缓冲区可持续发展、消费者的环境教育等)、生态旅游的生态、审美、社会、文化、经济影响、生态旅游与当地社会发展、生态旅游与道德规范、生态旅游教育、生态旅游与公共政策、生态旅游资源的经济价值、生态旅游案例研究等。关于生态旅游对当地的影响,一般分为直接影响、间接影响和引致(induced)影响,主要是从收入、就业、漏损等角度来进行分析。E. 西拉卡亚(Sirakaya)和麦克雷兰(McLellan,1998)对一个遵循生态旅游原则的旅游企业以及布克伯德尔(Bookbinder)等人对尼泊尔皇家奇特湾(Chitwan)国家公园的实地研究都表明,生态旅游的经济贡献并没有当地社会预想的那么多。K. 林德伯格(Kreg Lindberg)认为,生态旅游对经济贡献中的一个主要问题是漏损(经济效益的损失),对于发展中国家来说,一般情况下旅游收入漏损比较严重,如尼泊尔的漏损达到70%、泰国为60%,发展中国家平均为55%(David Weaver 著,杨桂华等译,

2004)。K.齐夫尔(Ziffer)对生态旅游如何促进发展中国家资源保护进行了评估。伊丽莎白·布(Elizabeth Boo)、D. A. 芬内尔和P. F. J. 伊格尔斯(Eagles)等人,在对哥斯达黎加等发展中国家保护区中的生态旅游进行考察的基础上得出结论,认为生态旅游能够在提供社会收益,并反过来为自然保护提供激励方面扮演重要角色,发展中国家可以通过将生态旅游、公园管理和社会发展结合在一起,从而实现很多目标并获得环境收益。目前,生态旅游对于资源保护的重视和实际贡献仍然是研究者着力推广的一个重要问题,也是各种方针、纲领、规范中必须强调的一个主要方面。K.布兰登(Brandon)出版的《生态旅游与保护:主要问题回顾》全面地阐述了作为保护工具的生态旅游与经济发展和自然资源保护的联系,并指出为生物多样性保护带来收益的旅游是存在于一定条件之下的。

在过去的几十年里,很多学者就旅游活动(尤其是自然旅游和生态旅游),对环境的影响进行了大量的研究,大部分的研究都采用实地调查的方法,比如,理查德(Richard)和斯劳特(Slaughter)、L. A.布朗(Brown)、D. B. 韦弗(Weaver)和戴尔(Dale)、埃克特(Eckert)、科尔(Cole)、库斯(Kuss)和摩根(Morgan)、克卢泽(Cluzeau)等人,就旅游活动尤其是自然旅游活动对土壤的影响进行了研究;贝尔(Bell)和布利斯(Bliss)、海加德(Hylgard)和利德尔(Liddle)、利德尔和赛伊尔(Thyer)、巴克利(Buckley)和潘内尔(Pannell)、朗斯戴尔(Londsdale)和兰(Lane)、科尔(Cole)等人就旅游活动对植被的影响进行了调查和探讨;西尔伯格利德(Silberglied)、卢肯巴赫(Luckenbach)和伯里(Bury)、伍尔科特(Woolcott)、凯(Kay)和利德尔(Liddle)、克里尔(Cryer)、海利希恩伯格(Heiligenberg)、霍金斯(Hawkins)和罗伯特(Roberts)等人针对旅游活动对无脊椎动物的影响进行了分析(保继刚、楚义芳,1999);沃尔默(Vollmer)、克鲁沃什肖(Crwashaw)和沙勒(Schaller)、霍西尔(Hosier)、布拉特斯特罗姆(Brattstrom)和冈德罗(Gondello)、埃丁顿(Edington)、雅各布森(Jacobsen)和库什拉姆(Kushlam)、乌布雷(Ubley)和克利夫(Cliff)、D.怀尔德(Wild)、雅各布森(Jacobson)、威瑟英格顿(Witherington)等人通过对莫哈韦沙漠、加利福尼亚、刚拉帕斯岛、乌干达等地的研究,提供了有关生态旅游和其他旅游活动对爬虫类和两栖类动物的影响的资料(吴必虎,2001);安迪生(Anderson)和基思(Keith)、班斯(Bangs)、贝尔(Bell)和伍斯廷(Wustin)、布莱克斯利(Blakesley)和里斯(Reese)、凯勒(Keller)、贝朗格(Belanger)和贝达德(Bedard)、耶尔登(Yalden)、比勒(Buehler)、格拉布(Grubb)和金(King)、冈萨雷斯(Gonzalez)、格鲁兹威勒尔(Grutzwiller)、菲茨帕特里克(Fitzpatrick)和鲍奇兹(Bouchez)等就鸟类与人类旅游活动的关系进行了研究(杨桂华,2000);麦克阿瑟(MacArthur)、迪尔登(Dearden)和霍尔(Hall)、杰普森(Jeppesen)、麦克莱伦(McLellan)和沙克利顿(Shackleton)、古德里奇(Goodrich)和伯杰(Berger)等学者的研究表明,大部分情况下,野生动物都受到了包括生态旅游在内的各种休闲活动的影响(吴必虎,2001);阿西格顿(Arthington)、兰登(Langdon)、罗伯特(Roberts)和怀特(White)、皮尔斯(Pearce)、沃肯(Warnken)、巴克利(Buckley)等人就水下旅游活动对水生生物的影响进行了研究;沃特金斯(Watkins)和戈贝尔(Goebel)、理查森(Richardson)、沙克利(Shackley)、布雷顿(Breton)、奥拉姆斯(Orams)等的研究表明鲸鱼、海豚、儒艮、海牛等海洋哺乳动物,在世界很多地方成了主要的旅游吸引物(David Weaver著,杨桂华等译,2004)。

在中国,目前也侧重于探讨生态旅游基本定义和目标、中国发展生态旅游的潜力,以及生态旅游的实施方法与步骤等。在生态旅游研究的核心问题:"旅游与环境的关系问题的研究"方面仍处于探索阶段,未形成一个完整的研究体系和理论体系,目前研究重点仅着重于旅游环境容量、旅游环境承载力方面的分析。

关于生态旅游的检验标准,杨桂华、钟林生、明庆忠(2000)提出了生态旅游的三大检验标准:①生态旅游的对象是原生的、和谐的生态系统;②对象应该受到保护;③社区的参与。孙玉军等(2001)详细地列出了生态旅游的判别标准,如表1—1所示。

表1—1 生态旅游判别指标

指标	拒绝判别	接受判别
产业特征	企业的单一经济行为	企业游客和自然保护工作者密切合作的生态经济行为
运作目标	利润最大化、价格取向	社会经济环境效益的综合优化,价值取向
游览目的	感官享受和消费行为	受教育过程和奉献行为
经营方式	外来投资者独家经营	与当地政府企业民众的密切配合
与地方关系	以外地雇工为主	以当地雇工为主
营销手段	商业性广告	知识性诱导
服务水平	高消费性服务	适宜消费水平服务
服务设施	现代化基础设施	融于自然的简朴设施
能源	化石能源为主	人工自然能源为主
食宿	标准化食宿及标准纪念品	地方特色的食宿及纪念品

续表

指标	拒绝判别	接受判别
行前准备	对目的地知之甚少	对风景区有明确了解
行程特点	行程短,来去匆匆	长短结合,周密计划
游览频度	一次性,到此一游	与当地政府、企业、民众的密切配合
活动安排	规定的线路与活动	在适当范围内自我设计
人际交往	尽量减少与当地民众及其他游客交往,避免惹是生非	积极与当地民众及其他游客交往,努力交流同化
环境行为	由法规被动控制,监督不力时越轨行为多	主动合作、自发保护、相互监督
环境影响	垃圾污染、植被破坏、景观污染等消极影响	积极参与生态建设、献计献策、捐钱、出力等正面影响
生态风险	大,不可逆	小,可逆
管理难度	无序、困难	有序、容易
安全性	低,不可控	高,可控
稳定性	客源随机,但旺季分明	客源有组织补偿,淡旺季差异不明显
可持续能力	脉冲性,受外部控制及市场冲击	可持续性,有内部调控,缓冲能力强

国内学者认为,生态旅游的内容包括森林生态旅游、海洋生态旅游、草原生态旅游、高山生态旅游等形式,当然,最为广大旅游者钟

情,也最易于接受的还是森林生态旅游。

目前国际上生态旅游研究的领域前沿包括以下内容。

(1) 旅游开发的环境影响机理研究。包括旅游环境影响因子的确定;不同类型旅游区的环境敏感性分析;不同旅游项目的环境影响程度;生态旅游环境容量研究等。

(2) 生态旅游评价标准和开发模式研究。包括环境标准、经济标准和社区发展标准;生态环境脆弱与敏感地区的旅游资源开发模式。

(3) 生态旅游对社区福利的贡献程度与提升方式。包括当地居民参与生态旅游的方式、程度、收入;地方的所有权的体现和保护;为当地乡村居民提供商业机会的途径。

2. 研究趋势

1980年,克劳德·莫林提出"生态旅游"(Ecological tourism),1983年,谢贝洛斯喀瑞将"Ecological tourism"合并为"Ecotourism"。1986年,在墨西哥召开的一次国际环境会议,首次对生态旅游发展问题进行了专门的讨论。1987年,世界野生动物基金会(WWF)对拉丁美洲和加勒比海地区的5个国家发展生态旅游的情况进行了专门研究,并出版了《生态旅游:潜能与陷阱》的研究报告。该报告主要研究了这些国家旅游业发展的过程、政策与管理,特别就自然旅游的发展与保护区的情况进行了分析,从生态旅游发展的角度,对改进这一地区旅游业规划与管理提出了重要的建议。这个报告对这些地区乃至世界生态旅游的发展产生了重要的影响。

此后,国际上举办了一系列生态旅游研讨会,如1990年在墨西哥,1991年在加勒比海地区,1995年在泰国举办了多种形式的国际生态旅游研讨会。目前澳大利亚、欧洲各国、美国、加拿大和加勒比海地区都十分重视生态旅游的研究。1997年澳大利亚国家旅游办公厅进行了一次市场调查,旨在更好地了解生态旅游市场,更有效地推出生态旅游产品。1994年加拿大的哥伦比亚发表了综合市场研究,关注的是评价目前及将来在这些地区对生态旅游的需求。报告的作者从许多方面搜集信息,得出它们的研究,资料来源包括对生态旅游的文献回顾,旅行交易调查和对几个加拿大和美国都市居民的总体消费调查。这项研究的一个重要结论是生态旅游市场确实在泛化。因此研究者和实践者必须在推断生态旅游市场的规模和广度时谨慎小心。目前世界上设立的生态旅游研究机构主要有:生态旅游协会(ITES)、自然保护管理委员会(TNC)、国际保护组织(CI)、世界野生动物基金组织(WWF)、旅游人类学委员会(IUAES)等。这些专门的研究机构定期举行学术活动,在区域或全球尺度上为顺利开展生态旅游做过很多工作。最有代表性的是生态旅游协会。1991年以来生态旅游协会就与华盛顿大学(GWU)合作,面向社会提供生态旅游的教育和培训,还通过专题讨论会和论坛,提供最新的生态旅游发展趋势和各种规划管理方法。

中国生态旅游研究始于20世纪90年代后期,尤其是1994年以后,才成为国内旅游学者及地理学者研究的热门话题。地理与旅游研究工作者也加入到生态旅游研究的行列。1994年成立了"中国生态旅游协会"(CETA),挂靠中国科学院地理科学与资源研究所。1995年1月在西双版纳召开了全国第一届生态旅游学术研讨会,发表了《发展我国生态旅游的倡议》。1996年6月在武汉召开国际生态旅游学术研讨会,同年10月推出了《中国21世纪议程优先项目计划》调整、补充方案,列出"承德市生态旅游"、"井冈山生态旅游与次原始森林保护"等作为实施项目。1999年被国家旅游局定为"生态环境旅游年"。1999年云南大学主办了全国生态旅游学术研讨会。从此以后,研究队伍逐渐扩大,研究成果逐年增多,出现了:《生态旅游——21世纪旅游新主张》、《中国生态旅游指南》、《生态旅游》、《生态旅游学》、《生态旅游理论与实践》等十余部专著。截至2006年6月12日,在中国期刊全文数据库中(上海财经大学校园网),在搜索项为"主题",搜索词为"生态旅游",匹配为"精确",年限为"1979~2006"状态下,可查询到5 552篇文献。

综上所述,生态旅游研究经历了自然旅游—森林旅游—生态旅游—生态旅游行为—生态旅游理想模型—生态旅游环境评价的发展历程,现在正朝着理论化方向发展,如图1—1所示。

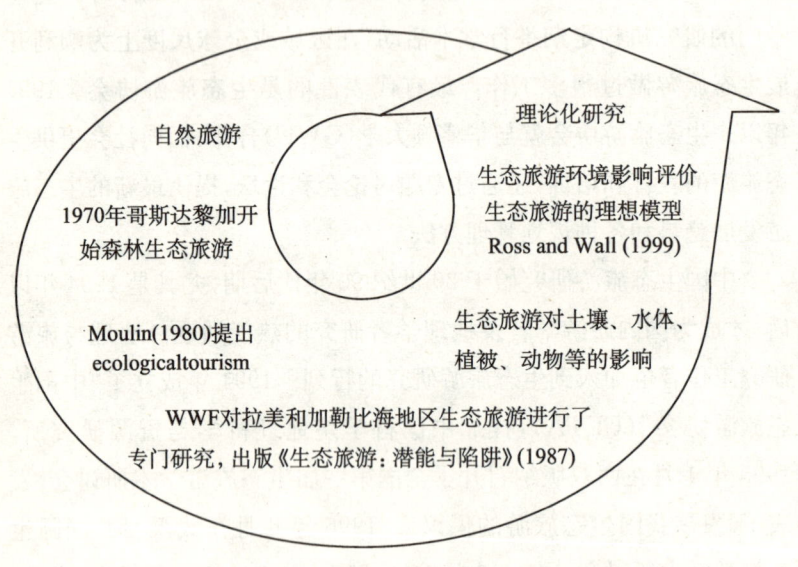

图1—1 生态旅游的发展历程及研究趋势

第二节 生态旅游方法研究述评

生态旅游研究横跨自然科学和社会科学两大学科研究范畴,许多自然科学和社会科学的研究方法都可应用于生态旅游研究。定性描述方法、生态实验方法、环境监测方法、理化分析方法、数理统计方法、客流量测方法、抽样调查方法、图表分析方法、"3S"技术方法、图像数据分析处理、计算机模拟、数学建模方法等(表1—2),在生态旅游研究中多有运用(全华,2004)。

表1—2 生态旅游研究方法

方法分类	方法简述
定性描述	通过逻辑推理、演绎、归纳,对旅游现象进行描述,不作假设检验和实证研究
数理统计	运用百分比、频率、排序、统计图表、回归分析、聚类分析、趋势外推等方法,分析研究空间数据,佐证结论
构造模型	运用数学建模或计算机模拟,分析处理空间数据,用以支持理性结论
"3S"	用遥感(RS)、全球定位系统(GPS)、地理信息系统(GIS)采集、分析、处理并可视化表达空间数据

对CNKI知识创新网(http//166.111.88.20/)中国期刊全文数据库中检索到的737篇"生态旅游"文献进行分析,定性描述方法用得最多,占76%;使用数理统计方法的文献数量次之,占18%;用数学方法构造模型的文献较少,占5%;运用"3S"技术采集数据、分析

处理数据的文章数量最少,仅占1%,而且,主要是地学背景的作者使用此方法(图1—2)。

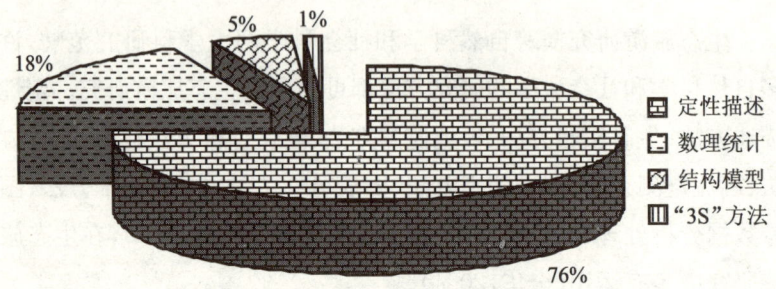

图1—2 1994~2003年CNKI生态旅游研究方法方面的论文构成

1934~2002年《地理学报》刊登了37篇旅游地理文章,代表了国内该领域研究的最高水平。使用过数学方法的代表性文章见表1—3所示。

表1—3 《地理学报》刊登的旅游地理文章中应用数学方法的代表性论文

应用方法名称	论文名称	作者	发表时间、刊号
旅游地开发评价模型	旅游地开发评价研究	楚义芳	1991,46(4)
旅游流重力模型	上海城市游憩者流动行为研究	吴必虎	1994,49(2)
旅游需求模型	旅游供给与需求的空间关系研究	牛亚菲	1996,51(1)
景观空间格局分析模型	佘山风景区景观空间格局分析及其规划初探	唐礼俊	1998,53(5)

续表

应用方法名称	论文名称	作者	发表时间、刊号
旅游开发对植被影响评价模型	旅游开发对丹霞山植被的影响研究	李贞	1998,53(6)
指数模型	自然观光旅游地客源市场的空间结构研究	张捷等	1999,54(4)
水体景观容量模型	张家界景区水环境演变与旅游发展关系探讨	全华等	2002,57(5)

1983～2003年20年间,中国科学院地理科学与资源研究所共产生了14篇旅游地理方向的博士或硕士论文,比较全面地代表了当时研究方法的运用广度。数据处理较多的当数郭英之(1999)的博士论文"现代旅游者行为研究与市场营销策略",该论文应用了线性回归模型、主成分回归模型、凯恩斯消费函数模型、线性支出系统模型、旅游流解释模式、灰色关联分析、旅游季节强度指数分析、特尔菲模型、时间序列模型、马尔科夫模型、组合分析法等数学方法。

生态旅游与环境的相互关系,在一定程度上,就是特殊区域的人地关系。毛汉英、方创琳等对区域PRED协调发展进行过深入的研究,形成了一套成熟的技术方法。

综观国内旅游研究,主要使用过下列方法。

保继刚(1986)在克朗蓬(Crampon,1966)引力模型的基础上,建立了北京6月份国内游客预测引力模型。全华(1989)在其硕士论文中,利用图论方法引入了旅游网络概念,并以此为工具分析了东北旅游空间结构。谢彦君(1990)提出了游客心理状态与目的地景观状态之间的关系模型,用以解释城乡居民旅游偏好的不同。张剑光、冯云飞(1991)用气候宜人性评价模型,对贵州气候进行了评价。张耀光、李钜章(1993)用模糊评判方法,对石灰岩景观进行了定量评价。王淼(1997)用灰色系统理论分析了江苏旅游业空间结构。李景奇、秦小平(1998)提出了风景区游人规模预测模型,并给出了两个不同公式。张凌云(1999)提出了旅游地吸引范围数学模型。彭少麟、李少芬(1999)提出了空气负离子CI概念和计算公式。张捷、都金康等(1999)通过对九寨沟进行大规模样板群分析,建立了距离衰减数学模型。王瑛(1999)以最大熵——重力模型为基础,建立了旅游点与旅游集散地相互作用的基本模型。杨桂华、钟林生、明庆忠(2000)在《生态旅游》一书中,介绍了季节性强度公式、生态旅游地环境容量量测公式、空间容量量测公式、自然资源容量量测公式、社会生态环境容量量测公式等。刘春玲、路紫(2001)运用拓扑方法对河北省太行山区森林生态旅游区交通状况、结点功能及开发进行定性和定量分析。吴必虎(2001)建立了环境享受价格模型,用以评价旅游地环境价值。

  国外旅游研究使用过的数理方法较多,经历了如下演变过程。

  美国资源经济学家马里恩·克劳森(Marion Clawson)提出的旅行费用法,较科学地评价了游憩地的精神效益。旅行费用法、单位天价值法和偶然评估法,被美国水资源委员会作为评价游憩价值的三大方法加以推广(卢云亭,王建军,2001)。J. L. 尼奇(Knetsch)利用旅游需求曲线,说明旅游者流量与旅游地面积及其拥挤产生的从众效应有关。克朗蓬首次将引力模型运用于旅游研究。R. I. 沃尔夫(Wolf)、S. L. 爱德华兹(Edwards)、S. J. 丹尼斯(Dennis)、F. J. 赛扎里奥(Cesario)、克里兹(1976)、A. G. 威尔逊(Wilson)等先后对引力模型进行了修正。J. W. M. 范多伦(Van Doorn)认为,引力模型只能预测近期市场变化,对中长期的预测结果缺乏可靠性。S. C. 普洛格(Plog)曾以美国人为研究对象,观察旅游者对目的地的感知和出游态度的心理类型,提出了旅游者心理类型分布与目的地选择的关系模型(吴必虎,2001)。M. 查布(Chubb)和 E. H. 鲍曼(Bauman)提出了旅游潜力评价模型——REVERS 模型。R. R. 巴伦(Baron)在泰国旅游预测研究中,利用情景预设法对乐观、中观、悲观情景下的政治、经济、交通、到访人数进行了预测。B. H. 阿彻(Archer)和 N. 范霍夫(Vanhove)分别推荐了阿图斯(Artus)和阿斯卡里(Askari)回归模型。P. 科特勒(Kotler)和 F. A. 福克斯(Fox)提出了区域旅游组合模型,用三个要素组成判断矩阵,对旅游产品进行评价。B. D. 亨歇尔(Henshal)和 R. 罗伯特(Roberts)对波斯顿模型稍加改造,构成产业吸引力分析矩阵,既可比较特定目的地的不同客源市场,又能评价目的地所处的竞争地位。奥地利、英国、瑞士等国家,广泛使用美国蓝德公司(RAND Corporation)创立的德尔菲法(Delphi)进行旅游推演预测。进行推演预测的方法还有综合小组主观评判程序,即 SGI(Subjective Integrated Group Processors)模型、判断辅助模型,即 JAM(Judgement Aided Models)模型、小组讨论结构法,即 GDST(Group Discussion Structuring Techniques)方法。A. G. 伍德赛德(Woodside)和 S. 尼松斯克(Lysonski)提出的模型认为,旅游者自身特性和旅游营销变量共同影响了旅游者对目的地的认识。B. 古德尔(Goodal)认为旅游目的地选择行为,由社会压力和个体需求共同决定,并基于此给出了一个目的地选择模式。V. L. 史密斯(Smith)归纳了包括洛伦兹曲线、旅游吸引力指数、空间联系指数、偏差椭圆在内的多种刻画空间结构的数学或地理方法。S. F. 怀特(Witt)和C. A. 怀特(Witt)的专著《旅游需求建模与预测》,系统地归纳了旅游需求预测领域的各种数学方法。斯蒂芬 L.J.史密斯的专著《旅游决策与分析方法》,使用了许多模型解决旅游问题,例如用鲍尔兹曼曲线,解释了旅游距离衰减现象。C.L.莫利(Morley)提出了刺激选择实验方法,研究旅游目的地选择。E.西拉卡亚(Sirakaya)等,用多目标目的地决策模型,说明吸引力、成本和时间是旅游地选择的三个最关键的要素。J.吉恩(Jeng)用人工神经网络结合传统模型分析个体旅游选择行为。S.罗斯(Ross)和 G.沃尔(Wall)提出了生态旅游的理想模型:认为生态旅游是当地社区、生物多样性和旅游三方面相互联动的关系,只有三方面相互施以积极影响,并加上合理的管理,生态旅游才是成功的(吴必虎,2001)。

K.F.巴克曼(Backman)和 D.B.马雷(Marais)在对《可持续旅游期刊》(*Journal of Sustainable Tourism*)、《旅游研究年刊》(*Annals of Tourism Research*)和《旅游研究期刊》(*Journal of Travel Research*)三本期刊的生态旅游相关文章进行分析的基础上,对生态旅游研究的方法论等问题进行了总结。

目前主要数据收集方法分为定性、定量、定性与定量结合以及概念性四种,按照使用频率的高低来分,其中定性方法包括:案例研究(case study)、分类访谈(structured interview)、非正式访谈(informal interview)、参与者观察(participant observation)、内容分析(content analysis)、重点群体(focus groups)、深入访谈(in-depth interview)以及形象分析(analysis of images)等;定量方法包括:实地调查(on-site surveys)、邮寄调查(mail-out surveys)、二手资料(secondary data)、电话调查(phone surveys)和机械/系统性观察(mechanical/systematic observation)。主要的数据分析方法可以分为定量、定性、定量与定性结合三种。其中定量方法包括:描述性统计

(descriptive statistics)、X 平方(Chi-squared)、T 测试(T-tests)、判别式分析(discriminant analysis)、回归(regression)、因素分析(factor analysis)、组群分析(cluster analysis);定性方法包括:编码(coding)、分类(sorting)、形象与符号(imagery and semiotics)、三角划分(triangulation)、支配主题(dominant themes)、现象解释(phenomenological interpretation)等。

综上所述,旅游研究方法主要有四类:定性描述、数理统计、构造模型、"3S"技术方法。在生态旅游的研究中,四类方法都有应用实例,除此之外,生物实验、环境监测等技术方法也在生态旅游研究中广为应用。在发展过程方面,生态旅游研究方法也经历了定性研究—定位研究—实验研究—定量研究—定性定量相结合研究的历史过程。

第三节 生态旅游区实证研究述评

严格地说,实证研究也是生态旅游研究的方法之一,为了本书研究的需要,并加以强调,此处单列出来。在生态旅游区实证研究方面,目前的研究主要集中在自然保护区和森林公园的生态旅游开发方面,并提出一系列的规划原则、模式以及管理方案。

世界上第一个明确的生态旅游实证研究项目是 1987 年世界自然基金会(WWF)组织进行的。在对拉丁美洲和加勒比海地区伯里兹、哥斯达黎加、多米尼加、厄瓜多尔和墨西哥 5 国进行了系统调查和研究后,于 1990 年出版了《生态旅游:潜能与陷阱》的研究报告,对这些国家的生态旅游规划与管理提出了建议。此后,越来越多的国家进行了生态旅游的实证研究,突出强调生态旅游地社区居民的参与和对生态旅游区环境与特色文化保护的重要性。

澳大利亚政府自20世纪90年代以来就一直很重视生态旅游理论指导实践,出台了世界上第一个国家生态旅游战略。要求经营者必须确保生态旅游地生态的完整性;提高自然资源(能源和水)的利用效率;支持生态旅游教育和培训;所雇佣导游必须尊重当地文化习俗等。政府对于生态旅游的优先项目给予政策和资金的支持。有的州还制定了区域的生态旅游发展规划。加拿大要求游客在享受自然和文化遗产的同时要自觉保护它们;充分尊重旅游地居民的风俗习惯;避免从事一切可能造成环境危害和威胁野生动物的活动;选择有益于环境、社会和经济的和传统文化相一致的旅游产品。瑞典、英国和荷兰等国家在自然旅游资源开发中强调尊重地方文化传统,注重社区参与,增加当地人管理旅游业的权力。在发展中国家,尤其是一些非洲国家,如肯尼亚、赞比亚等以生态旅游为主的国家,政府采取一定的经济补偿方式,将社区的经济利益与生态环境的保护紧密地结合起来,引导社区成员自愿参与生态环境的保护(牛亚菲,1999)。加勒比海沿岸各国从20世纪90年代初开始实施区域性的生态旅游战略,定期举行生态旅游会议,调整传统海滨胜地旅游的内容与方式,以适应改善环境的要求。

19世纪70年代,美国创建了世界上第一个国家公园——黄石公园,100年后,"原野公园法案"在议会通过,此后,美国建立了一套全国原野游憩系统,并将该系统中360个单位分成自然、历史、游乐三大类,16种类型(图1—3)。

根据赵体顺等(1995)的研究,到1988年,有15个国家将其10%以上的国土划为保护区(国家公园、森林公园、自然保护区、植物园、树木园)。1991年加拿大官方保护区达2 945个,总面积708 000

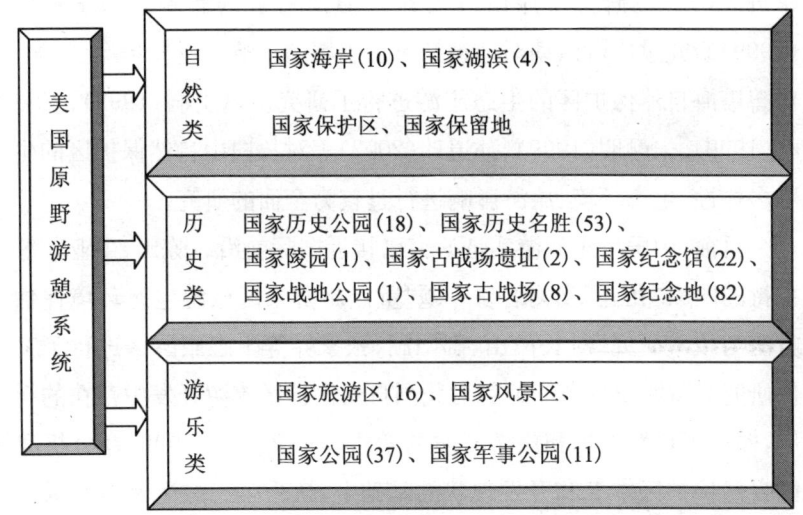

图 1—3 美国生态旅游区地域系统

平方公里,占全世界保护区面积的 12.5%。英国自 1949 年通过《国家公园和乡村通道权法》至 1991 年,建立了 11 个国家公园、242 个国家保护区、241 个地方保护区、5 个海洋保护区、5 671 个科研保护区,总面积超过 2 万平方公里。

在国内,生态旅游的实证研究超前于理论研究。典型的研究案例有:张捷、都金康等(1999)对九寨沟进行了实证研究,取得了一系列重要成果。保继刚、彭华(1994)以皖南三大名山为例,对名山旅游区空间竞争进行了实证研究。陆林(1997,1996,1994,1989)对黄山、九华山以及皖南地区进行过系统研究。崔凤军(1997)研究了泰山旅游环境承载力及其时空分异特征。王资荣、郝小波(1984~1988),吴楚材(1989),全华(1994~2002)等对张家界进行了多方面的研究。蒋文举等(1996)分析了旅游对峨眉山生态环境的影响及保护对策。

李贞等(1998)研究了旅游开发对丹霞山植被的影响。冯学钢等(1999)研究过旅游活动对地被植物与土壤的影响。杨桂华等(2000)对碧塔海自然保护区的生态旅游进行了研究。赵士洞(1999)、王宪礼(1999)、朱颜明(1999)、孙道玮(2002)等对长白山自然保护区的生物多样性、生态环境、旅游影响进行过较为全面的研究。

目前,中国生态旅游实证研究已接近国际前沿。陈田、牛亚菲等主持的国家"九五"攻关滚动专题"重点旅游景区旅游生态环境评估方法与技术研究"对长白山、鄱阳湖、张家界等生态旅游区进行了案例研究。蒋明康等(2000)针对我国自然保护区旅游开发中存在的问题,探讨了自然保护和旅游开发的矛盾。王义民等(1999)在分析我国自然保护区本底和开发现状的基础上,认为生态旅游是自然保护区旅游开发方向,并提出相应的开发对策。孙根年(1998)依据自然生态—经济开发对应关系,提出保护区生态旅游业开发的模式及开发程序。一些学者在进行森林公园和农村农业生态资源的生态旅游开发尝试。邓金阳等(1996)提出建立森林生态旅游定位站的设想,其后又具体分析森林生态旅游对生态环境的影响及游客量与生态负荷量之间的关系。李友元(1993)提出用生态学理论指导森林公园建设和管理。王兴国(1998)等对我国森林公园的生态旅游发展现状及其可持续发展应该遵守的原则进行过探讨。同时,刘营军等(1998)论述了生态旅游农业的内涵,并通过对日本农业旅游发展的分析,提出我国发展生态旅游农业应注意的问题。朱信凯等(1999)在分析日本和美国生态旅游农业发展的基础上,提出了我国生态旅游农业发展的几点思考。吴兆录等(1998)认为自然保护区在乡村农业土地利用上,应由现在的产销协作模式向乡村生态旅游的方向发展。

通过对中国科学院地理科学与资源研究所图书馆文摘库查询,

搜索到 1998~2001 年间的 16 篇文献,可见国内生态旅游实证研究的大致情况,详见表 1—4。

表 1—4　国内生态旅游实证研究文献一览表

作者	论文名称	实证地	刊名	年,卷,期	页码
张金霞	生态旅游:神农架旅游业可持续发展之路	神农架	生态经济	1998,5	31~34
张丽英	生态旅游:西部地区先导产业	西部地区	生态经济	2000,9	50~52
孙玉军、王如松	生态旅游景区环境容量研究	五指山	应用生态学报	2000,11,4	564~566
冯卫红	生态旅游业地域系统与旅游地可持续发展探讨	山西宁武芦芽山	经济地理	2001,21,1	114~117
葛岳静	生态旅游业与可持续发展:以哥斯达黎加为例	哥斯达黎加	北京师范大学学报	1998,34,增	88~93
谢家放、孙青	生态旅游与昆明旅游业的可持续发展	昆明	地理教育	2000,6	55
周世强	生态旅游与自然保护、社会发展相协调的旅游行为途径	卧龙自然保护区	旅游学刊	1998,13,4	33~35
王铮	基于铁路廊道的中国国家级风景名胜区市场域分析	铁路廊道	地理学报	2001,56(2)	206~213

续表

作者	论文名称	实证地	刊名	年;卷,期	页码
郭康	嶂石岩地貌的发现及其旅游开发价值	嶂石岩	地理学报	1993,48(5)	461~471
吴必虎	小兴安岭风景道旅游景观评价	小兴安岭	地理学报	2001,56(2)	214~222
唐礼俊	佘山风景区景观空间格局分析及其规划初探	佘山	地理学报	1998,53(5)	429~437
李贞、保继刚	旅游开发对丹霞山植被的影响研究	丹霞山	地理学报	1998,53(6)	554~561
陈传康	丹霞风景名胜区的旅游开发研究	丹霞山	地理学报	1990,45(3)	284~294
保继刚	桂林国内客源市场的空间结构演变	桂林	地理学报	2002,57(1)	96~106
王瑛、王铮	旅游业区位分析——以云南为例	云南	地理学报	2000,55(3)	346~353
卢云亭、肖诚	云南建水燕子洞游客和雨燕生态环境质量的研究	燕子洞	地理学报	1998,53(5)	198~203

资料来源:中国科学院地理科学与资源研究所图书馆。

由以上分析可知,生态旅游实证研究经历了资源评价—旅游开发—景区环境影响研究—生态旅游这一发展轨迹。目前正朝着生态旅游理想模式或生态旅游示范区研究方向发展。

第四节 生态旅游区建设及其问题

一、国外生态旅游区建设

在过去20多年的时间里,生态旅游区建设在全球,尤其是发展中国家掀起了热潮,肯尼亚、厄瓜多尔、多米尼加、伯利兹、蒙古、越南、斐济、印度尼西亚、纳米比亚、乌干达、津巴布韦等非洲、亚洲和美洲国家,已将自身作为一个生态旅游目的地而加以大力建设和促销;各种国际保护组织纷纷建立与生态旅游有关的机构,设立各类项目,开展专门研究,进行实地考察,很多还组织其成员开展自然旅游、探险旅游和生态旅游活动;国际援助和贷款机构以可持续农村发展、增加当地收入、生物多样性、基础设施建设等名义,向有关生态旅游区投入大量资金;旅游企业根据市场需求加快推进自身的"生态标识"和绿色化经营;一些旅游行业组织纷纷投身到生态旅游区建设中来。2002年是联合国确定的"国际生态旅游年",在世界旅游组织、联合国环境署等国际组织的倡导下,世界各地进行了多种多样的生态旅游区的建设活动,再一次推动了生态旅游在全世界的发展。

20世纪70年代中期到80年代初,加拿大环境局(Environment Canada)设计了一系列贯穿加拿大高速公路的生态旅游,这些生态旅游活动集中于不同的生态区,并提供信息和解说服务;而米勒(Kenton Miller)在拉美国家公园生态开发计划中所做的工作,被认为在生态旅游区建设方面具有非常重要的开创意义。

20世纪80年代,有远见的旅游经营者们看到旅游大众对那些老生常谈的旅游地日感淡漠,相反,对于新的旅游目的地,他们则兴趣盎然。于是,一些旅游企业家从当地人那里租赁或者购买土地,建设生态旅舍(ecolodge)。在与自然有关的旅游需求不断增加的同时,生态旅游建设也快速增长。

大多数生态旅游区位于发展中国家。A.刘(Lew,1998)对44个经营东南亚生态旅游的企业进行的调查说明,接待人数最多的六个国家分别是印度尼西亚、印度、澳大利亚、尼泊尔、不丹和新西兰。这还不包括该地区的生态旅游散客。D.迪亚曼蒂(Diamantis,1999)撰文指出,英国生态旅游者感兴趣的目的地依次为:欧洲、亚洲、美洲、澳大利亚/新西兰/太平洋地区与非洲。

比较成功并得到国际上认可的生态旅游区建设项目包括:厄瓜多尔的社会生态旅游项目(Community Ecotourism Program)、马来西亚下基那巴丹干河谷项目(Low Kinabatangan River Valley in Malaysia)、南非的斯姆臣祖鲁自然遗产(Simony Zulu Natural Heritage Site)、墨西哥的艾尔马逊特生态保护区(ElMazunte Campesino Ecological Reserve in Mexico)、哥斯达黎加的桑塔艾琳纳生态旅游热带雨林保护区(the Santa Elena Ecotourism Rainforest Reserve)、蒙特沃德克罗德森林保护区(Montverde Cloud Forest Preserve)和安丁地区(Andean region)、美国的阿马佐尼亚(Amazonian)和巴塔哥尼亚湖区(Patagonia's Lakes Region)、阿根廷的火地岛(Tierra del Fuego)、澳大利亚的大堡礁(Australia's Great Barrier Beef)和热带雨林地区(Wet Tropics)、乌干达山地大猩猩栖息地(Uganda's Mountain Gorrilla Habitat)和坦桑尼亚大型动物园(Tanzania's Game Parks)等。

自1990年以来,有18个国家建立了生态旅游开发机构。美国旅游业协会于1994年制定了生态旅游发展规划,以适应旅游者对生态旅游日益增长的需求。1993年,英国议会通过了新的《国家公园保护法》,旨在加强对自然景观、生态环境的保护,以适应21世纪的需要。

与生态旅游区建设具有较高关联度的活动,是国家公园的建设。国家公园是一国政府为了保护天然状态下,具有独特代表性的自然环境,而划出一定范围建立的公园,属国家所有,并由国家直接管辖。建立国家公园的目的是保护自然生态系统和自然地貌的原始状态,同时又作为科学研究、科学普及教育并为国民提供游乐、休闲、了解和欣赏大自然神奇景观的场所。从建立国家公园的目的可看出,国家公园是较为理想的生态旅游区。

为了保护自然景观和面临灭绝的稀有动植物,美国于1864年设立保护区。1872年,在黄石地区,建立起7 700多平方公里的国家公园,这是世界上第一个国家公园。之后,很多国家纷纷效仿,如澳大利亚(1879)、墨西哥(1898)、阿根廷(1903)、瑞典(1909)都建立了国家公园体系。1879年,澳大利亚在悉尼建立了世界上第二个国家公园。从美国建立黄石公园至今100多年来,世界上已有124个国家建立了2 600多个国家公园。国家公园内的建筑设施和保护措施等基础设施的建设,也日益完善。至"二战"前夕,世界各大洲都相继建立了自然保护区,以保护独特的自然景观和生态系统。战后,保护区建设得到更快发展,保护区数量不断增多,面积不断扩大,功能逐渐趋向综合化。据国际自然与自然资源同盟(International Union for Conservation of Nature and Nature Resources)统计,至2003年,全世界自然保护区总数已超过13 000个,总面积大约占全球总面积的10%,许多国家保护区的面积已达到或超过国土面积的10%,有的甚至超过20%。例如,厄瓜多尔自然保护区面积占国土面积的

39.3%，委内瑞拉占 30.2%，英国占 18.9%，日本占 12.3%，美国占 10.5%。俄罗斯国家级自然保护区与国家公园总面积达 4 240 平方公里，占国土总面积的 2.5%。

为了更好地进行生态旅游区的建设和管理，加强国际合作与交流，1972 年，国际自然与自然资源同盟成立了国家公园和保护区委员会(CNPPA)。该委员会于 1978 年提出了保护区分类报告：根据保护区建设和管理目标，将保护区分成 10 大类。

在生态旅游区建设中，人们较为关注的是世界遗产地的保护和建设。1972 年 11 月，联合国教科文组织在巴黎总部举行第 17 届大会，通过了《保护世界文化和自然文化遗产公约》(Convention Concerning the Protection of the World Cultural and Natural Heritage)，并创办了刊物，设置了专项基金。为了在全球范围内实施这一国际准则性文件，1976 年建立了政府间的国际合作机构——"世界遗产委员会"。对各国提名的遗产遗址的考察，主要由世界遗产委员会，会同国际古迹遗址理事会(ICOMOS)和世界保护联盟(IUCN)组织专家进行。前者总部设在巴黎，成立于 1965 年，是国际上唯一从事文化遗产保护理论、方法、科学技术的运用与推广的非政府国际机构，该机构有 80 多个国家会员和 4 500 多名个人会员。后者总部设在瑞士日内瓦，成立于 1948 年，原名国际自然及自然资源保护联盟，宗旨是促进和鼓励人类对自然资源的保护与永久利用，成员包括分布在 120 个国家的官方机构、民间团体、科研和保护机构。两者受世界遗产委员会委托，分别对提名列入《名录》的文化和自然遗产地进行考察并提交评价报告。截至到 2005 年 7 月 17 日第 29 届世界遗产大会闭幕，共有 812 处世界遗产列入《世界遗产名录》。

1992 年，来自 30 多个国家的 150 余位地质学家在法国南部代尼戈(Denign)召开地质遗迹保护讨论会,发表地质遗产权利宣言。1996年,联合国教科文组织地学部,正式提出建立世界地质公园以有效保护地质遗迹;1996年8月,在北京出席30届国际地质大会的欧洲地质学家建议创立欧洲地质公园,经过五年的运作已建立了包括十个成员的欧洲地质公园网络。2001年6月联合国教科文组织执行局决定,支持其成员国提出的创建具有独特地质特征区域或自然公园,推进具有特别意义的地质遗迹全国或全球网络建设。地质公园是以地质科学意义、珍奇秀丽和独特的地质景观为主,融合了自然与人文景观的自然公园。截至2005年2月12日,联合国教科文组织世界地质公园专家评审委员会在巴黎宣布,全球共有33处世界地质公园。

二、中国生态旅游区建设

1. 中国古代生态旅游区建设

中国的旅游活动历史悠久,殷商时期的田猎、渔猎,就已开始作为生存需要之外的娱乐。但真正具有娱乐休闲意义的旅游区,则出现在东周以后。带有生态旅游区建设色彩的活动,最早可追溯到距今3 000多年的殷商。《史记·殷本记》(司马迁,公元前91年)记载:"(纣王)好酒淫乐……益收狗马奇物,充韧宫室,益广沙丘苑台,多取野兽蜚鸟置其中……乐戏于沙丘。"周代出现了苑囿,驿道沿途建有"一市二宿三庐"等接待设施,《周礼》记载:"凡国野之道,十里有庐,庐有饮食;三十里有宿……五十里有市。""庐"即房舍,"宿"为营地,"市"就是集市。600里驿道建有市、宿、庐约600余处(郑向敏,2000)。除了硬件建设外,周代还很重视软件建设——服务态度的改善。"宾至如归"的观念就始于西周,一直沿至今天。

有据可考,带有生态旅游区建设特征的古代遗迹,主要是以自然山水为主题的苑囿、园林和"馆"、"驿"、"舍"、"店"等接待设施。春秋战国时出现了"崇大诸侯之馆"建筑,秦汉时,建有"秦苑汉宫"、"商旅同次"。例如,《西京杂记》记载,汉武帝之弟刘武"好营苑囿之乐……绵延数十里,奇果异树,珍禽怪兽毕备"。秦末汉初出现的风水思想,开始渗透到"秦苑汉宫"、"商旅同次"的选址和建设之中,具有一定的人类生态和文化生态含义。

魏晋南北朝时期,文学、绘画等艺术的发展,促进了自然山水旅游,以山水为主体的景观建设,也得到空前发展。《桃花源记》和当时许多讴歌自然美的田园山水诗的出现,为生态旅游区建设提供了理想的空间构图和意境蓝本。谢赫的绘画六法,宗炳的《画山水序》等国画理论,也为这一时期生态旅游区建设的布局、构图、层次、色彩,提供了可视化的表达方式。在旅游建筑方面,形成了"连陌接馆"、"客舍亦稠"的状况。到了隋朝,生态旅游区的建设,明显地表现出对植被景观建设的重视,隋炀帝三下扬州,遍植垂柳,形成了"绿杨城郭是扬州"的景观格局。

唐代在建设大众化景区方面取得长足进步,长安城东较远的杜曲和樊川一带,开始出现了公共游乐的郊野旅游区。李格非在《题洛阳名园记后》中记载:每当二月中和、三月上巳、九月重阳等节日,长安倾城空巷,公侯王孙,庶民百姓,甚至玄宗皇帝也前往游玩。一些名人,也投入到郊野景观建设当中。王维在辋川,就湖光山色之胜,以画设景,以景入画,建设了孟城坳、华子岗、斤竹岭、白石滩等景观。白居易选址庐山,建造草堂,面峰腋寺,观"匡庐奇秀",赏"山寺桃花","仰观山,俯听泉,傍睨竹树云石"(白居易,《庐山草堂记》)。柳宗元在柳州郊区,选中了一块南临江水,西有杨柳的弃地,斩除荆丛,种植松竹,配置堂亭。欧阳修在扬州建造平山堂、美泉亭,苏轼建谷林堂……。唐朝时,出现了外资兴建的旅游设施。《全唐文》记载:外籍商人在许多大城市开设旅馆。

宋代出现了真正意义上的旅游者。清代学者范祖达在《杭俗遗风》中记载:"各乡村男女坐船而来杭州,其船何止千艘之多。"到了南宋时期,为了适应景观建设的需要,出现了早期的职业景观建设者——"山匠"、"花园子",专门从事堆山叠石或养花植树等景区建设工作。明代出现了景观建设的理论著作,如文震亨的《长物志》,计成的《园冶》。清康熙后期,盛行建造离宫别苑。郑板桥、石涛等画家文人,也在景观建设中施展才华。

中国历史上的理想景观构建,注重两个基本特征,一是农耕生态因子的合理配置,即阳光充足、土地肥沃、茂林修竹、山清水秀;二是景观空间结构特征,理想的宏观选址位于山脉止落之处,要求山水形胜,具有天然的围护与屏障,通过豁口与走廊,与外界隔而不离,似绵又断。理想景观的建造还表现在直接对环境的改造以及添置少量的人工构筑物,如风景林、池塘等,从而建设一种人们向往的仙境。俞孔坚(1998)对历史上形成的中国人心目中的理想景观模式,归结为蓬莱、昆仑山、风水宝地、桃花源等模式。全华认为,诸葛亮隐居之所——古隆中,也是人们推崇的理想景观模式。

历史上的景观建设,难以称得上生态旅游区建设,有时还被误解,甚至扼杀。商鞅变法推出"废逆旅令",将民间旅馆等旅游建设事业列为"等闲之业",进行涤荡扼杀。"车船店脚牙,无罪也该杀"的重农工、轻商旅的思想,长期使旅游区的建设处于半遮半掩状态。解放后,自然保护区建设得到长足发展。但真正把生态旅游区建设作为一项事业来发展,还是在20世纪80年代改革开放以后。

2. 中国现代生态旅游区建设

中国现代生态旅游区建设,主要表现为世界遗产地、国家自然保护区、国家森林公园、国家重点风景名胜区、国家地质公园的设立和建设。

在中国,世界遗产地几乎被公众认为是世界级的旅游地。因此,各地申请世界遗产的热情很高。1985年,我国加入"保护世界文化与自然遗产公约"组织。到2005年7月17日第29届世界遗产大会闭幕,我国已拥有31处(含扩展项目)世界遗产,如表1—5所示。

表1—5 中国的世界遗产项目

文化遗产	自然遗产	文化自然双重遗产
■长城 1987	■九寨沟风景名胜区 1992	■泰山 1987
■明清故宫 1987,2004	■黄龙风景名胜区 1992	■黄山 1990
■莫高窟 1987	■武陵源风景名胜区 1992	■峨眉山—乐山大佛 1996
■秦始皇陵及兵马俑坑 1987		■武夷山 1999
■周口店北京人遗址 1987		
■承德避暑山庄及其周围寺庙 1994		
■拉萨布达拉宫历史区 1994,2000,2001		
■曲阜孔庙、孔林、孔府 1994		
■武当山古建筑群 1994		
■庐山国家公园 1996		
■平遥古城 1997		

续表

文化遗产	自然遗产	文化自然双重遗产
■苏州古典园林 1997,2000		
■丽江古城 1997		
■北京皇家祭坛——天坛 1998		
■北京皇家园林——颐和园 1998		
■皖南古村落——西递、宏村 2000		
■明清皇家陵寝 2000,2003,2004		
■云南三江并流保护区 2003		
■中国高句丽王城、王陵及贵族墓葬 2004		
■澳门历史城区 2005		

我国的自然保护区事业作为保护自然资源与生物多样性的重要手段，从无到有，蓬勃发展。1956 年我国建立了第一个国家自然保护区——广东鼎湖山自然保护区。截至 2004 年底，全国各类自然保护区 2 194 处，其中国家级自然保护区 226 处（面积为 8 871.3 万公顷），省级 733 个，地市级 396 个，县级 839 个。自然保护区总面积为 14 822.6 万公顷，占陆地国土面积的 14.8%。这些自然保护区保护着我国 70%的陆地生态系统种类、80%的野生动物和 60%的高等植物，也保护着约 2 000 万公顷的原始天然林、天然次生林和约 1 200

万公顷的各种典型湿地。一些接待生态旅游者的自然保护区,建设力度相对较大。2001年对全国100个省级以上自然保护区的调查结果显示,已有82个保护区正式开办旅游,年旅游人次大于10万人次以上的保护区已达12个。我国于1978年建立人与生物圈国家委员会,已有26处国际人与生物圈保护区网络中国项目。

1982年国务院批准建立了中国历史上的第一个国家森林公园——张家界国家森林公园,截至2003年1月,我国又建立白草洼等59处国家森林公园,至此,我国国家森林公园已增加到439处。

1982年,公布了第一批(44处)国家重点风景名胜区。1988年和1994年,先后公布了第二、第三批国家重点风景名胜区,目前总数已达177处。

湿地是自然界生物多样性最丰富的生态系统和人类最重要的生存环境之一,它不仅为人类的生产、生活提供多种资源,而且在抵御洪水、调节径流、蓄洪防旱、控制污染、调节气候、控制土壤侵蚀、美化环境等方面有其他生态系统不可替代的作用,被誉为"地球之肾"。中国是国际《湿地公约》的缔约国。自加入《湿地公约》以来,中国在湿地保护方面取得显著成绩。中国湿地面积约6 594万公顷(不包括江河、池塘等),占世界湿地的10%,位居亚洲第一位,世界第四位。其中天然湿地约为2 594万公顷,包括沼泽约1 197万公顷,天然湖泊约910万公顷,潮间带滩涂约217万公顷,浅海水域270万公顷;人工湿地约4 000万公顷,包括水库水面约200万公顷,稻田约3 800万公顷。截至2005年,全国已有30块湿地被列入国际重要湿地保护名录。

1999年11月,国土资源部通过了10年地质遗迹保护规划,决定建立国家地质公园。2001年和2002年两批共正式批准建立了44

个国家地质公园。其中,第一批入选世界地质公园的景区是:安徽黄山地质公园、江西庐山地质公园、河南云台山地质公园、云南石林地质公园、广东丹霞山地质公园、湖南张家界地质公园、黑龙江五大连池地质公园和河南嵩山地质公园。浙江雁荡山、福建泰宁、内蒙古克什克腾、四川兴文四个国家地质公园入选第二批世界地质公园。

目前,在国内建成并开放的生态旅游区主要有世界遗产地、森林公园、风景名胜区、自然保护区等。开发较早、建设较为成熟的生态旅游区主要有张家界、香格里拉、西双版纳、长白山、澜沧江流域、鼎湖山、新疆哈纳斯等。如图1—4,显示了由世界遗产、首批国家地质公园、国际人与生物圈保护区网络中国项目、知名度较高的国家重点风景名胜区和国家森林公园构成的生态旅游区建设地域体系图。

3. 生态旅游区建设的问题

在生态旅游区建设过程中也出现了许多问题。据一项对全国100个省级以上自然保护区的调查,有44%的保护区存在垃圾公害,12%出现水污染,11%有噪声污染,3%有空气污染,有22%的自然保护区由于开展生态旅游而造成保护对象受到损害,11%出现旅游资源退化,一些地区还大兴土木,大造人文景观,破坏了自然美。仅有16%定期进行环境监测工作,有的保护区连一台必需的测量仪器也没有,根据科学监测对游客数量进行控制的保护区仅占20%。一些地区和部门在自然保护区的建设管理中急功近利,重审批轻建设、重开发轻保护、重晋级轻管理现象严重。尤其突出的是在自然保护区内无序开发与建设。法规明确禁止的挖煤、采矿等活动在许多自然保护区内不同程度存在,个别国家级自然保护区内竟然有几十家煤矿企业。部分自然保护区内未经环境评价审批,随意建设交通设施、小水电等。有的国家级自然保护区核心区内大面积栽植速生林、

38　生态旅游区建设的理论与实践

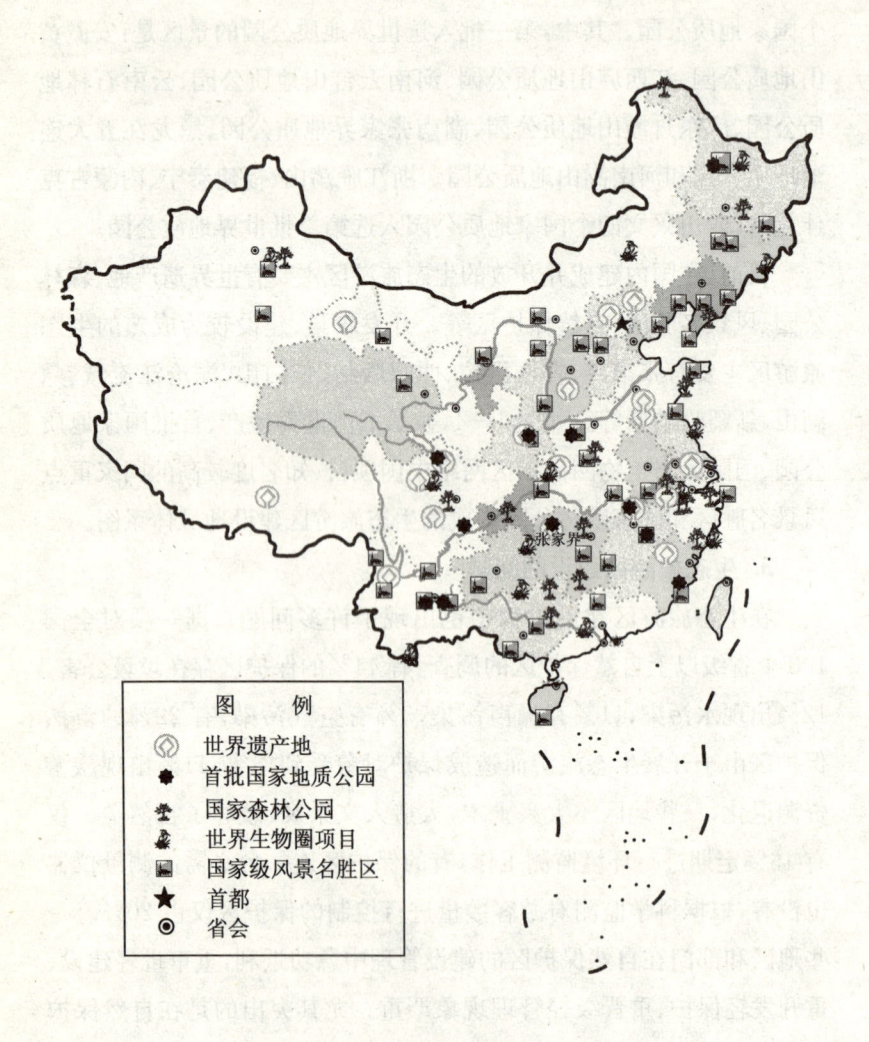

图例
- ⊘ 世界遗产地
- ✿ 首批国家地质公园
- ♠ 国家森林公园
- ♣ 世界生物圈项目
- ▣ 国家级风景名胜区
- ★ 首都
- ⊙ 省会

图1—4　中国生态旅游区地域系统

开发水产养殖等,破坏特有湿地生境,影响生物多样性保护。在开展生态旅游的许多区域中,"真正达到生态旅游要求的寥寥无几"。对于较高级别生态旅游区的世界遗产地,谢凝高(2002)认为有4类情况威胁世界遗产,其中失控的旅游和过度的旅游开发是重要的一条。他严肃地指出,我国不少世界遗产面临的威胁就来自这一条。人满为患还不是最可怕的,最可怕的是过度开发造成的屋满为患:宾馆、商店、索道、人造景观等大量非遗产建筑物和构筑物遍地开花,导致风景区人工化、商品化和城市化,破坏了遗产的真实性和完整性。例如,武陵源已被世界遗产组织的专家提出过严肃批评,这种局面如不扭转,就有可能被列入《濒危世界遗产名录》。

目前开发的很多生态旅游产品,着重强调了生态旅游"认识自然、走进自然"的一面,而忽略了生态旅游"保护自然"的目标。因此,在实践中产生了生态旅游标签被乱贴,当成招牌的做法。许多地方的所谓生态旅游其实只是自然旅游或者观光旅游的变形而已,这样的生态旅游建设必然会引发大量的环境问题。生态旅游区建设过程中出现的问题,主要表现在以下几个方面。

(1) 盲目兴建,违反规划

由于生态旅游的兴起,各地旅游经营者不顾景区的保护要求和规划,盲目兴建各类旅游设施,很多违反了规划的目标。如长白山自然保护区为开展旅游业,竟然违反河道管理规定,在二道白河上游河段,拦河修建综合旅游馆,迫使河流改道,水质被污染,造成水土流失,植被被破坏。张家界景区的城市化、商业化以及"天梯"建设,均属此类问题。

2003年1月6日,广西北海银滩列入整治对象的30余栋建筑被全部夷为平地。武夷山在申报世界遗产时,拆了许多"负建设"项目,现在又死灰复燃。这种"大炸大拆"、"拆后又建"、"边拆边建"、"建炸恶性循环"的现象,与现行的管理体制有关。

(2) 过多占用绿地,破坏植被

生态旅游区开展生态旅游,不可避免地要兴建一些旅游项目,如交通线路的建设,服务设施的建造等。但是,一些权力部门或垄断行业,趁机占用土地,兴建各种营利设施,这些都会不同程度地占用绿地,破坏植被,影响动物的栖息地,最终使景区的生态指标下降。张家界受到世界遗产委员会严厉批评后,一边拆民房,同时却在金鞭溪上游建设更加坚固的大型永久性接待设施。

(3) 人工痕迹过重,景观不协调

这主要涉及生态旅游区旅游服务设施的景观相容性,包括建筑物的形态、线条、色彩和质感。在自然保护区内开展生态旅游,所兴建的服务设施应在以上四方面与整个保护区保持协调。如 20 世纪 90 年代初,很多学者就对泰山脚下兴建豪华宾馆的做法进行了批评,主要是这些宾馆与整个泰山的文化景观相冲突。2002 年初,投资数千万元的南京紫金山观景台,建至 5 层时,因破坏了紫金山景观而被爆破拆除;2002 年"十一"前夕,投资 1.2 亿元,运行不到半年的张家界天梯被停运(2003 年 8 月 7 日又重新营业);总投资 1.6 亿元的武汉外滩花园,被责令拆毁。

(4) 缺乏污染物处理设施

由于资金的缺乏,很多生态旅游区没有污染物处理设施,即使个别旅游区具有处理设施,但一般也会由于费用昂贵而弃置不用;同时由于一些接待设施只管赚旅游的钱,不注重旅游环境保护,结果在一些已开展了生态旅游的景区内,污水横流,垃圾成堆,塑料制品随处乱扔,造成的环境污染,难以在短期内消除。

第二章　生态旅游区建设理论探索

第一节　生态旅游区建设的理论基础

一、可持续发展理论

1. 可持续发展理论概述

(1) 可持续发展的含义

全世界经济学家、生态学家、政治家和其他各界人士对可持续性的含义进行了多方面研究，但其中最为流行并得到公认的，是1987年世界环境与发展委员会(即布伦特兰委员会)在其报告《我们共同的未来》中给出的定义：可持续发展是这样一种发展，它既能满足当代人的各种需要，又不会使后代人满足他们自身需要的能力受到损害。

可持续发展本身包括两个关键性的概念。

一是各种需要的概念。可持续发展观认为，全世界穷人的各种基本需要，应被置于压倒一切的优先地位。环境能力的有限性，技术状况和社会组织状况，决定了环境满足现在和未来的各种需要的能力是有限的。

二是可持续性的概念。R. 科斯坦萨等人认为，可持续性的定义是:在不降低包括各种自然资本存量(量和质)在内的整个资本存量消费数量的前提下,能够无限期地继续下去。自然资本包括土壤和大气的结构,动植物的生物量等。而土壤、大气、动植物等则共同构成整个生态系统的基础。自然资本存量利用阳光这一初级投入生产各种生态体系劳务和物质自然资源流量,其例证包括森林群落、鱼类群落和石油储量。由上述自然资本存量生产出来的自然资源流量分别是:木材砍伐量、捕鱼量和原油产量。

(2) 可持续发展的基本观点

可持续发展的基本观点主要包括以下几个方面。

① 可持续性

可持续性包括人类发展的横向平衡性和纵向永续性,横向平衡性是因为当代人类共同的家园是地球,而地球只有一个,故人类的发展首先寻求的是全球各区域的共同平衡发展;纵向永续性是因为人类为共同的未来着想,当代人的发展不影响危及后代人的发展,即发展的永续性。资源的永续利用,是人类可持续发展的首要条件。可持续发展要求人们根据可持续性的条件调整自己的生活方式,在生态可能的范围内确定自己的消耗标准,要补偿从生态系统中索取的东西,使自然生态过程保持完整的秩序和良性循环。

② 公平性

"可持续"将公平推广到代际公平,当人们在制造和追求当代的发展和消费时,应当承认和努力做到机会均等,绝不可剥夺和破坏后代人、其他国家或地区本应合理享有的同等发展和消费的权利。由于世界的同一性和资源的有限性,世界上一些国家和地区挥霍浪费资源,必然限制另一些国家和地区公平地享有资源的可能性,特别是发达国家对各种资源的高消费,超过了欠发达国家消费水平的许多倍。就资源的消费上,这是极不公平的。同时,一些国家对环境的污染和破坏,也常常引起另一些国家和地区的环境质量的下降,这一点特别表现为相邻国家和地区的环境污染和破坏上。为此,可持续发展的公平观,尤其强调保护贫困人民的资源环境,满足其基本需要。"代际公平"是指当代人与后代人具有同等享受地球上的资源与环境谋求发展的权利。自然资源并非取之不尽、用之不竭,而人类社会发展的需求却不断增长,如果这两方面的关系处理不当,必然导致生态环境的恶化,严重威胁人类的生存和发展。只有走以最有效利用资源和保护环境为基础的循环经济之路,可持续发展才能得到实现。当代人不能只顾自己的利益,过度地使用和浪费资源,破坏环境,剥夺后人公平地享有资源和环境的权利。为了实现代内公平和代际公平,世界环境和发展委员会建议,通过国际公约和国际法来解决资源合理利用和环境保护问题。

③ 共同性

《我们共同的未来》写道:"进一步发展、共同的认识和共同的责任感,是这个分裂的世界十分需要的。"《里约宣言》中:"致力于达成既尊重所有各方的利益,又保护全球环境与发展体系的国际协定,认识到我们的家园——地球的整体性和相互依存性。"我们面临的环境、资源问题不只是一国一地的事,常常是全球性的,如大气圈中空气的流动,把污染源的污染空气传递到其他区域,因此处理的方法与手段必须得到全球的关注。要用世界发展的大时空观,从国际大环境、大系统的角度,突破区域和自身利益的局限,做到共同努力,通力合作,全球关注,保护和管理好我们及我们的子孙后代共同拥有的环境与资源,谋求共同的发展。

可持续发展责任的分担,要充分考虑各国发展不平衡的现实,坚持公平、公正、合理的原则。发达国家应带头改变不可持续的生产和消费模式,对解决全球环境问题作出更积极的贡献,并以实际行动帮助发展中国家。发展中国家也要积极努力,按照可持续发展的要求推进本国的发展。

④ 协调性

人类社会各系统之间的协调、人类社会与自然环境的协调、人口数量和增长率与不断变化的生态系统生产潜力的协调、国家或地区社会经济各领域的协调、国际范围内的协调等是可持续发展的关键。可持续发展是一种动态过程,在这个过程中,资源的开发、投资方向、技术开发的选择和体制的改革,以及国际间的合作都应是相互协调的。可持续发展的协调性要求人们正确处理好他们的利益分配,避免大规模利益冲突和战争,以便在和平友好的氛围中,解决其间的矛盾,达到社会的共同繁荣。

⑤ 需求性

人类需求是由社会和文化条件所确定的,是主观因素和客观因素相互作用、共同决定的结果,与人的价值观和动机有关。WCED认为发展的主要目的是满足人类需求,包括基本需求(指充足的食物、水、住房、衣物等)和高层需求(指提高生活水平、安全感、更多假期等)。对于发展中国家来说,可持续发展首先要实现长期稳定的经济增长,在满足人民基本需求的基础上,再进一步提高生活水平,满足高层次的需求。另外,我们不但要满足当代人的需要,还要满足后代人的需求。

⑥ 限制性

没有限制就不可能持续,可持续发展不应损害支持地球生命的自然系统。人类的经济和社会发展不能超过资源与环境的承载能力。对可再生资源的利用率不能超过其再生和自然增长的限度,以避免资源的枯竭,人类对不可再生自然资源耗竭速率应考虑其资源的临界性。

2. 旅游业的可持续发展

在1990年全球可持续发展大会(温哥华,1990)上,旅游组行动策划委员会发表了《旅游持续发展行动战略》草案,构筑了可持续旅游的基本理论框架,并阐述了可持续旅游发展的主要目标。1993年,《可持续旅游》(Journal of Sustainable Tourism)这一学术刊物在英国的问世,标志着可持续旅游研究进入了一个新的起点。1995年4月,联合国教科文组织、联合国环境规划署和世界旅游组织等,在西班牙召开"旅游可持续发展世界会议",通过了《可持续旅游发展宪章》和《可持续旅游发展行动计划》。这两份文件为旅游可持续发展制定了一套行为准则,并为世界各国推广可持续旅游提供了具体操作程序,标志着可持续旅游已经进入了实践阶段。

作为对联合国《里约环境与发展宣言》(即《21世纪议程》)的回应,1997年6月,世界旅游组织(WTO)、世界旅游理事会(WTTC)与地球理事会(Earth Council)在联合国第九次特别会议上正式发布了《关于旅游业的21世纪议程》,描述了旅游业实施可持续发展战略应当采取的行动。同时明确了可持续旅游发展,指的是在保护和增强未来机会的同时,满足现时旅游者和当地居民的需要。并认为:在保护文化完整、基本生态进程、生物多样化和生命支持系统的同时,经济、社会和审美方面的需求可以得到满足。

旅游业保持可持续发展的因素包括:经济的可行性、生态环境的成功保护和社会负面影响的有效控制。

(1) 经济的可行性

实践证明,旅游业是一项相当有活力的经济活动,如果管理得当,它就是一个能创造就业机会和财富、繁荣地区经济的理想行业。可见,制订任何一个旅游区的规划,经济的可行性占有很重要的地位。但经济效益的获得不应以环境破坏为代价,要把生态观点纳入一切生产和消费决策中,把旅游资源保护的成本列入经济政策的指标体系里,保证获得经济效益的可行性。

(2) 生态环境的成功保护

旅游对环境的负面影响越来越明显而广泛。一方面与旅游者的素质有关,另一方面,也与发展规划缺乏全面考虑、管理欠周全分不开。一个旅游区的前途取决于其景点的优美和环境质量的保持,因此,控制旅游对环境的负面影响,无论从经济学、生态学还是旅游学的角度来看都是十分重要的。随着人们生态意识的增强,旅游区域环境退化的状况可以不断得到改善。同时注意开展环境监测,进行环境影响评价和确定合理的旅游容量,也是控制旅游发展所带来的环境负面影响的好方法。

(3) 社会负面影响的有效控制

旅游发展对所在地的社会也可能产生负面影响,如人口和行业的迅速增加,加深了本地居民人员组成成分的复杂化,对原有的风俗习惯、行为准则可能产生预想不到的冲击。一些与旅游业发展密切相关的不正当行业如赌博、色情业等也时有出现。建立健康的高质量的文化娱乐体系和环境保护同样重要,如社会压力和犯罪率的增长与环境质量退化一样,会导致旅游者人数下降。所以要保持旅游业的可持续发展,旅游业对社会文化产生的一些负面影响,必须得到有效控制。

二、生态伦理学理论

1. 生态伦理学内涵

"伦理学"一词来源于希腊语,是研究道德现象、本质及其发展规律的科学,而生态学是研究自然界中生物之间及生物与非生物环境间相互关系的学科。因此,生态伦理学就是这两门学科的边缘学科(杨帆,2001)。它是一门研究人与大自然(包括一切生物和非生物)间相互关系以及人对于大自然应具有的优良态度和行为准则的学科(胡镜荣,1996)。生态伦理学的理论要求是确立自然界的价值和自然界的权利,其实践要求是保护地球上的生命和自然界,它的根本任务就是为环境保护实践提供一个可靠的道德基础。

2. 生态伦理学基本观点

(1) 自然界是一个相互依赖的大系统

自然界,包括各种生物系统和生物栖息所依赖的自然环境系统,是一个统一、完整的有机体,各组成要素之间相互联系、相互制约。人与其他物种一样,都是大自然这个相互依赖系统的有机构成要素,在这个系统中,每一个生命的生存及其生存的质量,不仅依赖于它所生存环境的物理条件,而且还依赖于它与其他生命之间的关系。任何一个生命或生命共同体的重大变化或灭绝,都会通过系统结构对其他生命或生命共同体发生影响。如果我们打破了我们与地球生命网的联系,或对生命网的干涉过大,那么,我们就是在摧毁我们追求独特的人类价值的机会。因此,人是大自然的一个生物成员,人与其他生物一样生活、生存都离不开大自然,人与土地、空气、水、动物、植物等都是自然组成部分,都是相互依存的,相互间固有一种和谐的伙伴关系。所以,人类要善待自然万物,不能随意伤害自然界的其他成员,伤害自然的最终后果就是伤害人类自己。

(2) 大自然具有价值

生态伦理学认为,自然界是有价值的,而且其价值是多方面的,通常被概括为两大类(余谋昌,1999):一是外在价值,也就是从人和其他生命的角度,自然界对人和其他生命的有用性,即它作为其他事物的手段或工具的价值,如自然界的事物作为人和其他生命生存和发展的资源,能满足人和其他生命生存和发展的需要,实现人和其他生命的利益;自然界对人类提供的具有科学研究功能的科学价值,具有陶冶情操、身心愉悦作用的娱乐价值,有益于身心健康的医疗价值,有象征意义的文化价值等。二是内在价值,是自然界及其存在物本身所固有的价值,是它自身的生存和发展。这里,自然界作为生命共同体在宇宙环境中是自我维持系统,它按一定的自然规律自我维持和不断地再生产,从而实现自身的发展和演化。大自然的价值是它的外在价值和内在价值的统一,并以它们的生存表现出来,维持着地球基本生态过程的健全发展,在生态大系统中发挥着独特的作用。如生物物种的存在对生态平衡的作用;动物的存在对保护食物链的连续性与完整性的作用。

(3) 大自然具有权利

权利通常是指人们享有一定利益或待遇的资格,而自然界的权利是指生物和自然界的其他事物有权按生态规律持续生存。自然界生命发展是不断演化的过程,生命演化形成无数的生命组织层次,从微生物系统到植物系统和动物系统,不同的生物物种在地球生态系统中各自占有特定的生态位,利用特定的空间和资源,在生态系统的物质循环、能量转化和信息传输中起着特定的作用,而且所有物种综合性的相互作用,才使地球成为生命维持系统,以维持生态系统的生产力,以及保持生物圈的稳定性和整体性。因此,地球上所有生命形式享有平等的权利,是由自然规律决定的。所以,人类在与各种生物共同分享地球资源的过程中,要均衡地照顾到各种生物的利益,使各种生物能够自由生活;同时,要尊重自然生态系统自身的存在和演化方式,即大自然能够以生态规律自发地进行自我调节,使其中的所有一切都能够"完美与和谐"。

(4) 人类对生态环境的健康发展负有责任

自然万物与人类是平等的,有资格、有权利得到人类的尊重,而且人是有思维的,能够认识到自然万物及其相互关系,所以人类应有责任、有义务保护生物的多样性,维护生态环境的健康发展。但是由于人类的主观过失,自然环境已经受到严重的损害,生态危机日益显现。人类应该改变不良习惯,对大自然加深了解,运用人类的智慧,使恶化的自然环境有所改变,以弥补自身的过失。

3. 生态伦理学的道德规范

生态伦理学的道德规范是一组道德戒律,是根据生态伦理学的基本原则制定的,用以约束人的行为的一组规则,规定了人的行为怎样才是道德的,哪些是不道德的。生态伦理学最基本的道德规范是:尊重生命、尊重生态系统和生态过程。尊重生命包括:不应该无故造成有感觉动物不必要的痛苦;不应该以虚假的借口猎杀野生动物;不应该破坏野生生物的生存环境;不应该仅仅依据人的意愿确定资源的开发利用标准。尊重生态系统和生态过程包括保护生物基因的多样性、物种多样性和生态系统的多样性。其中生态系统的多样性是最基本的,没有生态系统的多样性,就不会有生物基因的多样性和物种的多样性。

20 世纪 90 年代初,世界自然保护同盟(IUCN)、联合国环境规划署(UNDP)和世界自然基金会(WWF)在题为《保护地球:可持续生存的战略》报告中指出,为了改善人类的生存条件,我们的生活方式必须满足两项要求:一项是努力使一种进行持续生活的道德标准,得到广泛地传播和深刻地支持,并将其原则转化为行动。另一项是将保护和发展结合起来,进行自然资源保护,将我们的行动限制在地球的承受能力之内,同时也要进行发展,以便使各地的人民能享受到长期、健康和完美的生活。报告认为"人类现在和将来都有义务关心他人和其他生命,这是一项道德原则"。为此,报告提出了一组人类在现实的社会与生态活动中,应当遵循的道德规范,这些道德规范涉及人的社会关系领域和人与自然关系领域,人的社会关系领域主要强调每个人都是生命大家庭的一员,都享有同样的权利,都应该有目的地公平分享资源利用效益和费用。而人与自然关系领域,可以简述为:第一,所有的人享有生存环境不受污染和破坏,享有健康和健全生活的权利,并且承担保护环境,使子孙后代满足其生存需要的责任。第二,地球上所有生物物种享有其栖息地不受污染和破坏,从而能够生存的权利;人类承担有保护生态环境的责任。第三,每一个人都有义务关心他人和其他生命;侵犯他人和侵犯生物物种生存权利的行为,是违背人类责任的行为,要禁止这种不道德的行为(余谋昌,1999)。

三、旅游规划理论

1. 旅游规划含义

旅游规划是对未来旅游发展状况的构想和安排,以使旅游资源产生应有的经济效益、社会效益和生态效益。它以旅游市场变化和发展为出发点,以旅游项目设计为重点,按照国民经济发展要求和当地旅游业发展基础,对旅游消费六大要素发展及相关行业进行科学安排和部署。在此基础上,寻求旅游项目的最佳设计和组合,以及旅游业对人类福利的环境质量的最优贡献过程(冯维波,2000)。它既是社会经济发展规划的重要组成部分,也是国土规划和城镇建设规划的有机组成部分。

墨菲(Peter E. Murphy,1985)认为:旅游规划是预测和调节系统内的变化,以促进有秩序的开发,从而扩大开发过程的社会、经济与环境效益。

中国国家旅游局《旅游发展规划管理暂行办法》(1999.3.29)规定:旅游发展规划是根据旅游业的历史、现状和市场要素的变化所制定的目标体系,以及为实现目标体系,在特定的发展条件下,对旅游发展的要素所作的安排。

2. 旅游规划类型

(1)按旅游规划的性质,可分为:旅游产业规划、旅游景区规划和旅游项目规划,如图2—1所示。

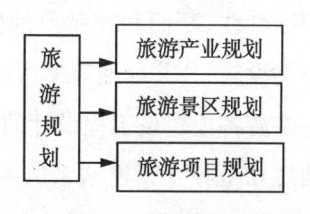

图2—1 旅游规划类型

(2)按旅游规划要求的详细程度,可分为总体规划和详细规划两个阶段或类型。

旅游总体规划是关于旅游发展的纲领性规划,是对旅游六要素建设时空组合的战略性部署。总体规划规定了旅游发展总的原则性问题，如旅游发展的主题、方向、原则、规模、布局、中长期发展目标体系，以及实现这些目标的战略措施等。总体规划有一个期限问题，《旅游发展规划管理暂行办法》第八条规定：旅游发展规划一般为五年以上的中长期规划。从目前规划实践经验来看，旅游总体规划期限大多为20年，一般分为三期：近期（当年至当时国民经济五年计划期末），中期（下一个国民经济五年计划开始年份至期末），长期（中期期末至十年后年份）。

旅游总体规划的直接作用是为详细规划和旅游建设工程设计提供依据。

旅游详细规划是总体规划的深化和具体化，也是近期规划的具体化，是对旅游区局部地段或某项工程进行规划设计的战术性布局规划。其主要任务是：对规划区范围内的旅游项目、旅游设施、房屋建筑、园林绿化、环境卫生和其他公共设施做出具体布置。包括建筑风格与旅游主题的一致，保留和维护景观的视觉通廊，确定游道、建筑单体体量、色彩、控制红线、断面和控制点的坐标、标高、走向或朝向，选定旅游建筑、公共设施、公共绿地等项目的定额指标。

旅游详细规划是旅游各项建设工程设计的重要依据。

总体规划和详细规划是相互紧密联系的两个阶段或部分，就一般规划程序而言，应先完成总体规划，再进行详细规划。通过详细规划也可对总体规划作局部（主要是布局和工程规划方面）调整、修改。面积在10平方公里以上，在没有1∶1 000测绘地图的情况下，只能进行总体规划，在没有具体的资金投入项目前，也没有必要做详细规划。

3. 旅游规划基本原则

(1) 可持续性原则(目的性原则)

旅游规划的目的为:有计划、有步骤地、科学地发展旅游业,减少无计划的盲目性、不符合客观实际的速成性和无政府主义的自流性,增强认识的自觉性、行动的计划性、旅游地发展的可持续性,注重资源和环境的保护,因地制宜,突出特点,合理利用,提高规划区旅游业的社会、经济、环境效益。

(2) 个性原则

旅游规划要突出规划区旅游特色,在旅游吸引物方面,不仅要在规划布局中,强化多旅游景区(点)特殊性,而且要烘托出一个旅游地共同的"个性",这个共同的个性就是区域文化、社会、自然特色。有特色才有吸引力,旅游业才有竞争力,旅游地才有生命力。千篇一律,千人一面,似曾相识,都不能引起旅游者的兴致。盲目模仿,落入俗套,是旅游规划的一大忌。怎样突出个性?通过宾馆建筑风格、材料,地方餐饮、交通方式、游览线路设计,景区、旅游项目的构思和立意,旅游商品民族特色与区域特色,服务、娱乐方式与内容的地方性,富有特色的民俗、节事活动等多种旅游硬件与软件,产品与服务,就地取材,师法自然,又高于自然,突出地域特色、民族特色和时代特色。

(3) 层次性原则

旅游规划必须服从高层次或主系统发展战略。不同层次和不同范围的旅游规划应当相互衔接,相互协调,而且下级服从上级,局部服从全局。

(4) 弹性原则

旅游规划一般为期限五年以上的中长期规划,要尽可能考虑旅游市场因素的不确定性,在发展目标、项目设计与开发,时空布局上,要留有弹性和余地,以增强规划的适应性。比如给排水、通信、电力等支持系统规划。

(5) 完整性原则

规划区内的时空布局,应当功能完整。一个成熟的旅游区,必须有旅游接待区、游客游览区、旅游物流集散地(镇、城)等功能区,能满足游客游、购、娱、吃、住、行等方面需求。

(6) 协调性原则

功能分区应与行政区相协调。旅游规划编制应以规划区国民经济和社会发展计划为依据,与经济增长和相关产业的发展相适应。旅游规划应与国土规划、土地利用总体规划、城市总体规划等有关区域规划相协调,与风景名胜区、自然保护区、文化宗教场所、文物保护单位等专业规划相协调。人工建筑与天然环境相协调,使之如同自然环境中生长出来的一样,达到物我相契、情景交融的效果。

四、环境与资源经济学理论

1. 含义与研究范围

环境与资源经济学是研究环境及自然资源与经济之间相互关系的经济学分支。研究环境、自然资源与经济之间的相互关系,首先必须认清环境及自然资源在经济系统中的功能。一般认为,它们的经济功能有以下三种。

第一,自然资源是人类生产劳动的对象。自然资源(如土地、森林、草原、淡水、矿藏等)的数量和质量对人类经济活动有重大影响。

第二,环境是人类社会在经济活动中产生的废弃物的排放场所和自然净化场所。

第三,环境为人类生活质量的提高提供物质条件。例如,作为旅游资源的名山大川、奇峰异石、珍禽异兽,作为天然基因库的野生动植物等。

除了上述三种经济功能之外,一定的环境还是人类生存的必要条件。作为生物,人类的生存同样需要特定的环境,如经过地球大气层选择和吸收的阳光、特定质量的空气和水源等。人类是社会的主体,人不是单纯作为生产力的要素之一而生活在这个世界上的。如果经济系统的运行要以损害人类自身的生存为代价,那么,对人类来说,这种经济系统就毫无意义。所以,环境是人类生存的必要前提。换句话说,维持一定的生存环境,是经济系统运行的约束条件。

由于环境及自然资源与经济之间存在着上述关系,因而当环境与自然资源方面的问题影响到经济运行时,它们就不可避免地成为经济学的研究对象。

概括地说:环境与自然资源经济学需要回答以下几个问题。

第一,经济发展是否面临环境与自然资源方面的约束?

第二,如果上述约束确实存在,如何正确地加以衡量?

第三,人类应该从什么样的前提出发,来解决环境与自然资源问题?

第四,从经济的角度,可以对环境与自然资源问题采取哪些对策?这些对策有何利弊?

2. 研究特点

环境与自然资源经济学的一个突出特点,是定价方法的研究极为发达。从 A. M. 弗里曼 1979 年出版的《环境改善的效益:理论与实践》,到 1989 年出版的 R. C. 米契尔和 R. T. 卡森的《运用调查方法估价公共产品:意愿调查评估法》,1993 年出版的由 R. J. 考普和 V. K. 斯密主编的《自然财产价值评估》,以及同年出版的 A. M. 弗里曼的《环境和资源价值的衡量：理论和方法》，定价方法成为环境与自然资源经济学中发展最快的一个领域。

过去，学者们认为，为了保护环境，企业和消费者应该作出牺牲；为了子孙后代，当代人应该作出牺牲。似乎保护环境与资源和发展经济两个目标之间只能选择一个。后来，国外的环境保护工作者认识到，保护环境与资源仅仅是人类社会的目标之一。如果为此付出的代价太大，政府、企业和公众都是无法接受的。因此，一部分环境保护工作者开始改变做法，他们到企业去，给企业做咨询，帮助企业抓住保护环境给企业发展带来的赢利机会，说服企业采用既可以赢利，又有利于保护环境与资源的办法。

五、景观生态学理论

1. 景观生态学的基本原理

景观生态学基本原理对生态旅游区建设，具有重要的理论指导意义。关于景观生态学的一般原理已有多位研究者提出过表述（表2—1）。其基本原理主要有：景观系统的整体性，景观要素的异质性，生态流的聚散性，景观的稳定性，景观价值的多重性。

表2—1　景观生态学一般原理的主要提出者及其观点

提出者	主要观点
P. G. 里泽（Risser, 1984）	①空间格局与生态过程；②空间和时间尺度；③异质性对流和干扰的作用；④格局变化；⑤自然资源管理框架
R. T. T. 福曼（Forman, 1986）	①景观结构和功能；②生物多样性；③物种流；④养分再分配；⑤能量流；⑥景观变化；⑦景观稳定性

续表

提出者	主要观点
P. G. 里泽（Risser, 1987）	①异质性和干扰；②结构和功能；③稳定性和变化；④养分再分布；⑤层秩性
R. T. T. 福曼（Forman, 1995）	①景观和区域；②斑块、廊道、基质；③大型自然植被斑块；④斑块形状；⑤生态系统间的相互作用；⑥碎裂种群动态；⑦景观抗性；⑧粒度大小；⑨景观变化；⑩镶嵌系列；⑪外部结合；⑫必要格局
A. 法里纳（Farina, 1995）	①格局和过程的时空变化；②系统的等级组织；③土地分类；④干扰过程；⑤土地镶嵌的异质性；⑥景观破碎化；⑦生态过渡带；⑧中性模型；⑨景观动态与演进
肖笃宁(1997)	①土地镶嵌与景观异质性；②尺度制约与景观层秩性；③景观结构与功能联系和反馈；④能量和养分空间流动；⑤物种迁移与生态演替；⑥景观稳定性与景观变化；⑦人类主导性与生物控制共生；⑧景观规划的空间配置；⑨景观的视觉多样性与生态美学
肖笃宁(1999)	①景观系统的整体性和景观要素的异质性；②景观研究的尺度性；③景观结构的镶嵌性；④生态流的空间聚集与扩散；⑤景观的自然性与文化性；⑥景观演化的不可逆性与人类主导性；⑦景观价值的多重性
邬建国(2000)	①尺度及其有关概念；②格局与过程；③空间异质性和缀块性；④等级理论；⑤边缘效应；⑥缀块动态理论；⑦缀块—廊道—基底模式；⑧种—面积关系和岛屿生物地理学理论；⑨复合种群理论；⑩景观连接度，中性模型和渗透理论

资料来源：钟林生等：《生态旅游规划原理与方法》，化学工业出版社，2003年。

2. 景区生态建设

景区生态建设指的是人对景区生态系统的结构和功能适当进行调整、兴建和修复，以满足旅游业发展需要的行为，生态建设主要以实施生态工程的方式进行。景区的管理者，可以在保护好景区生态系统自然属性的前提下，发挥人的主观能动性，进行生态建设，这是一种对景区生态环境积极的保护行为。生态建设并不意味着大兴土木。

不同类型的景区，生态建设的途径和措施不同。例如，敦煌地处西北干旱荒漠区，生态建设的主要目标是固沙和涵养水源，恢复月牙泉的水位，主要措施是在旅游区四周种草、植树；又如森林旅游区（如张家界国家森林公园），在景区外围和景区内各小区之间建设防火林带以防止森林火灾；为了满足景区发展旅游业后对供水的大量需求，在景区原有水源不能满足需求时，在景区内或景区周边兴建水库；在景区内外进行电力建设，用电力这种清洁能源取代煤、燃油等对环境产生污染的能源等等。

景区环境保护与生态建设两者之间并没有截然的界线。例如，在景区兴建污水处理工程，既是一种环境保护措施，又是一种生态建设工程；在景区兴建送电工程和普及用电，是一种生态工程，也是一种环境保护措施。

第二节 生态旅游区建设的基础理论

人类对自然界或社会的认识，经过理性分析、归纳，就成为知识。知识包括经验知识和理论知识，经验知识积累到一定程度，并形成系统，就会上升为理论。理论是系统化了的理性认识，是由概念、原理构成的知识体系。生态旅游区建设的实践积累到一定程度，就有必要对其本质、规律进行分析、归纳和总结，以形成对生态旅游建设实践具有借鉴和指导意义的规范和模式。

一、基本概念

1. 生态旅游区

在《国家生态旅游示范区建设工作标准》（讨论稿）中，生态旅游区被定义为"以生态旅游为主题的，具有较大空间尺度和明确地域边界的旅游区"。在《旅游区（点）质量等级的划分与评定》中，旅游区被定义为：经县级以上（含县级）行政管理部门批准成立，有统一管理机构，范围明确，具有参观、游览、度假、康乐、求知等功能，并提供相应旅游服务设施的独立单位。包括旅游景区、景点、主题公园、度假区、保护区、风景区、森林公园、动物园、植物园、博物馆、美术馆等。

通过对生态旅游概念的分析，我们可沿着这一思维惯性，得出生态旅游区的含义：生态旅游区是对游客有吸引力、相对未受旅游以外人类营利活动干扰的原赋景观地区，包括伴随的过去和现在的文化特征。它是生态旅游资源集中的地段，是发展生态旅游的物质基础。

2. 生态旅游区建设

"建设"含有两层意义，一是"设置，创立，也指各方面的兴建工作"。二是"陈设，布置"（夏征农，1990）。生态旅游区建设系指设置和兴建生态旅游区。主要内容是景区生态建设，即对景区生态系统的结构和功能适当进行调整、兴建和修复，以满足旅游业发展需要的行为，生态建设主要以实施生态工程的方式进行。景区的管理者，在保护好景区生态系统的自然属性的前提下，可以发挥人的主观能动性，进行生态建设，这是一种对景区生态环境积极的保护行为。美国国家公园管理机构(National Park Service,1993)研究了生态旅游设施建设政策,为规划者、建筑师、景观建筑师、管理者提供了与自然相结合的公园设施建设政策指南,在自然资源、文化资源、景点设计、建筑设计、能源管理、供水、废物处理、设施维护等方面提供了很多图表和范例。

二、类型与地域系统

袁兴中等(1995)把我国自然保护区归属为六大生态旅游区:森林生态旅游区、草原生态旅游区、荒漠生态旅游区、内陆湿地水域生态旅游区、海洋生态旅游区、自然遗迹生态旅游区。

郭来喜(1997)从生成机理角度,将生态旅游资源划分为内生型或原生型地域生态系统的生态旅游资源和外生型地域生态系统生态旅游资源,并认为其资源载体在我国主要有自然保护区、森林公园、国家风景名胜区、海洋自然保护区、国家历史文化名城、国家重点文物保护单位、国家旅游度假区以及动物园、植物园、野生动物繁殖中心、野生植物保存基地、生态研究站网等。

杨桂华(1999)对生态旅游资源进行的系统分类,对生态旅游区类型划分,具有借鉴意义。依照成因、主导因素、人类利用原则、保护性、旅游价值等分类依据,杨桂华采用自上而下根据差异逐渐分类的方法,具体采用三级划分,第一级分为3个大类,第二级分为8类,第三级分为26小类,形成了生态旅游资源的分类系统(图2—2)。

王良健针对我国生态环境的巨大差异,将其划分为四大基本生态旅游区。

根据上述研究成果,笔者认为,根据生态旅游区自然属性的不同,生态旅游区类型构成如表2—2所示。

生态旅游资源分类：

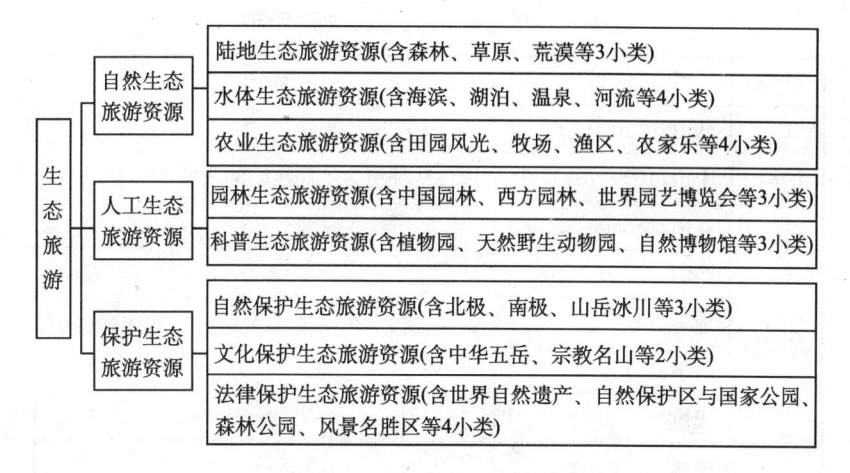

- 自然生态旅游资源
  - 陆地生态旅游资源(含森林、草原、荒漠等3小类)
  - 水体生态旅游资源(含海滨、湖泊、温泉、河流等4小类)
  - 农业生态旅游资源(含田园风光、牧场、渔区、农家乐等4小类)
- 人工生态旅游资源
  - 园林生态旅游资源(含中国园林、西方园林、世界园艺博览会等3小类)
  - 科普生态旅游资源(含植物园、天然野生动物园、自然博物馆等3小类)
- 保护生态旅游资源
  - 自然保护生态旅游资源(含北极、南极、山岳冰川等3小类)
  - 文化保护生态旅游资源(含中华五岳、宗教名山等2小类)
  - 法律保护生态旅游资源(含世界自然遗产、自然保护区与国家公园、森林公园、风景名胜区等4小类)

图2—2 生态旅游资源的分类系统

按照人文特性的不同，生态旅游区主要类型构成如图2—3所示。

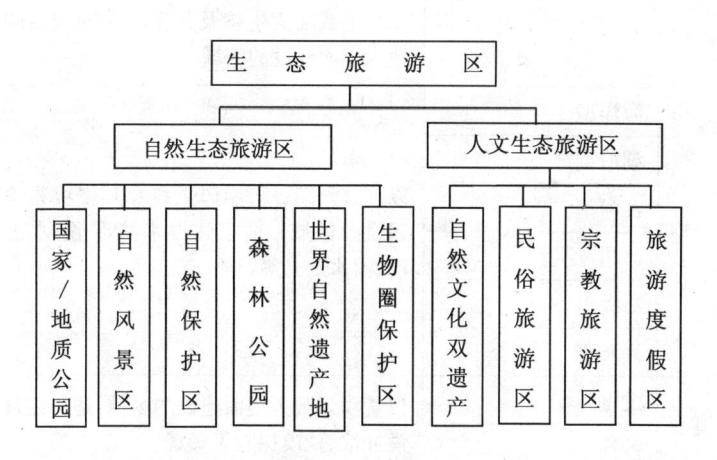

生态旅游区：
- 自然生态旅游区
  - 国家/地质公园
  - 自然风景区
  - 自然保护区
  - 森林公园
  - 世界自然遗产地
  - 生物圈保护区
- 人文生态旅游区
  - 自然文化双遗产
  - 民俗旅游区
  - 宗教旅游区
  - 旅游度假区

图2—3 生态旅游区人文特性类型构成

表 2—2　生态旅游区自然属性类型构成

主类	亚类	特征
山岳型	低山,＜1000 米 中山,1000～3500 米 高山,＞3500 米	以山地环境为主而建设的区域
洞坑型	溶洞 地下森林 地下河流 天坑	以地面以下负地形生态环境为主而建设的区域
森林型	树林 竹林	以森林植被及其生境为主而建设的区域
草原型	典型草原,草甸,荒漠,高寒	以草原、草甸植被及其生境为主而建设的区域
湿地型		以水生或陆栖生物及其生境共同构成的湿地为主而建设的区域
水景型	海洋型 湖泊型 江河型 冰川/原型 海岛型 瀑布型	以江、河、湖、海、岸边生物及其生境为主而建设的区域。适于建设水滨度假、水上运动、潜水观光等设施
荒漠型	戈壁 沙漠	以荒漠景观为主而建设的区域,适于建设沙漠冲浪、荒漠探险等景观
复合型		包含多种类型但缺乏主导类型的区域,适于建设环城度假带

生态旅游区建设的理论和实践主要体现在生态旅游区资源普查、评价与开发；规划设计、生态旅游产品设计；生态旅游区承载力（容量）及生态旅游区环境保护；发展战略和生态旅游区域效应研究等方面。

三、基本原理

传统的旅游区建设目的主要是方便游客游览，主要内容是兴建大量的旅游接待设施。建成的旅游区具有如下特点：作为旅游产品主体，景区可重复销售；对于旅游者，旅游产品大多是一次性消费；旅游区不能位移，不能运输，只能是消费者来到旅游区购买旅游产品；旅游区的市场开拓者与做生意赚钱者错位；当地门票涨价听证，外来游客掏钱，定价听证者与承受者错位；旅游区生产与销售同步；产地与销地同一。除了具有旅游区特点之外，生态旅游区建设有其特殊性：景区建设，工程在景区外，吸引物与建设工程选址错位；景区（点）建设，周边受益，利益主体空间错位；景区促销，区外接待企业受益，利益主体单位错位；开发商资源环境耗损，当地居民买单，后效承受主体错位。生态旅游区建设的最终目的是旅游区生态系统状态最优，主要建设内容是生态建设。笔者认为生态旅游区建设应遵循"四化"原理。

1. 生态化原理

生态旅游区与大众旅游区的主要区别就在于重视自然生态系统本身的价值，向旅游者承诺提供全新感受自然的机会，使游人与环境，游人与当地人和当地文化之间达到相互理解和相互尊重；认识到增长和发展的有限性，承诺对自然资源与环境进行有效的保护和管理。因此旅游区的生态建设，要处理好人与自然、旅游者与环境、旅游者与当地社区的关系,建立自然—旅游—社区复合生态系统。这种建设,应以自然原生的环境为背景,重点在由旅游、当地社区构成的人文子系统的协调、重构与兴建,使之更符合维持自然生态子系统动态平衡的需要。

生态旅游区人文子系统的协调、重构与兴建主要体现在基础设施建设上,因为道路、食宿设施、游览辅助设施、购物场所等设置具有永久破坏力和不可恢复性。基础设施的建设要首先考虑动植物的保护并规划出足够的生存空间,然后才是道路、游客中心、野营区、餐馆等服务和辅助性设施。建设要求对现有生态环境破坏最小、改变最小。而不能像其他大众旅游区建设那样,首先考虑的是人的方便,其次是经济因素,最后才是环境,甚至很多景区建设忽略了环境因素。

2. 本土化原理

旅游区的基础设施建设,必须最大限度地使用当地材料,而且要尽量减少对当地生态环境的破坏,设施的外观设计要与周围环境协调一致。在设计风格和建筑材料选择上也应适应当地的民风民俗,体现当地风格并与周围环境相协调。积极吸纳当地居民的全过程参与,提高其综合素质和管理水平,增加其收入,促进当地社会进步,做到风险共担,利益同享。使生态旅游成为本土化复合生态系统中的有机成分。

生态旅游有别于普通旅游的根本所在,便是旅游与保护的双重职责,鼓励和支持当地居民的参与和协作是生态旅游成功与否至关重要的一环。因此,不仅要号召当地居民的参与,更重要的是要把生态旅游同当地居民的切身利益紧密地联系在一起,以刺激他们积极主动地参与这一活动,并发挥传统特长增加生态旅游的吸引力(孔红梅、奇东、卢琦,1995)。只有旅游生产本土化,地方经济发展了,当地居民才会注重生态环境保护。开展旅游业对于当地居民可创造新的就业机会，而这些基于旅游业的工作，应当有助于促进地方资源保护和本土经济、文化的发展。许多经验证明，让当地居民参与生态旅游区的管理十分必要和有益。改善当地居民的生活将直接缓解他们对资源的压力。资源环境压力小，才有可能保持生态旅游区自然和环境的本地特色。

3. 简朴化原理

生态旅游区内建设项目要少而精，不能有多余的建筑，尤其是在游览区内，要尽可能减少人工建筑的痕迹。生态旅游是一种多样化的选择性强的旅游活动，它不要求大量及高档次的硬件设施、食宿和交通供应，而是要求质朴与自然协调的住房和食物，文化的真实性和完整的自然环境。旅游者在生态旅游活动中可以有更大的主动性、随意性和兼容性。所以，生态旅游区建设应该少开发，多利用。旅游发展永远有阶段性的局限，如果片面强调开发，就意味着要进行大规模的建设，但大规模建设的可行性往往难以判断，如果在没有准确的可行性判断之时就急于进行开发建设，就很可能失误。把交通建设得很通达，就破坏了原生性和完整性。过于追求交通通达，效果反而很差。基本上要做到大交通通达、小交通方便。要避免两种倾向：一是建设不足。比如环境卫生设施建设不足，甚至一些基本的生活需求都不能满足，尤其是厕所；二是建设过度，主要是宾馆、商店、餐馆建设过度。例如，现在张家界锣鼓塔建设成了一条街市，许多餐馆都是白瓷砖的房子，像是"厕所"。井冈山把一些房子盖成了欧式的小洋楼，但又不是正正经经的欧式小洋楼，与周围景区很不协调。这都是没文化的建设、破坏性的建设，违反了简朴化原理。

4. 零散化原理

零散化原理系指生态旅游区游览辅助设施建设强度,尽可能趋近于零,而且不能过于集中于景区内的某一地段,以免生境的连续性被人文斑块或廊道隔断,确保生物栖息地尽可能少地分成不相连的碎片,使物种的存活率、迁入率较高,灭绝率较低。有的学者,甚至提出"零开发"的观点,让生态旅游景区始终处于原始自然状态。

第三章 生态旅游区构成与建设内容

第一节 生态旅游区构成要素辨识

建设生态旅游区,首先要解决的问题是如何界定生态旅游区和非生态旅游区。然后在此基础上,构建生态旅游区的理想化目标——生态旅游区规范。最后才能在时间轴上,明确生态旅游区建设程序;在空间轴上,界定生态旅游区建设的内容。

根据以往生态旅游的定义,以及生态旅游资源与非生态旅游资源的比较,似乎所有旅游区都可以贴上"生态旅游区"的标签。如果这样,那么,所有旅游区都是"生态旅游区",就没有了生态旅游区,而是一般的旅游区,也就没有专门研究生态旅游区的必要了。经过思考,笔者认为,生态旅游区构成要素有:协调共生的生态系统,相对未受损坏的资源环境系统,利于环境保护和居民参与的旅游业,以及具备积极生态道德的游客。

一、协调共生的生态系统

生态旅游区是对游客有吸引力、相对未受旅游以外人类营利活动干扰的原赋景观地区。生态旅游区与大众旅游区的主要区别就在于重视自然本身的价值,向旅游者承诺提供全新感受自然的机会,使游人与环境、游人与当地人和当地文化之间达到相互理解和相互尊重;认识到增长和发展的有限性,承诺对自然资源进行有效的保护和管理;关注子孙后代的需求,对社会承诺旅游业的可持续发展。生态旅游区旨在对自然遗产和文化遗产的保护和欣赏,有利于维持生物多样性和生命支持系统。

生态旅游区具有原始性、自然性、(环境)脆弱性、保护性、(建设)限制性等特点。

生态旅游区应具备下列控制性要素:

旅游区是一个自然—经济—社会复合生态系统,但生态旅游区作为一种特定的复合生态系统,它除具有一般旅游区复合生态系统的特性之外,还具有自己的个性特点。生态旅游区复合生态系统(Ecotourism Attractions Complex Ecosystem)的结构,与一般旅游区的社会—经济—自然复合生态系统(SENCE)不同,生态旅游区的复合生态系统(EACE)内的生物、地质、地貌、气候和村落构成支撑生态旅游区建设的子系统。EACE 是由旅游系统、生物系统、地貌系统、土地系统、气候系统和村落系统六个子系统协调共生而成的复合生态系统(图3—1)在相互制约的基础上复合形成的。

生物(包括人类及伴随的文化)能协调共生、和平发展的自然原生状态,是生态旅游区构成的首要条件。生态旅游区,当然应以生态系统为中心,保持生物生理特征与生活习性不被强加的人为因素而改变。没有生物就谈不上生态系统,就不存在生态旅游,生态旅游区更是无从谈起。当然,地球上,凡可以开展旅游的地域,不可能绝对没有生物或生物现象,从理论上讲,每个栖息着一个以上的生物的环境,都可以被看作是一个生态系统。但是,肉眼不可见的生物及生物

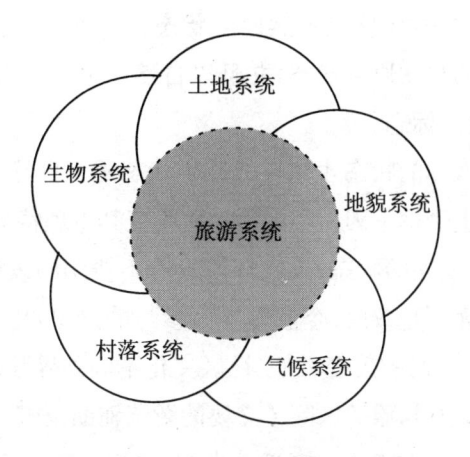

图 3—1　生态旅游区复合生态系统

（土地系统、生物系统、地貌系统、村落系统、气候系统、旅游系统）

现象,对于普通的生态旅游者几乎没有意义。一些神秘的生物或生物现象的传说,对于加强生态旅游区的吸引力有一定的促进作用,但仅靠传说,吸引力是不可能长久的。另一方面,随处可见的生物及其生物现象,也无法构成旅游吸引力,这就是说,生态旅游区内的生物及生物现象,要具有一定的范围内的独特性、稀有性。这样,才有一定范围的旅游市场吸引腹地。有生物,而且在一定范围内,具有稀有性的地区,也不一定就是生态旅游区,例如动物园,人工养育着多种有特色的动物,但却不是生态旅游区。这是因为动物园里的动物,并不是协调共生、自由自在地生活在一起的。凶猛的肉食动物,必须关在笼子里,对其他能引发其食欲的弱小动物,只能是"可望不可及"。在外力作用下的多种生物、多种文化协调共生、和平发展,也不能构成生态旅游区的必备条件。

　　伊丽莎白·布(1992)界定生态旅游概念时,强调生态旅游必须以自然为基础。生态旅游区内,生物(包括人类及伴随的文化)的协调共生、和平发展,应该是自然原生状态。具备这种生物的同生共荣、协调发展的自然原生状态,并且以自然原生景观为主,是生态旅游区最为重要的标志。

那么,什么样的状态才算自然原生状态呢? 自然景观没有或很少受到破坏,生物体不因人类的活动而改变其生理特征与生活习性,改变其生存和发展的状态;人文环境没有不协调的改变或破坏。除了当地居民(而不是政府、企业等外力参与的组织)自发行为造成的与生态环境相协调的改变之外,社区文化不因外界强加的力量而被迫改变。具体地说,旅游区除了必要的游览辅助设施外,游客视野所及之处,基本上没有现代营利活动设施,这样的区域,才可以称得上处于自然原生状态。

生态旅游区之所以吸引旅游者,产生生态旅游,主要原因就是在生态旅游区的自然原生环境中,生物多样性丰富。人的健康状况的好坏,寿命的长短与居住地物种数量的多少成正相关。居住地物种数量越多,人类越健康长寿。在人类居住地环境日益恶化的现代,森林公园、自然保护区等生态旅游区,植物种类多,有乔木、灌木、草本、地衣;动物的种类和数量也较多,有鸟、兽、昆虫以及众多的土壤微生物,因此森林公园、自然保护区才成为令人向往的生态旅游区。多种生物、多种文化能协调共生、和平发展,具备丰富的生物多样性和文化多样性,是生态旅游区存在和发展的物质基础。

根据这一要求,历史文化名城、文物古迹为主体的旅游区,从严格意义上讲就不属于生态旅游区。

二、未受损的资源环境系统

生态旅游是以自然为基础,为学习、研究、欣赏、享受自然风景和野生动植物等特定目的,到受干扰比较少或没有受到污染的自然区域所进行的旅游活动。很显然,根据这个定义,在利用自然资源和环境而建设的生态旅游区中,保护环境不受污染是第一位的。不仅要保护生态旅游区中植物的物种资源,而且也要保护兽类、鸟类、昆虫以及菌类等赖以生存的自然环境,从而有效地维持生物物种的多样性。资源综合体没有人为耗损,环境未受人类营利活动的破坏,是生态旅游区不可缺少的构成要素之一。具体可分为资源和环境两个方面。

在资源方面,生态旅游区需具备的资源包括生物资源、水资源和大气资源。

关于生物资源。主要包括动物、植物和微生物的种类和生物产量(在整个生育过程中,所积累的有机物质的总量)。在生态旅游区,要求生物种类多样,生物产量较高,尤其是与生态旅游区环境质量密切相关的物质产量较高。这些生物产出物主要有以下几种。

关于空气负离子资源。自然界的空气负离子是在紫外线、宇宙射线、放射性物质、雷电、风暴、瀑布、海浪冲击下产生的,它既不断产生,又不断消失,保持一个动态平衡状态。负离子的保持时间与环境条件有关,一般几秒,几十秒,几分钟到几十分钟不等。根据吴楚材、钟林生等的观测结果:城市空气中的空气负离子浓度一般是0～200个/立方厘米,多数情况下是100～200个/立方厘米;森林比空旷地高,一般600～3 000个/立方厘米,空旷地200～600个/立方厘米。瀑布、溪流、跌水旁负离子浓度更高。通常情况下,瀑布附近负离子浓度高达40 000～100 000个/立方厘米左右,溪流、跌水旁的空气中,一般都在1 000～10 000个/立方厘米左右。空气负离子浓度:森林比草地高,草地比空旷地高,针叶林比阔叶林高。一般来说,生态旅游区空气负离子含量需达到500个/立方厘米以上。

关于植物芳香气资源。国外又叫芬多精,是植物散发出来的能杀死细菌、病毒的挥发性物质。这些挥发性有机物主要是萜烯类有机物,如单萜烯、倍半萜烯、双萜烯、三萜烯等。研究证明萜类化合物的生理功效有镇痛、驱虫、抗菌、抗组胺、抗炎、抗风湿、抗肿瘤和促进胆汁分泌、利尿、祛痰、降血压、解毒、镇静、止泻等作用。植物芳香气是生态旅游区必须具有的重要资源。

关于水资源。对于追求健康和良好生态环境的生态旅游者来说,水是生态旅游区的重要资源,如饮用水、日常生活用水、水上游乐用水。水从直接和间接两方面影响人体健康。在评价水资源时,根据水资源的用途,分别采用国家颁布的《生活饮用水卫生标准》(GB5749—85)、《地面水环境质量标准》(GB3838—88)、《景观娱乐用水水质标准》(GB12941—21)、《渔业水质标准》(GB11607—89)。生态旅游区地表水环境质量达到相应标准一级的规定。

关于大气资源。人类生存不可缺少的、最基本的三种物质是食物、空气和水。旅游者每天大约呼吸 2 万多次,吸入空气 15～20 立方米(20～30 公斤),是人们每天消费的食物和水的重量的 10 倍。可见空气,尤其是清新空气的重要。生态旅游区空气质量需达到《国家环境空气质量标准》(GB3095—1996)中规定的一级标准。

生态旅游区在环境方面,应满足下列条件。

(1) 自然环境完好、资源完整性好。

(2) 噪声质量达到 GB3096—1993 中规定的一类标准,白天小于 55 分贝,夜间小于 45 分贝。

(3) 自然环境氛围浓厚,建筑物不构成景观的主体,自然绿地面积占有较高比例,生物体生境条件未因人类的活动而改变,保持其自然生存和发展的状态,效果良好。出入口建筑主体格调突出,并与景观及环境协调。点缀性建筑布局合理。体量、高度、色彩、造型相互协调,周边建筑物与景观格调协调,或具有一定的缓冲区域。

(4) 区内各项设施设备符合国家关于环境保护的要求,不造成环境污染和其他公害,不破坏旅游资源和自然环境。

三、利于环保和居民参与的旅游业

对环保和当地居民收入有贡献的旅游业,也是生态旅游区不可或缺的构成要素之一。旅游从业者应具有较高环境教育水平,能有效实施利于环保的经营和管理。文物、古建筑保护措施先进、得力,游客容量控制措施有效,是确保生态旅游区持续发展的保障条件。K.齐夫尔认为,生态旅游也包含一种管理方法:被访问国家或区域承诺通过当地居民参加、适当市场营销、加强规章制度及利用企业收益资助土地管理及社区发展,来建立和保持生态旅游区。这种旅游业的经营和管理,必须利于环境保护。如果景区管理部门和旅游从业者没有自觉地保护生态环境,这种"生态旅游"只能是自然观光旅游。即便是一个生态旅游区,如果不进行限制客流量,大批游客的涌入,超出了旅游区的许可容许量,将打破原有的生态平衡。国内外许多生态旅游区管理的实例表明,接待过量的旅游者,必然会造成环境污染,甚至气候的变异。因此,生态旅游区建设要真正达到保护生态环境,管理部门必须对进入景区的客流量和接待容量实行严格的管理和控制,能有效预防自然和人为破坏,保持文物古迹真实完整性和自然景观的自然原生性。旅游企业经营要根据生态旅游区建设的不同要求,以减少对自然生态的破坏为目标,控制旅游活动范围、设施布局与规模、客流量等,尽可能增加绿色食品与绿色产品的比重。

生态旅游区所有设施和服务,都是为了让游客接触原生自然提供方便,决不能喧宾夺主,使设施本身成为吸引物。制定我国生态旅游区建设方略应考虑下列几点。①对旅游区的基础设施要求要严,这些设施必须最大限度地利用当地的材料来建设,而且要尽量减少对当地生态环境的破坏,设施的外观设计要与周围环境协调一致。②对于经营生态环境旅游的旅行社,必须取得生态旅游区的准入许可证,方能组团或接待旅游者。③在生态旅游区旅游过程中,要保护旅游区内的植被,旅游设施、交通工具等应减少对空气的污染、对动植物的干扰。④要在国家旅游局的资助下,制定出一套生态旅游区界定标准和生态旅游业管理行业标准,用于衡量生态旅游企业的人员素质、服务质量、管理水平和对环境的影响。⑤由于生态环境是一个不可分割的整体,因此在制定生态旅游规划的过程中,地方政府、旅游企业与生态保护机构之间要密切合作。⑥制定旅游发展规划要充分利用生态旅游区当地的资源、设施和人员发展生态旅游,要能给当地带来经济收益,尽量把旅游业对生态环境的影响降到最低限度,保护当地的生态资源。⑦为减少对生态旅游区环境的影响,应规定在风景区修建游人步行道和观景台,并在走道两侧设置标牌,用图文并茂的说明向游客介绍风景区的特点、各种野生动植物的特征和习性,并提醒游客注意保护。游人走道和观景台不仅引导游客领略当地自然风光的精华,而且把游人对环境的影响限制在最小范围内。⑧制定严格的企业准入制度,积极引入能相互循环利用原材料、排出物的相关企业群,限制关联性不大、原料投入多、生产能耗高、废弃物排放量大的企业进入生态旅游区,使当地循环经济产业的产值比率逐年提高。

旅游管理部门要引导社区主动参与资源与环境管理。生态旅游区建设可能给当地资源与环境带来负面影响,而且很多时候这种负面影响是在当地居民不知情、无选择的情况下发生的,有必要引导当地社区主动参与生态旅游开发,同时让他们认识到建设可能带来的环境影响,给其以选择权,引导他们主动参与资源与环境管理。

生态旅游区建设,要优先解决景区所在地居民的就业问题。以不同形式,不同渠道为当地居民提供就业机会,并及时进行跟踪培训服务,培养其参与就业竞争的能力。以民主形式制定社区居民参与的形式与内容规则,组建社区管理机构,加强社区自身管理能力。建立有效的社区参与机制,给社区居民参与旅游发展创造有效渠道。合理分配旅游业的社区收益。在考核生态旅游区旅游收入等经济指标的同时,将社区居民收益水平纳入生态旅游区管理考核指标。

四、具备积极生态道德的游客

环境教育水平较高且具备积极生态道德的游客,占据旅游者的绝大部分,是生态旅游区必不可少的构成之一。既然人类导致了环境危机,渴望摆脱不利于人类生存的恶劣环境,追求自然原生的环境,进行生态旅游,那么生态旅游者也应为此而承担必要的义务和责任。旅游者在生态旅游区进行生态旅游过程中,应该有保护生态的意识,其旅游活动过程中的每一个行为都不能破坏自然环境。生态旅游区强化受欢迎的行为模式和规范,杜绝使自然环境受到侵蚀破坏的消费模式。在生态旅游区,游客必须是对生态环境有特殊兴趣的、带有专门享受、求知、研究目的,有自觉保护生态环境意识的特殊游客,才能使生态旅游区得以形成,并安全运行。

根据 D. 迪亚曼蒂(Diamantis,1999)的研究,生态旅游者的人口统计资料特点如下:①收入。从收入来看,生态旅游者的家庭收入要高于一般旅游者。英国大部分生态旅游者都属于中高收入阶层。

②职业。关于职业的信息不多,不过在美国,35％的生态旅游者都属于专业人士和管理人员,澳大利亚则主要是专业和技术人员。③教育。所有的调查都显示,生态旅游者的受教育程度比较高,如在英国61％的生态旅游常客都是研究生毕业。④年龄和性别。总的来说,各个年龄段以及男性和女性对生态旅游的兴趣和参与都比较普遍,区别在于,不同年龄和不同性别的生态旅游者所参与的具体活动不同。

生态旅游区的旅游者,在旅游过程中的行为应是一种科学、高雅、文明的举止。通过生态旅游,认识自然,参加保护自然生态的活动,提高生态道德修养。那么,什么是生态道德呢?"人的行为凡是有利于人—社会—自然生态系统进化的就是道德的,反之就是不道德的"。

旅游服务活动要"以人为本",处处为游客着想。但生态旅游区建设要以"自然为本",以"生态平衡"为本。实际上,这也是为了持续地满足后代游客对生态旅游的需求。所以,从更长远的视角来看,不仅要以现代人为本,还要考虑人类将来的需要。

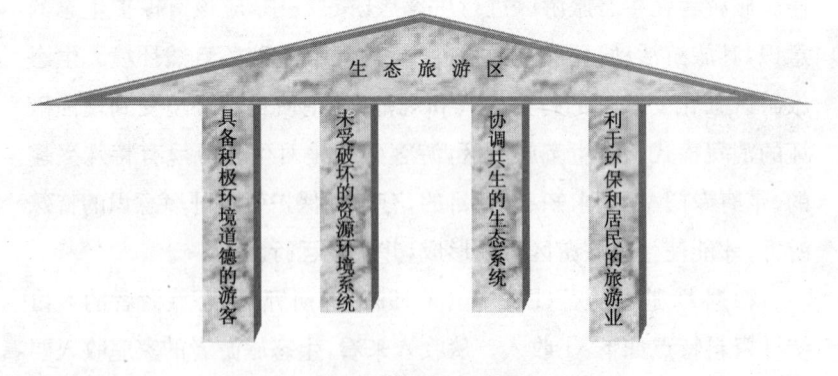

图3—2 生态旅游区构成要素

判断生态旅游区建设项目是不是必不可少的构成要素,要解决的主要矛盾,就是"以人为本"和"以自然为本"的矛盾。

根据中国生态旅游区建设的历史经验,结合国外生态旅游区建设的模式,参考生态旅游示范区建设工作标准和国家《生态旅游示范区管理暂行办法》(讨论稿),生态旅游区构成要素如图3—2所示。

第二节 生态旅游区建设内容

生态旅游区建设是指设置生态旅游区的条件和兴建工作内容。本节主要探讨生态旅游区兴建工作内容。

生态旅游区适度建设最起码的要求,是不能有多余的建筑,也就是说,生态旅游区内,建设项目要少而精,尤其是在游览区内,要尽可能减少人工建筑的痕迹,让生态旅游景区始终处于原始自然状态。如果说建设一般的旅游区如同做文章,那么,建设生态旅游区就是写短小精悍的诗歌,要像优秀作家"惜墨如金"一样,生态旅游区建设要"惜地如金"。

在生态旅游区中,自然景观是基础和主旨,人工景观则为配角和装饰。正如古代画云:"山为体,石为骨,林木为衣,草为毛发,水为血脉,云烟为神彩,岚霭为气象,寺观、村落、桥梁为装饰也。"这非常恰当地说明了生态旅游区中自然景观与人工景观的主次关系及其整体和谐之美。装饰品当是少而精,因景而异,得体为宜,起到协调和衬托自然景观的作用,达到雄者益雄,秀者益秀的景观效果。

生态旅游是一种多样化的选择性强的旅游活动,它不要求大量及高档次的硬件设施、食宿和交通供应等,而是要求质朴的、与自然协调的住房和食物,文化的真实性和完整的自然环境,旅游者在生态旅游活动中可以有更大的主动性和自主性。

一、建设复合生态系统

1. 复合生态系统的建设目标

旅游区的生态建设要处理好人与自然、旅游者与环境、旅游者与当地社区的关系，建立自然—旅游—社区复合生态系统。这种复合生态系统建设，不可能对自然子系统进行"人工雕琢"，重点在由旅游、当地社区构成的人文子系统的协调、重构与兴建，使之更符合维持自然生态子系统动态平衡的需要。[①]

在生态旅游区建设自然—旅游—社区复合生态系统，应以自然原生的环境为背景，在旅游者活动集中的接待区，发展生态餐饮业、生态旅馆业，生态能源技术产业。积极吸纳当地居民参与，增加其收入，促进当地社会进步，做到风险共担，利益同享。使生态旅游成为复合生态系统中的有机成分，并成为当地社区子系统的主体。

复合生态系统建设内容与生态旅游接待体系建设不同，前者着重于接待体系与自然环境构成的宏观复合系统，建设目标是实现新的生态平衡，重构稳定的复合生态系统。旅游、当地社区构成的人文子系统的协调、重构与兴建的目标，就是要有利于维持自然生态子系统动态平衡。具体地说，通过复合系统的建设达到下列目标。

第一，生物多样性不被削弱，甚至得到自然增长。植被乔、灌、草相结合，步行1公里，路边500米可见大型哺乳动物或其活动痕迹，水中可见较大鱼类，水边可见爬行动物，空中、林中可见多种类、成规模的鸟类。

---

① 此处参考了严斧的《旅游生态学》书稿。

第二,人文子系统从自然环境系统获取的资源不能超过环境再生增殖能力,自然资源生长量超过消耗量(水源涵养量高于使用量),集约化利用可再生资源,禁止利用不可再生资源。

第三,通过建设清洁能源设施、自然资源可循环利用体系、环境保护设施、缓冲区和隔离带,形成低投入、高产出、低污染、高循环、高效运行的生产系统和控制系统。尽量减少旅游、生产和生活环节中废弃物的排放,确保人文子系统排入环境的废弃物不能超过环境的容量。空气质量、噪声质量、地表水质量达到国际标准。生态旅游区景观与环境更具吸引力。

2. 复合生态系统的建设内容

(1) 生态旅游区景区建设

以生态旅游景区为核心的自然子系统,虽然不是建设的重点,但它却是整个生态旅游的中心和依托。从长远来说,生态旅游就是依托于自然子系统的质量和独特性,应以毫无雕饰的自然美景为取向。生态旅游景区具有很强的自然性、示范性和保护性。生态旅游景区的组成部分一般有:珍稀植物展示区、花卉展示区、药草生长区、天然果园、原生动物出没区、鸟园、蝴蝶园、登山区、远足区、洞穴或峡谷探险区、天然喷泉或瀑布区、地下阴河考察区等。

植物展示区应建设专用的摄影区(点)。鸟园、蝴蝶园、鹿园等动物展示区,不能建设围栏圈养,只能选择具有天然屏障的区域,用作动物的自然栖息地,呈现它们的自然生活习性。规划建设时,要特别注意动物饮用水源的保护,以吸引动物来此饮水,同时也成为较为理想的观赏地点。但切不可修路引导游客到此地近距离围观,只能在动物感觉不到的远处,修建观赏点,架设高倍望远镜,供游客观赏。

(2) 多种功能区建设

生态旅游区可划分为核心区、缓冲区、旅游服务区和保护区边缘村寨接待区,对核心区要进行严格管理和控制,不允许任何形式的开发利用,在缓冲区可开展一些对环境影响较小的游览活动,允许建设一些简朴的天然小径、探险小径、生态道路、绿色走廊、简洁的观景台、气象观测站等,在旅游服务区建设景区大门、售票处、入口标识等适当的服务设施和休息场所,景区周边的村寨,是游客住宿和餐饮的主要区域,可以建设一些基础设施、游客中心、生态旅游区教育场所、工艺品加工与销售场所、停车场、宿营地和住宿设施。旅游区的生态建设,需要旅游管理部门、导游、旅行社、周边村寨等各方面的共同参与。

(3) 科教系统建设

生态旅游科教系统也是生态旅游区建设不可缺少的内容,是区别于其他传统旅游区的主要标志之一。生态旅游科教系统主要内容有动植物生态习性、生态系统、生态过程、生物与环境之间相互依存的关系、当地区域地理与环境等方面的知识以及生态旅游区主要景点、活动类型和规章制度等。对于大多数旅游者来说,他们对生态系统、景观建设、环境保护、生态道德、旅游可持续发展以及人类在环境中的地位和作用等方面的知识了解较少。生态旅游科教系统不仅要让游客理解、欣赏并珍视自然资源和原生环境,知道他们正在经历或即将经历其中的环境状况,更要提高其生态道德修养和环境保护意识,使游人能够主动节约资源,树立绿色旅游、生态旅游和可持续旅游理念。教育方式可灵活多样,可用电子触摸系统自学、多媒体教室授课、影视播放、GIS系统讲解等多种方式。生态旅游科教系统除了生态教育功能外,要研究旅游对生态旅游区生态平衡、环境演变、动植物生态习性的影响和调控机制与措施,预测生态旅游区生态状况和自然环境的未来走势,还为研究生态的专业人士提供配套的信息服务,为对生态问题具有浓厚兴趣的旅游者开设有关讲座和培训。

(4) 生态旅游博物馆建设

生态博物馆是生态旅游区建设的可选择内容,条件不成熟的旅游区,可以不建设生态博物馆。在游客比较多、发展较成熟的生态旅游区建设博物馆,可以让游客了解到生态旅游区的演化历史、人类活动如何在生态旅游区留下痕迹。在进入景区前,向游客展示景区的全面信息和总体形象,可以标本展览、实物展现、模型展示、图片说明,也可以采取虚拟现实技术,用CAD构图,数码摄像、摄影图形信息叠加,动态仿真模拟生态旅游区各种景观,尤其是难以进入实地现场游览的景观或季节性、瞬间性场景,拓展旅游者视野,丰富旅游景区信息量,多视角、全方位、立体化、连续化展演生态旅游区丰富多彩的景观。替代或部分替代游客深入核心保护区、缓冲区实地游览,减轻原生自然资源和环境的旅游压力,使其尽可能少地受到干扰。

(5) 生态旅游项目建设

生态旅游项目的特点是对生态系统和自然环境影响甚微、无需任何基础设施、成本低、操作简单、健康而又安全。例如,观赏动植物群落、徒步旅行、潜水、独木舟/竹排/木排/羊皮筏游览、漂流、草原马术、高尔夫球、野外生存训练、游泳、矿泉浴、滑雪、滑草、滑冰、滑板、垂钓、地方性/民族风情表演,等等。

二、建设生态道德体系

建设生态道德体系,能为生态旅游区的规划设计、开发建设、经营管理、旅行游览提供共同的支撑,可以使规划设计者、开发者、经营者、游客以及旅游管理者受到持久的、潜移默化的道德约束,使其自觉地考虑自身行为对环境的影响,依靠扎根于内心的自觉信念和社会舆论的作用,运用生态道德的规范和原则,自发地调节自身的行为,确保在享受环境、认识环境的同时,爱护环境、保护环境。在旅游活动中注重生态化原则,讲求环境效益、节约资源、文明游览、规范经营和减少废物排放,从而推动生态旅游区建设深入而持久的发展,达到强制性的"法治"难以达到的效果——自觉自愿的"德制"效果。这种效果更具有生态性、广泛性和可持续性。

尽管专家们强调生态旅游是一种新型旅游,带有零负面影响的基本成分,以相对未被干扰的自然地区为基地,不破坏,不退化,生态可持续,为使用地区的持续保护和管理作出直接贡献(Valentine, P.S., 1993),但是,在实际旅游过程中,理想与现实之间存在着很大差距。绝大多数旅游者,并非出于保护环境的目的,不惜鞍马劳顿,把辛苦换来的"血汗钱",花费在生态道德的学习上,旅游者更倾向于不利环境保护的舒适与安逸。毕竟生态旅游,不是"绿色环保万里行",也不是"生态道德传教活动"。

生态旅游区建设过程中,应对旅游管理者、经营者、旅游者等,积极倡导以下生态道德理念。

(1) 运用道德规范约束人的行为

人是生态旅游区具有理性的高级生命,能够从道德的角度来考虑问题,并用道德的力量来约束自己的行为,所以,在生态旅游区建设与旅游活动中,应当运用自身独特而优越的理性和道德,自觉地承担起维护生态平衡,保护旅游资源与环境的责任。进一步要求保持住青山碧水,不使新建的各类建筑与山争雄、与水争色、与天比高。严格控制水土流失,爱护环境的整洁与卫生。地方居民不滥砍滥伐,切实维护包括人类自身在内的生物生境的完整性。

(2) 对旅游资源的适度开发

生态旅游区的自然生态子系统,不仅能为人文子系统服务,同时也有其自身不可剥夺的权利,这种权利的实质,就是生物习性及其依赖的资源与环境的自然原生状态,免受不可恢复的破坏。生态旅游者和从业人员必须清醒地认识到这一点,必须赋予旅游资源与旅游环境以同等的道德地位,在充分尊重和积极保护它们的前提下,适度建设生态旅游区,对旅游资源的开发利用不超过旅游环境容量,不超过旅游资源的再生能力。

(3) 树立正确的旅游资源环境文化观和价值观

不能只从经济利用的角度来理解或考虑人和旅游资源以及环境之间的关系,要认识到生态旅游区资源与环境的非经济价值,特别是它们在保护自然遗产、保持生物多样性、维护生态平衡,进行科学研究、文化教育、陶冶性情、人格塑造等方面的精神价值,而不应是仅简单地将其作为一种物质资源,而予以掠夺性地开发利用。

(4) 建立生态旅游区资源与环境的代内、代际公平观

同一时代的人们对人类所共有的旅游资源与旅游环境财富享有同样的权利,而子孙后代和当代人对旅游资源与旅游环境的享有也拥有同样的权利,当代人不能因为只顾自身的需要而过度地开发利用旅游资源,削弱旅游资源再生能力及环境的自我恢复能力,从而侵犯到子孙后代的应有权利。所以,在生态旅游区建设过程中,必须树立起可持续发展的观念,坚持能源清洁化、废弃物的无害化与最小化,资源利用集约化与循环化,力争做到旅游活动的生态化,兼顾代内公平与代际公平的原则,对当代人和后代人负起同样的道德义务。

总的来看,生态道德的建设将旅游者道德视野,从人与人之间扩

展到了人与自然之间,扩大了生态旅游者的责任范围,其一举一动被放到了人—社会—自然这一大的坐标系之中。这样,才能使得生态旅游者能够逐渐对人与自然的关系,进行全面整体的认识和把握,对自身的生态旅游行为,可能给自然界造成的多种结果,进行全面的认识和把握,以及对应承担的生态责任和义务进行整体认识和把握。生态旅游者就会受到更加重要、更加持久的潜移默化的道德约束,自觉地考虑自身行为对环境的影响,从而推动生态旅游区持久的发展。因此,构建生态道德是生态旅游区必备的强大道德保障。进行生态道德建设,增强人们的生态意识和环保观念,必然内在地促使人们在旅游活动中注重旅游活动的生态化原则,讲求效益、节约资源、保护自然原生环境,促进生态旅游区建设与资源环境协调发展。唯有如此,生态旅游区才能得以为继,并持续发展。

三、建设生态旅游管理体系

生态旅游区的建设,需要旅游管理部门、导游、旅行社、旅游饭店等各方面的共同参与。中央政府主要实行生态环境与旅游美学等方面的控制,而地方政府可考虑在以获利为目的的条件下,对照旅游发展项目中的"环境代价"权衡利弊,通过限制建筑设施、批准计划、控制发展规模和发放旅游发展准许证,实施有效的经济发展管理。

具体到生态旅游区内,其管理体系主要包括资源消耗统计体系、生态旅游政策与行业标准,游客、社团和非政府组织反馈与投诉机制,生态旅游区所在社区秩序与福利改善计划,环境代价核算体系等内容,如图3—3所示。

生态旅游区管理体系建设应考虑下列几点。

第一,对旅游区的基础设施要求要严,这些设施必须最大限度地

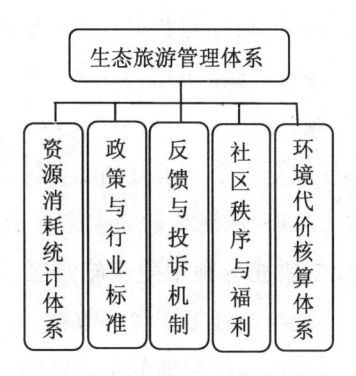

图 3—3　生态旅游管理体系

使用当地材料建设,而且要尽量减少对当地生态环境的破坏,设施的外观设计要与周围环境协调一致;环境保护设施容量,要满足近20年发展的需要,切忌像城市建设一样,刚建又挖,挖了又建。

第二,对于经营生态环境旅游的旅行社,必须取得生态旅游区的准入许可证,方能组团或接待旅游者;进入生态旅游区的旅游者,必须是具备生态道德的高素质游客,其在旅游过程中的行为应具有科学、高雅、文明的举止。通过生态旅游,认识自然,参加保护自然生态的活动,提高生态道德修养,形成生态旅游区—生态旅游者之间相互促进、相互提高生态道德和环境保护行为的良性互动关系。在生态旅游区旅游过程中,生态旅游者和经营者,都要保护旅游区内的植被和野生动物。旅游设施、交通工具等应减少对空气的污染、对动植物的干扰。

第三,制定出一套生态旅游区界定标准和生态旅游业管理行业标准,用于衡量生态旅游企业的人员素质、服务质量、管理水平和对环境的影响。定期或不定期地开展生态旅游区的合格评估和优秀评估,以评促建,奖优罚劣,形成你追我赶,力争上游的滚动发展机制。生态旅游监管者评估并管理旅游的影响,建立可靠的环境评估方法,防止出现任何负面影响。

第四,由于生态环境是一个不可分割的整体,因此在制定生态旅游规划的过程中,地方政府、旅游企业与生态保护机构之间要密切合作。制定旅游发展规划要充分利用生态旅游区当地的资源、设施和人员发展生态旅游,要能给当地带来经济收益,尽量把旅游业对生态环境的影响降到最低限度,保护当地的生态资源,使其通过ISO9000质量保证体系、环境管理体系认证。用于景观、生态系统、珍稀动植物、文物、古建筑保护等的费用,应占门票收入的10%以上。

四、建设生态旅游接待体系

生态旅游接待体系建设与复合生态系统建设内容不同,前者注重接待体系服务功能的完善,目标是使游客感到安全、舒适、便捷,同时兼顾环境保护。但是,一般而言,在生态旅游区,旅游接待设施在方便游客的同时,却对环境具有永久性的破坏,对生态系统的影响具有不可恢复性。因此生态旅游区建设首先要考虑生态系统的稳定和原生自然环境的保护,为动植物的自然发展预留出足够的空间,然后,才能进行游客中心、绿色交通、餐宿设施、野营区以及游览辅助设施的建设。

1. 绿色交通

生态旅游区应以方便实用、尽可能减少对环境的影响为目标。按照通达性要求,建设区外交通;按照保护性要求,建设景区通往人口集居地的交通;按照生态环境要求、采用生态性材料,建设游览交通。绿色交通建设不能仅仅根据资金数量,"有多少钱,办多少事",

而应该立足于环境破坏最小、能源消耗最少、生态保护最优，进行长远规划、慎重决策，一步到位。避免废弃老线路，不断建设新线路。张家界峪园公路建成后，原来的盘山公路基本废弃。黄山景区从"迎客松"到"鳌鱼驮金龟"景点之间，新建了更加便捷、宽敞、盘旋于山腰的游道，邓小平曾走过的山谷游道，就被废弃了。

生态旅游景区内的绿色游览步道主要有生态小径、天然小径、探险小径、空中走廊、环形安全通道等。

生态小径是一种连接多个景点、游览辅助设施，迂回弯道较少，且破坏作用很小的游客通道。生态小径应尽可能顺坡向布设，尽量避免修盘山道，这样不仅方便游客游览，还可以起到对山坡的保护和排水作用。

天然小径是一种用砂石、碎石、鹅卵石铺就，环绕生态景区四周，或连接各种设施的简易通道。主要功能是供旅游者进行散步、远足、慢跑锻炼、蹬山地自行车、拉练等活动。

探险小径是通往生态旅游区多处最难靠近景点的坚硬小路，通过树冠走廊、溜索等空中走廊，跨越河流、峡谷和峭壁，专为身强体健的旅游者探险使用。

空中走廊或树冠走廊是架设在生态景区高空的通道，既能有效地保护珍稀动植物和脆弱的生态系统，又能把旅游活动对野生动物生活习性的干扰降到最低程度，同时还为游客免遭凶猛动物、蛇类咬伤、其他蚊虫叮咬以及滑坡、泥石流等自然灾害影响提供有力的保障。

野营小屋是建设在旅游服务区和保护区边缘村寨附近的野外简易住宿设施。这种设施的建设，要与已有设施和周边环境相协调，依山傍水，因势而建，体量要小，颜色要鲜艳，从远距离就很容易辨识和发现。建设时应优先考虑排水系统,对水源地设置明显的标识。

环形安全通道是连接景区周边及区内所有设施、各条生态小径和天然小径的应急通道。主要功能是进行迅速、及时的防火、救火、紧急疏散、撤离和急救。平时也可用作慢跑锻炼、野营、应急系统演练等。

对于寻求自然野趣的生态旅游者来说,永久性的交通设施太惹眼,而且与旅游者的旅游动机相违背。为了尽可能地保留生态旅游区因稀少而弥足珍贵的"野趣",使人为影响减至最小程度,建设绿色游览步道应遵循如下原则。

(1) 有利于观赏风景

游览线路的建设,应便于游客欣赏风景,避免对自然背景的阻拦或遮蔽,使游人和环境特征巧妙地融合在一起。选材、布线要考虑游客的兴趣特点和审美标准。弃直取弯,最好是起点和终点相近的单环线。若能时常遇见倏忽即逝的野生动物,则会使游客情趣倍增。

(2) 有利于保持特色

道路或步行小径,不应很突出或显眼,不宜修在山脊上,而应在较低的山坡上。游路只在某些景点靠近湖泊、河渠,不宜长段沿水体修建游道。应尽可能沿用原有小径,使用原有斜坡、树木、小山等自然地形特征,与原有景色与地貌相一致。步行游道可选用当地的木头、木板、卵石、砾石、石板等,色彩要自然,最好是裸露的骨材或表面径向有纹理的材料。千万不要铺设清一色的碎石路、沥青路或水泥路。

(3) 有利于生态安全

景观安全格局理论认为:景观中存在一些关键性的局部、点及位置关系,构成潜在的空间格局;不同水平上的安全格局可使生态过程或其他过程维持在不同的健康和安全水平上;多层次的安全格局是维护生态或其他过程的层层防线。生态旅游区游览线路的布设与建设,应符合生态安全要求。首先要斟酌是否有必要修路,在某些景区,保持无路可走的状态,让游人体验"披荆斩棘"的感觉,比走宽阔平坦的游览道,更有吸引力。而且,这种做法,有利于维护野生动物、植物的栖息地和活动规律。若要修路,路面宽度要尽可能小,起到限制速度的作用。布线要考虑土壤类型、基岩岩质、坡度和地下水流向,应远离生态脆弱区。要避免看得见的小转弯,以免游人走捷径,踩出许多小路。

游览线路建设既要考虑景观生态安全,更要注意游客安全。探险区以外的步行道上,要清除难以逾越的障碍物,尤其要清除对游客构成伤害的荆棘或对皮肤有不良刺激的植物。悬吊的树枝要砍至2米高,但不要砍大树,不要让土壤裸露,避免陡坡和泥泞。

生态旅游区交通建设的投资重点是区外进入性交通,体现生态保护性要求的技术重点是区内游览步道。游览步道既要方便游览,串联体现生态旅游区特色的景点,又要利于环境保护,避开环境脆弱地带。

游览步道布局类型主要有三种基本类型:线状、叉状和环状,由此三种基本类型可衍生出许多类型,如放射状、树枝状、网状等(图3—4)。

建设生态旅游区交通线路后,还要建设位置合理、数量适当、干净整洁具备绿化停车面、绿化隔离线的生态停车场。建设停车场,要特别注意平整土地时对景观的影响。地表植被一旦遭受人为破坏,很难恢复,取而代之的是另一种植被,这样,既不自然,又破坏了生物多样性。若有珍贵植物,且又必须修停车场或公路时,应把植物和土

图 3—4　游览步道布局类型

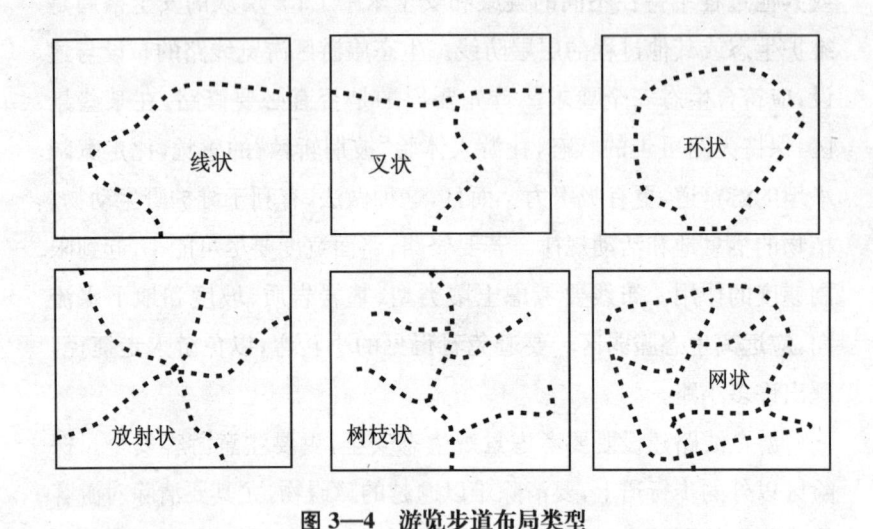

层分门别类地移走,完工后,再恢复原样。添置没有污染的交通工具,可用特色交通工具如马、毛驴、马车、三轮车、轿子、游船、游艇、竹筏、羊皮筏、独木舟、漂流艇、热气球、观光飞艇、降落伞、滑翔伞、人造飞碟等接送游客,既突出了生态特色、方便了游客,又可以增加生态旅游区的净收益,减少因购车、汽油等而产生旅游效益漏损,也可减少汽车尾气污染。此外,也可发展单座、双座、三座自行车。在回程单调、景观重复的山顶到山脚,可选用钢丝滑轮运送返程游客。当某旅游线路日均游客量超过钢丝滑轮运载能力,且普通游客难以一天走完全程时,建设索道比在景区建设宾馆更有利于环境保护。景区内不使用对环境造成污染的交通工具,鼓励乘坐公共汽车、电瓶车、帆船、人力船、溜索或骑自行车。提倡网上办公,使用移动通讯设施,减少交通工具的使用量。

2. 清洁而节省的能源

建设生态旅游区清洁而节省的能源供应体系,保护环境,维持生态平衡,并不是一定要降低服务质量,减少游客的舒适程度和方便程度。在保证环境质量和不改变生物生态习性的同时,也可以找到两相兼顾的办法。例如,循环利用大型冷藏或空调设备排出的热水,为附近接待设施、衣物烘干室或温室供热;充分利用自然光,采用亮色、平滑的墙面反射光线;采用节能用具,根据相关研究,灯具节能顺序依次为:三磷酸荧光灯、荧光灯(效率是低压灯的三倍)、低压灯(效率是白炽灯的两倍)、白炽灯;微波炉等新的电子技术比传统的电炉高效;推广钥匙牌开关或自控装置,确保房间无人时自动切断电源;如果未存放易变质的饮料,冰箱应在不开启的夜间关掉,这样可节省30%的能源(杨桂华等,2000),避免将冷藏设备置于太阳直射的地方或热源附近;生态旅游区办公尽量使用便携式电脑、喷墨打印机,因为便携式电脑消耗的能源是台式电脑的1/10,喷墨打印比激光打印更节省能源;最大限度的利用太阳能设施、风能设施、天然水体的势能等。

布局和建设对生态环境与景观质量影响尽可能小的供能设施:电网、地下电缆,太阳或风能设施。

由于生态旅游区大多位于远离供电系统的边远地区,使用光生电系统能优化企业形象,显示出强烈的创新精神、环境意识和生态道德,因此被许多度假小屋和饭店采用。

根据澳大利亚旅游协会、联邦旅游部和世界旅行旅游环境研究中心等组织的研究,一年中,有 2.11×10^{17} 千瓦时的太阳能转化为风能,人类一年消耗的总能量为 9.05×10^{13} 千瓦时,只相当于现有风能的 0.04%。风速增加一倍,风能就增加 8 倍,即 $2 \times$ 风速 = 风能 $\times 8$。

风能发电投资比太阳能发电少,比柴油机发电维修容易,几乎无噪声。离地面60米的自由气流层风速最高,为风轮最佳高度,外观高大壮观,屹立在旷远的草原或其他背景中,构成一道生态风景线,这对旅游者也具有吸引力。

生物燃料是通过将动物粪便及植物中各种有机物消化、汽化、液化、燃烧而得到的燃烧材料。动物提供的燃料主要是代谢废物,包括动物粪便、粪水、下水道污水及人类生活废弃物。植物燃料主要是其根、茎秆、种子、分泌物及其降解物。研究显示,5公斤废弃物约能转化1立方米燃气。如果每户家庭平均每天产生2.5公斤垃圾,则可转化为0.5立方米的燃气,足以满足家庭做饭的需要。宾馆产生的废弃物更多,其转化成的燃气足够满足烹调和热水需要。多种生物燃料的利用,不仅使废物中的能量得到充分利用,而且还消除了废物中的有害物质,缓解了废弃物对生态旅游区环境造成的威胁,使生态旅游区朝着物质循环利用的方向迈进。

人类利用水能,已有数千年历史,一百多年前,水力发电成为现实。现在,天然水体的势能也是生态旅游区理想的能源之一。在山岳型生态旅游区,以及常年有流水的旅游区,都可以利用小型水电站,就地提供电能,而且可永续利用,不破坏环境。水电比太阳能、风能发电成本低。但是水电站大坝、堰、河流改道以及其他相关土木工程建设,会导致河流性质改变,尤其是回水区和下游生态系统受到较大影响。引水渠、分流渠等土建工程还会引发侵蚀现象。避免侵蚀的常用措施是:在水库底部、出水口等水体回流处,放置大石块或其他坚硬物,分散水的流量,减少侵蚀。建设水电站,要根据生态旅游区近期与长期对电力的需求,正确计算出所需水流的速度、静态水压差和净水压差,选择合适的涡轮机。

3. 简朴的吃住设施

生态旅游区宾馆,必须建立在生态环境承受能力基础之上,符合当地道德规范和自然经济状况,促进人与自然和谐相处。根据容量控制要求建设住宿设施,集中布局在区外、山下、边缘,中档为主,禁止别墅建设,禁止瓷砖外立面、玻璃幕墙装修、卷帘门铺面等低俗设施,建筑造型、色彩、材质与景观环境相协调。生态旅游区吃住设施建设应遵循以下原则。

(1) 吃住设施的建筑风格应质朴、简洁,完全融入当地社区,与自然、人文环境一致。设施只要舒适、干净即可,不要过分人工化。突出清洁化生产、生态化服务、节约资源的原则和生态旅游区文化的特点。吃住设施应能满足自助服务功能需求,能为游客提供一种陌生的、与环境和当地文化亲和的机会,使之暂且忘却那些由钢筋水泥严实包围的所谓现代文明。

(2) 生态旅游区吃住设施数量应与旅游流量相配套。设施的体积和数量应中小型化,要低容量、低密度、乡土化、分散化,与当地村民起居相仿,符合人类学、社会学标准,使渴望体验原生自然环境的都市人,平添几分"真情实境"。

(3) 吃住设施建设应尽可能改造利用原有基础,选用当地建筑材料,利用本土或当地技术,为顾客提供绿色产品、绿色服务和仿生态的、有益于健康、清新舒适的旅居环境,使顾客在住宿期间,获得享受自然、保护自然的经历与教育。

在气候寒冷的生态旅游区,使用隔热材料建设客房天花板和墙壁,增强窗户的密封性,使用带有真空屏蔽层的窗户玻璃,可减少90%的热量损失,提高供暖效率。窗户尽可能朝向阳面,吸收更多的太阳能;在炎热的生态旅游区,构建浅色通风的屋顶,并使树林遮蔽屋顶和墙壁,既可减少建筑物吸收热量,又可起到保护自然景观,淡化人工建筑的功效。

通过自助、食物储存、提前定餐、控制分量等方式,减少食物浪费。除了客人有特别要求外,禁止一次性餐具,毛巾、床单等用具,变"一日一洗"为"一人一洗"。这样既减少了清洁费用、洗涤剂的使用量和污水的排放,保护了环境,延长了客房用品的使用寿命,又没有降低游客的舒适程度。

生态旅游区提供的饮食,应该有别于城市宾馆筵席,要以简洁、实用、富有特色、废弃物最小化为目标。主要提供一些极具情调的特色食品,满足那些喜欢通过特色饮食和情调服务,与亲友一起休闲的游客需求。生态旅游者大多不会为了填饱肚子而到旅游区进食,而是为了获得一种吃的愉快,寻求一种饮食的气氛和感觉。所以,生态旅游区饮食设施要简洁,服务要讲究艺术,主要是营造气氛,追求一种野趣和自然,关键是不能对环境产生不良影响。

4. 简洁的辅助设施

辅助设施既包括接待辅助设施——基础设施,也包括游览辅助设施。

修建游览必要的观景台。在主要景观观赏处,建设观景亭、台、廊、椅、凳等,景区禁止永久性建筑,人工痕迹不突出。在步行道两侧建设图文并茂的标识牌。

建设区内外各级交通线路时,预留动植物迁徙、传播通道,并设置提醒标志;交通选线与山形水系相呼应,做到交通沿线山体绿化效果好,景观突出,行道树成荫且树种符合生态要求。周边100公里以内的依托城市,有客运火车站或机场、高等级公路干线,有高级公路或航道抵达交通干线。

建设隐藏、易于到达、标识醒目、便于通风排污、减少废水量的生态厕所或制肥厕所。使用这种制肥厕所,粪便通过与马桶相连的螺旋式开口,落入下面的大箱子,在富氧环境中分解。螺旋式的入口通道使箱内保持黑暗,不易吸引蚊蝇。无需用水,但可用小风扇给箱子鼓风,以祛除气味,充分提供分解所需的氧气。内部装有通气管、折流板、搅拌叉,用来加速分解过程。通气管道,可利用太阳能、自然风力增加空气流动,减少臭味。制成的肥料每年只需从箱底清理一次。制肥厕所需要的温度不高,湿度不大,空气不多,是生态景区常用的技术。厕位数应达到旺季日均游客接待量的5%,并设有残疾人厕位。

在鼓励游客带出垃圾的同时,配置与环境相协调、造型美观、布局合理、数量充足的垃圾桶。实施固体垃圾的分类收集和集中处理。旅游产生的垃圾,大多是一些包装材料,如纸板、纸、园艺废料等,这些有机废料和排污系统中清理出来的污泥淤渣、食物残渣,通过蠕虫培植、厌氧消化,可用于制作肥料,回归农田、菜地、果园。

建设旅游安全机构、设施、制度、标识,建设医务机构与设施。

在游客集中场所建设公用电话设施,建设微波通讯设施,确保游客所到之处都有手机信号。

建设100平方米以上的游客中心、介绍景观或文物的影视厅、电脑触摸屏。

5. 旅游标识系统

为了游客安全方便,应该设置引导、警示等各种标志。生态旅游区应在各景区(点)按照国家颁布的GB10001等标准(公共信息标志用符号标准),建设各种公共信息标志图形符号。

旅游标识系统建设的要点为:旅游公共信息标志图形符号应该

包括导向标志、指示标志、指令标志、限制标志、禁止标志、警告标志等。布局应该设置在停车场、出入口、主要路口、厕所、餐饮设施等位置。旅游区的各种标识景点指示的材料应该因地制宜，与环境相适应。

线路交汇处，要有指路标识，标明前方景点的方向、名称和距离等要素。各种引导标志（入口游览导游图、标识牌、景点介绍牌等）要美观、醒目，文字准确、规范，符合 GB10001 的规定。标识牌和景点介绍牌位置合理，数量充足。提示的信息要准确、有趣、简洁。要求方向明了，距离准确，做到科学性与艺术性的统一。

在停车场、出入口、主要路口、厕所、公用电话设施、餐饮设施等处，设置规范、高档、精美、醒目的图形符号系统，建设有正确、清晰、完好、美观的交通标识。

6. 高效的环境保护设施和手段

生态旅游区应建设高效率、低成本运行的环境保护设施和手段，包括给排水设施、公共环境卫生设施，以及降低消耗，减少排放等手段。建设与当地水资源保护与利用紧密结合的给排水设施，水塔美化，不露明渠，建设集中的污水处理厂。据经验估算，浴室消耗的热水量约占旅游业热水消耗的一半，洗浴用过的水和雨水，经过滤、消毒处理后，可回收用于冲厕所。建设公共卫生设施。鼓励通过互联网、电视、电话网传播新闻、实现无纸办公，减少报纸杂志定购量。张贴或传阅通知，也比分发复印件更利于环境保护，鼓励网上办公、传播新闻减少纸制品垃圾来源。选择包装用料最小化、回收边角余料、剩余材料的供货方。用食物残渣饲养动物，而不是直接排入环境。禁止固体垃圾进入排水管。使用无磷的或可被生物降解的清洁产品。

规划并实施重点街区、村落保护，保持其历史传承性和整体完好性。

保留传统的节庆活动、传统剧目、民间工艺、宗教文化，保护传统文化，创造特色文化。

7. 纪念品与购物设施建设

生态旅游区建设要以保护环境，维持生态平衡为前提，但若仅仅是为了保护环境，消极地维持生态平衡，就没有必要建设生态旅游区，任其自由发展，更利于保持原生自然环境和生物多样性。建设的目的，除了保护环境，维持生态平衡外，还要满足旅游者"吃、住、行、游、购、娱"等方面的需要。"购"是旅游业六要素之一，同样是生态旅游区发展旅游业，提高经济效益不可忽视的方面。发展生态旅游区旅游纪念品的生产和经营，也是增加环境保护经费的重要手段之一。

生态旅游纪念品是指利用生态旅游区当地原材料、生产过程中低耗、低排、高效、环保，具有较强地方特色、审美价值和实用价值，能用作纪念、欣赏、馈赠的人工制品和天然产品。

生态旅游纪念品开发与生产基地建设，要选址合理，生态化设计，全过程环保，做到无污染、无公害、方便、实用，尽量采用本土化工艺，挖掘地方文化内涵，强化地方艺术风格，使用地方性包装材料。生态旅游纪念品开发与建设，不能布局在生态脆弱地段，决不能以牺牲环境、导致珍稀濒危动植物灭绝为代价；不能贪大、求洋、笨重，要轻便、小巧、精美，便于携带。

生态旅游区购物设施要少而精，符合环保，与环境协调，切不可喧宾夺主，凌驾于自然景观之上。

五、构造生态产业循环链

生态旅游区建设的目的,不仅要节约资源、保护环境、利于生态平衡,也要使当地居民的经济状况、生活条件、文化素养不断得到改善。生态旅游的发展,给当地带来了旅游客流,带来了市场,促进了资金流、物质流、信息流、人才流、商务流。围绕生态旅游者的吃、住、行、游、购、娱,可以带动相关产业的发展,促进旅游产业链的延伸,进而扩大产业面,聚集产业群,形成生态产业循环链。这样,生态旅游区的发展不再仅仅围绕某个景区或旅游企业,而是依赖于一个能够持续创新的生态产业循环链,整体提升作为目的地的竞争优势,从而积极参与国际竞争,进而实现更高层面的可持续发展。

在生态旅游目的地的生产系统中,存在着类似于自然生态系统生物食物营养联系的工艺关系,它们互为原料、互相依存、互相制约、互相循环,这就是"生态产业循环链"。

生态产业循环链是一类融自然经济、生态经济和竞争经济为一体的循环经济产业链,兼有工业经济的效率、知识经济的灵敏、田园经济的韧性和自然生态的活力。具有自组织、自适应、自调节的协同进化功能。生态产业循环链运作的基本单元是产业生态系统,它以景观为体、经济为用、生态为纲、文化为常。生态旅游区构建生态产业循环链,不仅要求旅游业与一产、二产和三产形成基于全社会的大循环,更要把旅游关联产业经济活动组织成为"资源→产品或半成品→废弃物→再生资源"的闭环式流程,所有的投入品和能源都能在这个不断进行的循环中得到充分而合理的利用,所有生产场所和市场过程得到景观美化、生态化、人本化的处理与改造,从而使生态旅游为核心的生态产业循环链,对自然环境的有害影响减少到最低程度,对景观美化达到最优效果。

生态产业循环链既是一条能量转换链,也是一条物质传递链。物质流和能源流沿着"生态产业链"逐级逐层次流动,并在其中获得最大限度的利用,使废弃物资源化,生产场所景观化,生产过程人本化,实现资源再生增值,环境美化增值,产业旅游附加值增加。

生态产业循环链建设,要求按照生态规律改造当地经济社会运行方式,尽最大努力提高资源利用效率、减少污染排放,以清洁生产、资源综合利用、生态设计和可持续消费等为手段,大力提倡物质资源使用的"减量化(Reduce)、再使用(Reuse)、再循环(Recycle)",即"3R"原则,形成物质、能量梯次和闭路循环使用系统,从根本上解决旅游发展与环境保护之间的矛盾。

生态旅游区建设之前的规划设计阶段,就要有意识地配置彼此互补的产业或企业,以形成合适的生态产业链。这种"互补企业"遵循产业生态学原理,形成生态产业循环链。

在生态旅游目的地生态产业系统内,以物质集成和能量集成为技术,生产过程中产生的废物和副产品,转换为其他企业或者其他节点链的原材料,做到物质和能量在系统内的充分利用。链上节点企业之间的关系,依赖于废料或者"副产品"和能量的梯级利用而连接在一起。关联企业不一定分布在同一空间范围,更不是配置在景区内,在景区外的依托城镇不同的空间范围,相关产业或企业都与生态旅游具有较高的关联度或潜在关联度,即各产业围绕旅游客流,存在着物质流、信息流和能量流的传递关系,或者通过一定环节的补充,能够在相关产业间建立起多通道的产业连接,形成互动关系。如果产业间没有关联和关联潜力,就不可能形成生态产业链。所以,企业的关联性是生态产业链形成的先决条件。这些产业之所以能够聚集在一起并建立生态产业连接关系,就是因为其间的能量和物质的梯级利用,经济上表现为在自己获利的情况下,又能为对方创造价值。节省消耗,获取更多利润,是生态产业链形成的必要条件。

在实现生态产业链的技术路线中,其核心目标是提高生态效率。生态效率是一个技术与管理集合概念。它包含两方面的因素:一是非物质化,不生产消费者不需要的产品,以减少资源的消耗和废物的产生;二是闭环生产,建立环状生产系统和零废物工厂。在这里每一种产出都将返回自然系统中,成为滋养品或成为生产另一种产品的投入。生态产业链体更注重节点企业之间、地区间甚至整个产业体系的生态优化。

根据以上分析,生态旅游区建设促进旅游目的地生态产业循环链的模式如图3—5。图中,生态旅游是核心,围绕旅游者的吃、住、行、游、购、娱,形成绿色种植业—绿色养殖业—绿色旅店业—绿色交通—绿色通讯—生态景区(点)—绿色购物—生态休闲—绿色种植业生态产业循环链。其中,绿色无公害、无农药种植业为绿色养殖业提

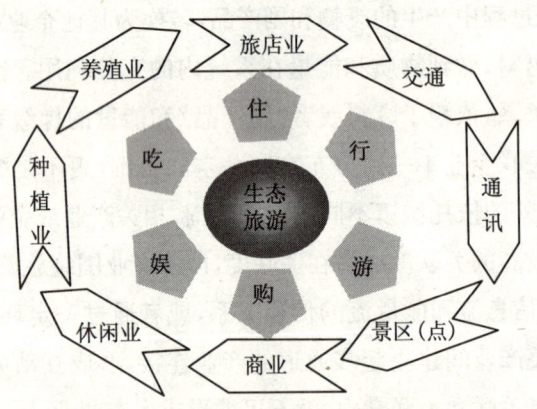

图3—5 生态旅游区产业循环链

供原料、饲料。休闲业中的休闲农庄，可以利用旅游者体验活动，为绿色种植提供部分劳动力。绿色养殖业的粪便为种植业提供有机肥料。绿色种植业和养殖业为旅店业提供无毒、无公害、无农药菜肴原料，同时旅店业的生态堆肥厕所为种植业提供肥料，剩菜剩饭又为养殖业提供饲料。种植业与养殖业的理想目标，是在一定的养殖规模下，粪便等废弃物刚好能被当地农作物（主要是蔬菜、水果和饲料作物）所利用，而当地农作物又刚好能满足旅游者、当地居民生活需要和养殖场的饲料需要。这样不仅可减少污染，避免对自然资源的破坏，而且通过有机肥提高土壤肥力，同时还能降低成本，达到生态效益与经济效益同步提高。旅店的客人成为绿色交通的重要客源，绿色交通为旅店业送进新的客人。绿色交通将旅游者运出居住地，或在旅游目的地空间范围内移动，产生通讯需求，绿色通讯反过来为绿色交通提供及时、准确的运量需求数据。同时，绿色通讯，还沟通生态景区容量与即时游客饱和程度信息，调节景区客流。充分运用现代信息技术，建立全面、快速、高效的客源市场、旅游流信息搜集、分析预测、预警和存储系统。景区为绿色通讯既提供市场空间，又提出绿色技术要求。生态旅游区外围城镇，应发展绿色商业，提倡绿色消费，培育绿色市场，开辟绿色通道。景区客流，为绿色商业带来客源市场，绿色商业为景区建设和发展销售生活用品、建材和旅游设施。商业为游客和本地居民提供休闲购物场所，本地休闲者和旅游休闲者、度假者反过来又是商业的消费者，提高商业人气指数。

综上所述，生态旅游区建设促进生态旅游发展。围绕生态旅游需求带来旅游客流，围绕客流可以形成市场，围绕市场开发产品，围绕副产品和废弃物循环利用组织产业，围绕产业合理分工，围绕分工全面发展。在发展中，生态旅游逐步扩大产业面，形成生态产业循环链。

第四章　生态旅游区建设时序

　　生态旅游区的建设,与其他区域建设不同,制约因素比较多,涉及自然、社会、环境等诸多方面,尤其是生态方面,需要慎重考虑。不仅要在建设前认真研究建设项目选址的风向、水系的上下游关系、生物生境的完整性,注意其繁衍、生长环境和迁徙的通道不被破坏,食物链不被阻隔,同时尽量少引种外来物种,保持生物多样性,以维持原生态特征。而且,还要科学研究各种建设的时序和规模,尽可能少地影响生物更替的自然节律。根据张家界、长白山、黄山等景区建设历史经验,笔者认为,生态旅游区建设,可分为建设筹备、总体规划、软件建设、硬件建设等建设阶段。

第一节　建设准备

　　生态旅游区建设是一项牵涉到当地政府、社区居民、投资开发商等多个利益相关者的活动,建设之前往往需要比较周密的准备时期。这一时期的工作任务是:组建专门负责机构,选聘相关人员,筹划生态旅游区建设前的准备工作。准备工作包括:建设规模预测,生态旅游区区域资料收集,其他已建成生态旅游区考察与经验借鉴,重点地段测绘,生态旅游资源普查与评价,生态旅游区建设可行性调研,环境影响评价,起草生态旅游区总体规划任务书,旅游规划招标等。

一、管理机构建设

对于生态旅游区,管理机构建设是必须首先考虑的重要步骤。有效的管理机构,是生态旅游专业化的保障与推动者。这种机构主导着生态旅游区的运作。管理机构合理而高效运转,可促进生态旅游实现生态、环境和社会文化的可持续,同时也提升生态旅游区自身的经济生存能力,使生态旅游产业在复杂的外部环境下获得成功。管理机构建设科学合理,就可避免留下机构重叠、互相扯皮、竞相开发、过度建设的隐患。就可能建立有效的管理机制,实现资源节约、环境友好的目标。

体制制约机构,机构创新模式,模式运营机制,机制适应机理,机理形成活力,活力拓展市场。体制是国家层面的宏观问题,不是旅游区所能改变的。而机构则可以根据生态旅游区的运作机理、机理对应的合理机制、确保该机制高效运转的模式,来组建精简、高效的机构。由此可见,管理机构建设是生态旅游区将来能否顺利建设并可持续发展的保障。

综观国内外旅游区的发展历程,我国目前旅游区管理机构存在着以下四方面主要问题:一是产权模糊,责任不清;二是机构重叠,部门割据;三是政企不分,管理与经营混杂;四是长官委任,旅游区失语,即旅游区当地居民和经营管理人员,对旅游区管理机构的行政长官任免,没有话语权。这样的管理机构,决定了旅游区注重短期行为,注重部门利益和管理者个人利益,难以形成可持续发展的长效机制。机构问题的基本矛盾是部门利益和功能化管理的矛盾。因为现在的部门割据,导致管理缺失与管得过死并存。当地的属地化管理也缺乏相应的规范和管理力度,所以就形成了管理方面错综复杂的局面。"官本位"在景区管理机构中,也很盛行。由于我国体制原因,旅游区管理机构官员大多由地方党委提名,地方人民代表大会例行公事式地进行表决。机构管理者实行任期制,所以,其行为就是短期行为,难以考虑长远的发展。这方面与国外的教会管理模式、中国的宗族管理模式、寺院管理模式存在较大差距。

基于我国现行的体制环境,在旅游区管理机构建设方面,要注意四个方面的问题:一是突破现行行政区划的束缚,由旅游区所牵涉到的行政单位的上一级政府,牵头组织成立统一的机构,实行属地化的综合性管理,切忌因行政区划不同而分割旅游区,各自为政;二是上级政府相关部门根据分工,按照职能进行行业指导;三是坚决剔除经营职能;四是机构长官任免,由生态、旅游、环境、经济等方面的专家团、当地居民与管理者代表团,根据其施政方案设计(新参选者)或每一项决策的实施效果(已当选者),进行量化考核,决定是否当选、留任或罢免。达到这个标准,管理机构建设就基本到位。

二、旅游区范围界定

生态旅游区范围大小,不仅制约着旅游容量,而且对生态旅游区建设布局、建设规模、发展方向等都具有重要影响。因此,在生态旅游区建设之前要科学界定景区范围。

生态旅游区范围界定须考虑的主要方面有:生态系统的完整性,景观的连续性,旅游资源的吸引力,旅游要素的配套性等。

生态系统的完整性。生态旅游区划定的范围内,要保持生物多样性的相互依存关系的完整。不能因为旅游区界线的设置,而切断系统内的食物链、切割生物的生境,缩小大型动物的承载面积,阻碍生物繁衍、迁徙的通道。要做到生态系统的完整,须对景区内的多种生物的生态习性进行较长时间的观测与研究。因为实施起来比较困难,所以,以前的景区范围界定,基本上没有考虑这一点,造成一些生物数量减少,甚至绝迹。这对于生态旅游区来说要尽力避免。

景观的连续性。生态旅游区划定范围时,要保持景观的连续性。由于地域临近的区域,景观成因、特点和分布具有相似性和连续性,所以在划定生态旅游区界线时,要充分考虑这种连续性,使生态旅游者能够在区内看到完整的生态景观,分析生态景观的成因及相关问题。这样,也便于生态旅游区的管理。如果将具有连续性的生态景观,划分成景观内和景区外,势必造成类似景观分属不同的核算单位管理,这样就会导致盲目竞争,不利于资源节约和环境保护。

旅游资源的吸引力。旅游资源吸引力大小,是旅游区能否发展旅游业的关键。生态旅游区界线的划定,除了要考虑生态系统完整,景观连续以外,还要考虑旅游资源的吸引力。一方面,在尽可能将有当前吸引力的资源所在区域划入旅游区内的同时,还要把有潜在吸引力的资源分布区域作为后备储备区划入旅游区。另一方面,今后一段时间内,不可能吸引旅游者的资源所依附的地段,不要划入旅游区,以免旅游区范围太大,影响其他行业或部门的生产与经营活动。

旅游要素的配套性。生态旅游区不能将旅游活动的"游、购、娱、吃、住、行"六要素,全部安排在区内配套,但要考虑就近与附近依托城镇、交通出入口的配套。如果从附近依托城镇或交通口岸地到生态旅游区旅游,加上往返行程超过一个白昼时间时,就要考虑将旅游区的下游方向,适宜建设配套吃住设施的外围地带,划归为生态旅游区管理机构管辖。生态旅游活动与大众旅游不同,不一定都需要"购"和"娱",但必须以相对未被侵扰的环境为基础,不可缺少教育性。

另外，还要考虑其他产业或部门的用地完整，尽量避开不宜让游客感知的军事、技术和政治区域。至于景区内的居民数量、其生产生活的活动范围、所从事产业等方面，也应该适当考虑，否则，一旦划入景区，资源和环境受到严格的保护，这些居民将失去生产对象和生活资料的传统来源，有可能引发一些社会问题。

三、建设规模预测

根据生态旅游区生态系统状况和环境容量，以及近期、中期和远期的客源数量、特征和来源地，科学、准确地预测建设规模，不仅对于将来的精准营销具有指导意义，而且对于减少盲目建设，避免出现景区（点）、游览线路等旅游产品供求过剩，造成游客用不上的资源开发等方面，具有重要意义。科学、合理的建设规模，有利于节约有限的建设资金，有利于节约珍贵的旅游资源，有利于旅游区生态平衡和环境保护。

生态旅游区建设规模适度，有一个前提，就是要改变我国现行的投资体制。否则，科学预测、适度建设就只有理论意义，不可能在旅游区建设实践中得到实施。

在我国现行的体制下，建设资金主要靠争取上级拨款，拨款还必须按时用完甚至用超，形成"钓鱼"工程，让有关部门不得不追加投资，这样，上级认为旅游区建设有力度，下级认为领导有能耐，能要到钱。至于是否糟蹋资金，浪费资源，破坏环境，工程是否能发挥较好的效用，则没有相应的追究机制。相反，节约资金、珍惜资源、保护环境的领导，不仅被认为无所作为，没有魄力，而且还会影响到下次拨款，甚至无偿收回节约的建设资金。在这种体制下，大谈节约资金、珍惜资源、保护环境、维护生态平衡，就显得多余而迂腐。

但是，研究生态旅游区建设，又不能被现行的体制所束缚，相反，研究工作应适当超前，促进这种体制的改革。因此，客观、科学地研究生态旅游区建设的适度规模，具有一定的指导意义。

生态旅游区建设规模取决于竞争力预测，旅游区竞争力的影响因素主要有两类。一是难以改变的因素：景观的唯一性、同类景观的典型性、旅游资源的等级、区位条件；二是可以改变的因素：管理体制、安全与稳定、交通状况、社会经济基础、市场竞争状况。

具有景观唯一性的生态旅游区，例如张家界、九寨沟、云台山等，在旅游发展方面是不可替代的。这类景区市场竞争力强，旅游人数增长较快，其建设规模主要受到生态与环境的制约。只要生态阈值与环境容量两者都允许，建设规模不应受到资金或市场的限制。景区外交通建设的技术等级，要达到当时的较高等级，使其在建成后相当长的时期内不被淘汰。这样，可能一次性投入较大，但只要按规划分期建设，就会节省总投资，节约资源消耗，减少环境破坏。例如，张家界建设初期，市区至张家界森林公园景区的公路，盘山蜿蜒，长达34公里，峪园公路建成后缩短为30公里，原建的磨子峪至公园管理处的盘山公路基本废弃，由隧道代替，大大节省了市区到景区的时间。峪园公路通车后，市区到景区只有半小时车程。景区内交通建设、布局选线要一步到位，尽可能避免废弃老游览线，重新布设新游览线。

在同类景观中具有典型性的景区，如黄山在花岗岩类景区中，桂林在石灰岩类景区中，长江三峡在峡谷类景区中，丹霞山在丹霞类景区中都具有典型性，在旅游发展方面，其他同类景区难以与之匹敌。这类景区的建设规模，决定于生态与环境的容量，不能一味地迎合市场的需求,盲目贪大求全。因为旅游,特别是观光性旅游,大多是一次性的。明智的旅游促销,着力点应该在淡季吸引更多旅游者,旺季控制客流量,尽可能使客流稳定,而不是仅仅追求年接待旅游者的总数。"大水快流"和"细水慢流"都不如"恒水长流"。因此景区建设规模应根据生态阈值与环境容量来确定。

如果景区市场需求难以达到生态阈值与环境容量中的最低者许可的规模,这类景区建设规模主要决定于市场需求。而市场预测目前还没有比较准确可靠的方法,因为旅游是一个弹性较大的行业,影响因素太多,不确定性太大。

第二节 总体规划

生态旅游区选址、划界、组建管理机构等建设准备工作完成之后,就要着手编制生态旅游区发展总体规划。生态旅游区发展总体规划对生态旅游区建设具有重要意义,本节对生态旅游区规划的含义、特征、目标、类型、原则、要求、程序与内容作了概括论述,以明确生态旅游区总体规划的思路。

一、生态旅游区规划的含义

旅游规划是预测和调节系统内的变化,以促进有秩序的开发,从而扩大开发过程的社会、经济与环境效益。

生态旅游区规划就是根据待建生态旅游区自然、生态、环境和社会条件,对其今后一个时段内生态接待体系、生态旅游管理体系、生态道德体系和复合生态系统进行时空最优组合的谋划。生态旅游区规划是旅游规划的一个分支,要求在实地调查研究、分析预测的基础上，按照旅游规划理论与生态学的观点，构想与安排生态旅游区未来发展状况，寻求生态旅游业对环境保护和人类福利的最优贡献，保持生态旅游业永续、健康、和谐的发展与经营。

二、生态旅游区规划的类型

按生态旅游区规划要求的详细程度，可分为总体规划和详细规划两个阶段或类型。由于生态旅游区没有城市那样复杂的功能区，因此没有必要模仿城市规划，划分为总体规划、控制性详细规划和修建性详细规划三个阶段或类型。

生态旅游区总体规划是关于生态旅游区发展的纲领性规划，是对生态旅游区复合生态系统、生态道德体系、生态旅游接待体系和管理体系建设时空组合的战略性部署。总体规划规定了生态旅游区发展总的原则性问题，如生态旅游区发展的主题、方向、原则、规模、布局、中长期发展目标体系，以及实现这些目标的战略措施等。总体规划有一个期限问题，《旅游发展规划管理暂行办法》第八条规定：旅游发展规划一般为五年以上的中长期规划。从目前规划实践经验来看，旅游总体规划期限大多为20年，一般分为三期：近期（当年—当时国民经济五年计划期末），中期（下一个国民经济五年计划开始年份—期末），长期（中期期末—十年后年份）。生态旅游区规划的时限也可参照《旅游发展规划管理暂行办法》第八条执行。

生态旅游区总体规划的直接作用是为详细规划和建设工程设计提供依据。

生态旅游区详细规划是总体规划的深化和具体化，也是近期规划的具体化，是对生态旅游区局部地段或某项工程进行规划设计的战术性布局规划，其主要任务是：对规划区范围内的生态景观、旅游项目、旅游设施、房屋建筑、园林绿化、环境卫生和其他公共设施做出的具体布置，包括人工建筑与生态环境的和谐，建筑风格与旅游主题的一致，保留和维护景观的视觉通廊，确定游道、建筑单体体量、风格、色彩、密度、控制红线、断面和控制点的坐标、标高、走向或朝向，选定旅游建筑、公共设施、景观水域、公共绿地、垂直绿化、屋顶花园等项目的定额指标。

生态旅游区详细规划是旅游各项建设工程设计的重要依据。

生态旅游区总体规划和详细规划是相互紧密联系的两个阶段或部分，就一般规划程序而言，应先完成总体规划，再进行详细规划；通过详细规划也可对总体规划作局部（主要是布局和工程规划方面）调整、修改。面积在10平方公里以上，在没有1∶1000的测绘地图的情况下，只能进行总体规划，在没有具体的资金投入项目前，也没必要作详细规划。

按照区域范围的大小，生态旅游区规划可分为三种类型：生态旅游区域体系规划、生态旅游景区规划与生态景点规划。

生态旅游区域体系规划是多个生态旅游区与其依托的自然环境、中心聚落和社区构成的较大地域范围的规划。生态旅游景区规划是生态旅游规划的重要层次，比生态旅游区域体系规划更详细，是生态旅游规划的核心和重点，其以生态旅游资源为基础，强调景点、服务设施的规划建设是否实现对生态旅游资源的保护性开发和谋利于当地社区居民。生态旅游景点规划的特点是规划与设计相结合，重点是实体规划、土地利用与设计，要用美学、生态学原理来规划管理自然与文化景观，应协调好自然环境、人文环境和人工建筑的关系，规划内容可以直接指导有关设施的建设和施工。

三、生态旅游区规划的目标与原则

1. 生态旅游区规划目标

生态旅游区规划的目标就是为生态旅游区建设提供指导和依据,建立可持续发展的生态旅游业,包括生态环境、经济和社会的可持续发展,具体体现在社区人民生活水平和质量的提高、生态旅游者高质量的体验以及自然和文化环境质量得到维护。

(1) 社区人民生活质量的提高

社区人民生活质量的提高包含生活水平的改善、区域经济的增长、特色文化的繁荣、道德水平的提高、社会秩序的和谐、人居环境的美化以及居民素质的改进等内容,是社会可持续性的具体体现。而最根本的就是在不付出明显环境代价的前提下增加人均经济收入。

(2) 生态旅游者高质量的体验

生态旅游者来到生态旅游区,主要是为了获得良好的旅游体验,旅游体验质量的高低直接影响着生态旅游区对旅游需求的满足程度,这种满足程度反映了生态旅游区的吸引力,从而决定了客源的数量大小,而游客的多少又直接影响着生态旅游业的经济收入。因此能否充分展示生态旅游区自然的生态景观、优美的游憩环境及其科学和文化内涵,提高其旅游观赏品位,加强管理以保持对游客的吸引力,决定着生态旅游区规划和建设的成败。

(3) 生态旅游资源及社区文化所共同依赖的环境得到维护

对生态旅游区内自然资源和文化遗产的维护是地方乃至整个世界所共同关心的问题,保护环境是生态旅游业和社区经济持续发展的必要条件。环境既是自然和文化资源的存在基础,又能对人类经济活动产生的废物进行自我净化,还可以满足人们对舒适性的要求,因此要清楚资源及环境的可承受范围和影响环境的因子,通过对影响因子的规划管理,进而有效控制各种影响。

由于不同的生态旅游区,自然状况与社会经济情况各不相同,进行规划时,除了追求上述基本目标外,还要设定一些具体的目标,如生物多样性目标、水质目标、空气质量目标等。

2. 生态旅游区规划原则

生态旅游区建设应遵循"四化"(生态化、本土化、简朴化、零散化)原理。为了确保"四化"原理在生态旅游区建设中的贯彻落实,总体规划时期就应遵循生态旅游区的规划原则。生态旅游区规划的基本目标是生态旅游资源及其环境的保护,重要目标是社区经济的发展。为实现上述目标意图,生态旅游规划不仅要遵照执行一般旅游规划认可的个性原则、层次性原则、弹性原则、完整性原则、协调性原则、可持续性原则(全华,2003),而且还要遵循下列原则:顺应自然原则、保护本底原则、承载适度原则、多方参与原则、减能降耗原则和环境保护原则。

(1) 顺应自然原则

顺应自然原则,是指生态旅游区规划设计时,要依山就势,就地取材,师法天然。人工建筑宜少忌多,宜小忌大,宜低忌高,宜藏忌显,宜散忌聚;宜因势取景,忌开山取石、曲意雕琢;宜山野化,忌城市化;宜淡雅朴素的乡土风味,忌华而不实的商业气息。从而使人工建筑与天然环境相协调,如同自然环境中生长出来的一样,达到天人合一,物我相契、情景交融的效果。大可不必截弯取直,削高填底,围湖造田,填海为陆,大兴土木。

(2) 保护本底原则

资源本底就是资源赖以存在的地理背景,是生态旅游赖以生存的温床,是发生、发展、繁荣的基石。因此生态旅游区规划设计时,要充分考虑建立监测和控制机制,制定严格、严厉的可操作性措施,切实保护好资源本底并保持其原貌,以利于长期利用,并为后代留下可资开发的自然财富。生态旅游区规划设计,要尽量保持资源与环境的本来面貌,保持生态旅游资源的原始性和真实性。不仅要保护大自然的原始韵味,而且应注意当地特色传统文化的传承与保护,避免因开发造成文化污染,避免把城市现代化建筑移置到旅游景区,旅游接待设施应与当地自然及文化协调,推崇设计结合自然,保护当地自然与人和谐的意境不受损害。

(3) 承载适度原则

生态旅游区内的旅游资源与环境,对旅游开发和利用都有一个生态承载的范围,超出这一范围,生态旅游资源及环境就会受到破坏。因此,在生态旅游区规划设计时,应遵循生态学规律,保持生态平衡。规划应该科学测算主要地段和时段的旅游生态环境阈值:生态系统结构和功能不受破坏所能承受旅游活动的最大容量值(全华,2003)。规划的建筑物密度、废物排放强度、旅游活动频次和游客进入数量控制在生态环境阈值允许范围内,以防过度建设旅游设施和超载接待游客对环境造成无法自然恢复的破坏,以保持生态系统的稳定性。

(4) 多方参与原则

生态旅游区规划设计时,应采取多种形式,普遍征求游客、导游、饭店从业人员、旅行社经理、出租车司机、商贩、旅游管理者、生态旅游专家和社区居民等相关受益人的意见,尤其是请社区居民全过程参与到规划的建议与决策中,可增强旅游规划的地方特色,更充分获得相关信息,认识生态旅游资源的价值;更为重要的是,让社区居民真正成为生态旅游的受益者,以实现生态旅游的扶贫功能,使社区居民保护生态旅游资源和支持生态旅游业具有强有力的原动力。生态旅游有别于普通旅游的根本所在便是旅游与保护的双重职责。鼓励和支持当地居民的参与和协作是生态旅游能否成功的至关重要的一环。

(5) 减能降耗原则

生态旅游区在规划设计时,就应设计生态旅游区清洁而节省的能源供应体系,达到节能降耗的目的。在对宾馆、饭店、景区周边村寨等接待设施进行规划设计时,要规划循环利用大型冷藏或空调设备排出的热水,为附近接待设施、衣物烘干室或温室供热;充分利用自然光及其反射光,照明地下室或走廊;采用亮色、平滑的墙面反射光线;充分利用自然树荫防暑降温;采用节能用具,设计钥匙牌开关或自控装置,确保房间无人时自动切断电源;在较热地区,旅游区房屋设计应尽可能顺应山谷风向,使之成为房间的"穿堂风",既可降温,也可减少排气扇能耗。寒冷地区则尽可能将房屋布局在阳坡、避风处;最大限度地利用太阳能设施、风能设施、天然水体的势能等。规划设计对生态环境与景观质量影响尽可能小的供能设施,如电网、地下电缆、太阳能或风能设施,尽可能不向环境排放污染物。

(6) 环境保护原则

生态旅游区规划设计时,旅游设施,尤其是基础设施的规划要特别关注环境的效应,因为这些设置具有永久破坏力和不可恢复性。因此在旅游分区时,要首先考虑动植物的保护并规划出足够的生存空间,然后才是道路、游客中心、野营区、餐馆等服务和辅助性设施。分区的原则是:对现有生态环境破坏最小、改变最小。在设计风格和建筑材料选择上,也应适应当地的民风民俗,体现当地风格并与周围环境相协调。生态旅游与传统大众旅游差异之一是实现对游客的环境教育功能,强调生态旅游者在与自然环境和谐共处中,获得第一手的具有启迪教育和激发环保情感意义的共享经历,从而激发他们自觉保护自然的意识。因此,规划时须认真考虑在生态旅游区中,设计一些能启迪游客环境意识、帮助游客认识自然的旅游项目和辅助设施。

四、规划的技术路线与内容

生态旅游区规划的技术路线就是规划工作的流程,是指从立项到编制、评审的必经过程或路径。旅游规划技术路线,一般用框图表示。根据笔者参加内蒙古、广西、西藏鲁朗、张家界、福建、甘肃、山西、大连等地生态旅游区规划的实践经验,结合其他多种不同类型的旅游规划编制过程,认为生态旅游区规划须依次经过:立项—选定规划编制者(承接方)—组建规划机构—编制规划工作计划(包括分工、提出所需资料清单)—实地考察与调研—编制旅游规划纲要成果—编制规划初稿及图件并作汇报、讨论、修改—提交送审稿、图件及多媒体资料—评审九个阶段,如图4—1所示。

生态旅游区规划内容主要有四大系统共十六部分:①基础系统,包括生态背景与自然条件分析,生态旅游资源评价,客源市场分析,综合效益估算;②主体系统,包括生态旅游区主题定位,形象创意策划,功能分区与项目设计,绿色营销规划;③支持系统,包括生态环境阈值测算,环境保护工程规划,绿色接待设施规划,绿色交通规划;④保障系统,包括生态旅游区组织管理规划,生态环境监测网站规划,环境教育规划,生态旅游区建设融资规划。

116 生态旅游区建设的理论与实践

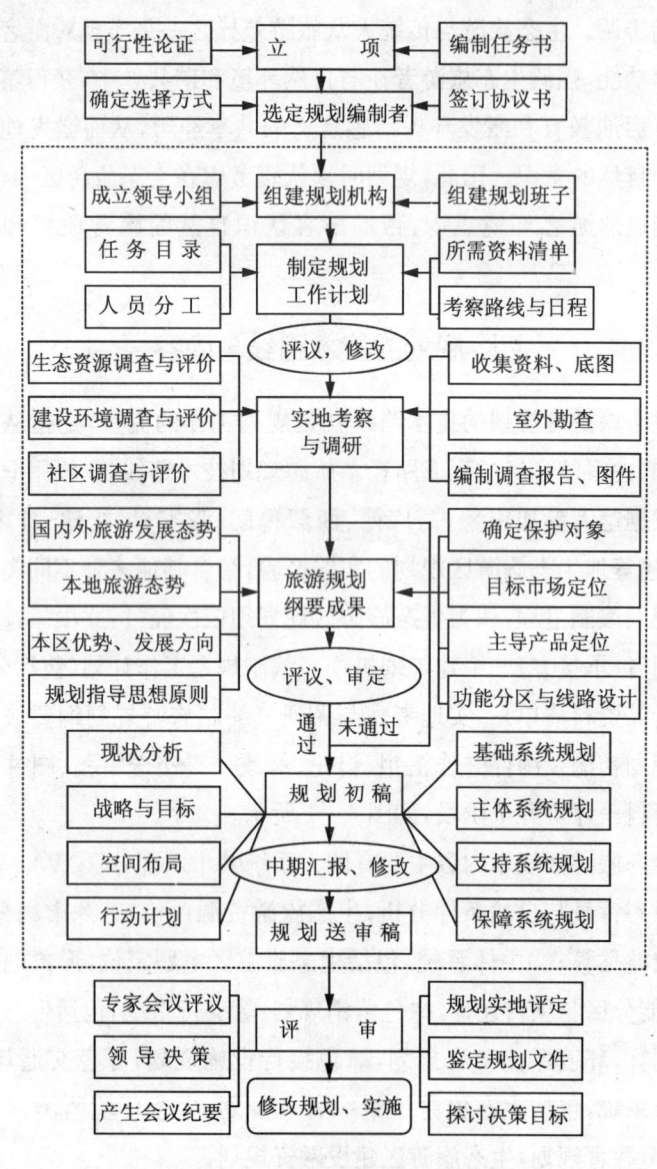

图 4—1 生态旅游区规划流程

技术图件主要有：①生态旅游资源分布与评价图；②生态旅游发展规划图；③生态旅游线路设计图；④绿色基础设施规划图；⑤生态旅游项目布局及近期建设项目规划图；⑥生态旅游区位置图；⑦生态旅游功能分区图；⑧生态与环境安全格局图；⑨环境保护规划图；⑩生态与环境监测网站布局图。

第三节 软件建设

生态旅游区总体规划通过之后，面临的建设任务就是软件建设。由于生态旅游区严格限制大兴土木的硬件建设，因此软件建设成为生态旅游区的建设重点。生态旅游区软件建设，主要包括生态旅游管理体系、生态旅游科教体系和生态旅游道德体系。图4—2是生态旅游区软件体系。

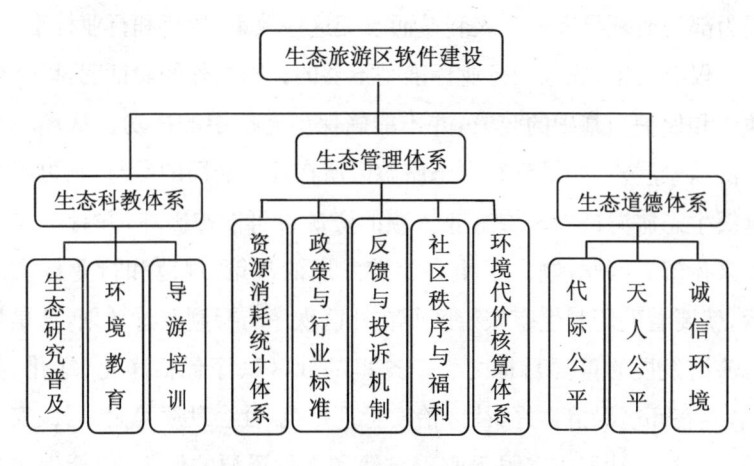

图4—2 生态旅游区软件体系

一、生态旅游管理体系

严格地说,组织机构建设也属于管理体系建设,由于按照建设的时间顺序,已在第一节阐明,所以此处主要论述管理机构建立以后的软件建设。第三章已述及生态旅游区管理体系主要包括:生态旅游政策与行业标准,游客、社团和非政府组织反馈与投诉机制,生态旅游区所在社区秩序与福利改善计划,资源消耗统计体系,环境代价核算体系等内容。

在建设顺序上,管理机构建立以后,就应该广泛借鉴国内外生态旅游区的管理经验,制定适合本区生态旅游发展的政策、规范和行业标准,使生态旅游区各项事业或产业的发展有章可循。这些政策、规范和行业标准,是总体规划的具体化,力求使生态旅游区自始至终沿着规范化的轨道运作,不因领导的变更而随意改变发展方向,更不能因为部门或领导者的个人利益而改变这些政策、规范和行业标准。

仅有政策、规范和行业标准是不够的。国内外经验证明,以严格执法和保护为基础的政策,并不能确保生态旅游的成功。从环境和经济前景展望,如果没有生态旅游区所在社区居民的参与,它可能会延缓生态旅游进展。旅游业依赖的资源也可能被破坏,并且会失去外来投资。因此,制定了生态旅游发展的政策、规范和行业标准之后,就要着手研制生态旅游区所在社区秩序与福利改善计划,这是生态旅游发展的重要目标之一。这里的社区秩序包括净化、绿化、美化,生态环境保持良好,社区治安管理规范,社会秩序稳定,居民安居乐业。这个计划应着眼于改善自然和文化资源的保护,包括生物多样性、水、森林、文化景观、纪念碑等。通过增加社区参与者的旅游收入对当地经济发展作出贡献,为社区提供广泛的经济利益和决策权。

生态旅游管理机构或企业逐步将决策权移交给当地人,由当地人管理,这种生态旅游才是更负责和可持续的。利用社区居民的服务和产品,比如提供导游、住宿、农副产品等,增加当地社区的收入,并且激励他们保护资源。如果当地人已经参与到生态旅游活动设计,在实施中进行投入,并且能够获得合理的回报,他们参与的可能性和支持保护的努力将增加,这样就会促使社区形成激励机制,维护业已形成的社区秩序,保护产生经济收入的资源和环境。

为了确保合理的政策能公平地实施,并使游客、当地居民等的利益不受侵犯,应建立游客、社团和非政府组织反馈与投诉机制。对于大多数生态旅游区,游客反馈与投诉机制已经比较健全,这里无须赘述。但社团和非政府组织的反馈与投诉机制远未建立起来。就全世界来说,在过去 30 年里,非政府组织激增,作为生态旅游的外界因素愈来愈具有影响力。例如,绿色和平组织已有 30 多万员工,年收入超过 2 亿美元(David Weaver,1998)。他们的行动和游说,早已引起许多国家的官员和专家的广泛重视。生态旅游区应建立一种反馈与投诉机制,接受有关社团和非政府组织提出的意见和建议,并及时反馈到有关管理部门或企业,调控生态旅游管理或经营行为,使之朝着生态化、可持续的方向健康发展。

生态旅游区的发展,不能像其他地区一样只看 GDP 而不管其资源与环境代价。如果生态旅游区 GDP 的增长是 2 个亿,而其资源消耗和环境代价达到 2 个亿,则其财富增长为零,不仅没有发展,反而造成了资源耗损和环境退化。因此,生态旅游区软件建设还包括资源消耗统计体系和环境代价核算体系建设。许多旅游区不怕牺牲投资环境,不计资源成本,招商引资建索道、升降梯、宾馆等,主要是目前的官员考核只注重 GDP,而忽视了资源和环境代价。一旦招商引资成功，GDP的增长是官员们可考可见的政绩，甚至可以寻租获利。而土地的损失、资源的消耗、环境污染的损失、百姓的损失，都是官员可不予考虑的外部"社会成本"，是不需要个人掏腰包的成本。这样做的结果不仅使局中人陷于悲哀，更严重的是对资源和环境造成不可恢复的破坏。而最可悲的是，在现行体制下，局中人哪怕清晰地知道这一点，还得眼睁睁地看着它一再重演，并且无计可施地继续扮演助推员的角色。资源消耗统计体系和环境代价核算体系建设也许能够减少这种一而再、再而三的建设失误。

二、生态旅游科教体系

生态旅游科教系统也是生态旅游区软件建设不可缺少的内容，是区别于其他传统旅游区的主要标志之一。根据第三章第二节的论述，生态旅游科教系统中科学研究的主要内容有动植物生态习性、生态系统、生态过程、生物与环境之间相互依存的关系、当地区域地理与环境等方面的实际问题。生态教育主要是针对生态旅游区管理者和导游，教育的主要内容有生态知识的普及，生态旅游区主要景点、活动类型和规章制度等。

从建设时序上来说，除了硬件上要建设生态旅游区游客中心（生态旅游示范区游客中心要求100平方米以上）以外，重点是师资队伍建设、教育技术和手段更新以及信息资料建设。师资队伍建设的主要任务是收集本地与外地，甚至国内外有关专家、学者、乡土顾问的联系方式、最近成果、对生态旅游区的见解等。可以采取网上远程教育的方式，也可以采取请进来，进行面授的方式，定期或不定期地对导游、旅游者、管理者以及其他从业人员，讲授生态专业知识或乡土地理、生物知识。还可以将学员送出去，到有关高等学校或科研机构接受短期培训或学历教育。教育技术和手段建设,除了硬件设施的更新外,关键是及时采用新的软件技术或程序,更加生动形象地传播生态旅游知识和技能,例如虚拟仿真技术、地理信息技术、遥感技术、动画技术、影视技术等,都可以用来研究生态旅游区生态平衡、环境演变、动植物生态习性,预测生态旅游区生态状况和自然环境的未来走势,还为研究生态的专业人士提供配套的信息服务,为对生态问题具有浓厚兴趣的旅游者开设有关讲座和培训。新技术的使用方式可以灵活多样,可用电子触摸系统自学、多媒体教室授课、影视播放、互动式电子课件等多种方式。信息资料包括景区景点介绍、成因分析、本区动植物群落生态习性、生物学特征,自然与人文环境特点以及其他生态科普知识等资料。

三、生态道德体系

生态道德体系建设是生态旅游区软件建设的重要内容,是生态旅游区可持续发展的道德保障。进行生态道德体系建设,增强人们的生态意识和环保观念,将会内在地激发人们在旅游活动中注重旅游活动的生态化,讲求效益、节约资源、保护自然原生环境,促进生态旅游区建设与资源环境协调发展。根据第三章第二节的论述,生态道德体系主要包括:天人公平、代际公平、诚信环境、社会公德、职业道德、家庭美德等多种道德约束。

在建设时序上,生态道德建设,首先要确立天人公平观,即人与自然界中的一切个体或群体,享有平等的权力。生态道德的建设将旅游者、旅游从业人员的道德视野,从人与人之间扩展到了人与自然之间,扩大了生态旅游者和从业者的责任范围,其一举一动被放到了人—社会—自然这一大的坐标系之中。人们不能因为自身的需要,随意伤害弱小动物,不驱赶其他动物离开其栖息地,不能功利性地移植植物群落,改变其生境条件。这样,才能使生态旅游能够在人与自然构成的大系统中协调发展、健康发展、可持续发展。

其次,生态道德建设,要制定代际公平准则。我们不能将资源在我们这一代耗尽,要考虑现在和将来,子孙后代和我们享有生态旅游资源的同等权利。但是,如何将资源与环境在代际间公平分配,目前还没有可行的定量方法。因此,目前的代际公平,基本上还停留在观念传播、概念炒作上。但是,生态旅游区在软件建设方面,可以制定一些道德规范,尽可能地为子孙后代留下一片青山绿水。

第三,诚信环境建设也属于生态旅游区软件建设的道德范畴。生态旅游区的诚信,不同于其他地方的诚信。它不仅要在人与人之间建立相互信任的关系,而且还要在人与自然界之间建立起诚实信任关系。例如,人与野生动物之间,消除相互惧怕、相互防范的心理。过去人烟稀少时,人类惧怕大型动物,现在基本上是动物害怕人类。在生态旅游区应该建立一种道德机制,使人们不伤害野生动物,彼此友好相处,相互信任,和谐共生。

另外,生态旅游区所在社区,人们的社会公德、职业道德、家庭美德等传统道德意识,也应该通过整章建制、乡风民约等多种形式得到进一步发扬。

第四节 硬件建设

完成软件建设后,生态旅游区发展就有了较好的制度框架,紧接着就要进行必要的硬件建设。生态旅游是一种设施简朴、消费节约、环境友好的旅游活动,它不要求大量及高档次的食宿、交通、游览、娱乐等硬件设施，而是要求质朴的与自然协调的住房和绿色食物，真实的文化和完好的自然环境。不提倡在生态旅游区进行过多的娱乐活动和购买山珍野味，没有必要全面配套旅游"六要素"建设。因此其硬件建设与一般的旅游区有着较大差别。

一、绿色交通

分析研究国内外生态旅游区建设过程，首先要进行的硬件建设就是景区门票站到交通枢纽的区外交通。一旦认准了生态旅游区的发展前景，就要在景区外交通方面进行大量的建设。这是各种旅游建设投资中比重最大的。生态旅游者不愿在区外交通方面耗费太多时间。因此，这种交通线路建设应该截弯取直，尽可能一步到位地建设成高等级交通线路。过去许多景区，由于资金的制约，先建设一条简易公路，再逐步改造，甚至废弃老路，另建新路。这不仅浪费了更多的总投资，而且造成更大面积的环境创伤。建设绿色交通，就是要尽可能少地干扰沿途生态系统。在充分分析交通沿线生态状况的基础上，在交通线的适当位置，预留生物迁徙、传播通道。但是有一个问题需要讨论：当线路经过之处，遇到生物繁衍场所，或其他重要生态地段时，是优先考虑道路的截弯取直，以节省交通线路建材消耗和交通工具的能源节省，还是避让重要的生态区域？这需要具体问题具体分析。

区外交通建设需要较长时间，在其尚未竣工之时，就应着手生态旅游区内的游道建设。尽可能使二者交付使用的时间吻合，以便尽早接待生态旅游者。

景区内的交通，主要是游览线路建设，包括必要地段架设溜索、栈桥、空中树冠走廊等。目前比较通行的做法是利用当地材料，在距离地面一定高度,铺设生态游道,在西双版纳热带雨林景区,使用当地竹材建成的生态游道。道边的新竹条,可用来更新旧竹条。

还有许多景区,特别是北方生态旅游区,使用木板作为生态游道的材料,如图4—3所示。使用简易材料建设游道,不如石板道结实稳固,不但投资少,翻新简单,而且对生态环境影响较小。在建设初期,市场需求情况不明,有可能废弃的游道,适宜采用简易材料铺设。

图4—3 辽宁大连、内蒙古等地景区用木板铺设的生态游道(全华摄)

景区内的游道建设规模,应该考虑两方面因素。一是生态系统特点和环境承载力,二是生态旅游市场需求量。游道旅游容量应与二者中的较小者适应。也就是说,如果生态系统脆弱,环境承载力小,而市场需求较大,则游道建设规模,应以生态与环境的承载力为限。相反,如果生态与环境承载力较大,而市场需求较小,则游道建设规模应略大于市场需求量。否则,就会造成资金、资源和环境的无谓消耗。

二、游览设施

生态旅游区必要的游览设施包括生态景区(点)观赏辅助设施、

解说系统、科教系统、安全设施和环境卫生设施。这些硬件设施,在建设顺序上,要考虑游客生理需求。有些设施,建设顺序无关紧要,可以同时建设,也可以分步实施,但要做到功能配套,方便游客游览。

生态旅游的主要目的是对生态景观的欣赏与体验,因此,游览设施中首先要建设观赏辅助设施。

在必要的地方建设简洁的观景台、瞭望塔,架设望远镜,开辟观景台至景点的视觉通廊,不让树枝或其他物体遮挡游客视域通道。这种观赏设施,要求少而精,绝不能喧宾夺主,将游客注意力从生态景点吸引到设施上。观赏辅助设施,仅当游客凭借自身条件难以观赏到,或难以达到观赏质量时,才允许建设辅助设施。

生态旅游解说系统,主要建设项目选址应在景区之外,如游客中心的多媒体解说系统、虚拟仿真景观展示、电脑触摸屏、文字、图片介绍、影视 DVD、VCD 等,以及主要交通出入口、交通枢纽、停车场、候车(船、机)室等处的指示牌(碑)。在景区内,主要是导游(包括电子自动解说设施)、路标和景点指示、介绍牌等。

为了保障游客生命安全,生态旅游区还必须建设游客安全设施。安全设施建设顺序一般是险要处建护栏,进入险要处之前的提醒标识,游客遇险或疾病发作呼救系统,医疗救护设施,等等。

环境保护设施建设。根据游览时间和人体代谢规律,建设隐藏、易于到达、标识醒目、便于通风排污、减少废水量的生态厕所或制肥厕所,按照相关行业标准设置垃圾桶。

三、餐宿设施

如果生态旅游区位置比较偏僻,往返车程加上游览时间超过一个白昼时间时,就要建设餐宿设施。

餐宿设施建设,首先要选址科学,使之对生态和环境的负面作用最小。一般来说,在生态旅游区外的下游适合建设餐宿等服务设施。

餐宿设施的建设,不仅要考虑设施就餐与住宿的实用功能、生态审美愉悦功能,还要考虑在依据自然生态系统,创造人工生态系统过程中,尽可能地利用自然光线和能量,减少资源消耗和环境破坏,达到"物我交融"的和谐状态,构筑新的、自然与人工复合的生态景观环境。

如果生态旅游区范围较大,普通的旅游者一个白昼难以完成游览,那么就应该在区内环境承载能力较大的地段建设季节性临时餐宿设施。旅游旺季时使用,淡季时拆除,以便于生态系统恢复,环境得以自我净化。也可以在气候适宜的地区,采用租借帐篷的方式,使游客在景区内简便化住宿的行动受到鼓励。

在中国目前体制下,要特别防患权力部门和垄断行业在景区内建设各种名目的餐宿设施。所谓"生态旅游破坏生态",实际上就是因为这样的体制使垄断行业和权力部门,通过多种手段,巧立名目,侵占了很多景区内的土地和空间,产生乱建滥建之风。这个问题在全国各地旅游区中普遍存在。许多景区建设初期出现的大体量、永久性建筑主要是各类培训中心,这大多是权力部门,以及银行、烟草、电力、邮电等垄断行业建设的疗养、休养机构。这些永久建筑从外面挂的牌子来看,不是宾馆就是培训中心,于是在社会上造成了误解,认为这是生态旅游在破坏生态,污染环境。景区的主要问题不是人满为患,而是屋满为患,产生大量的垃圾建筑。这是生态旅游区较为普遍的问题。这种问题的解决已经超出生态旅游的研究范畴,上升到国家体制层面。

四、监测体系

为了及时获取生态与环境演变数据，及时掌握区内自然资源、动植物资源、大气质量、水质污染变化状况及人为活动对生态环境的影响，为上级部门、景区管理提供适时的动态信息，并及时采取应对措施，避免生态风险，生态旅游区需要进行生态与环境质量监测与保护体系建设。

生态与环境质量监测与保护体系建设，首先要根据《全国环境监测管理条例》、《天然林保护工程实施方案》等相关规定，结合生态旅游区的实际情况，精心组织可行性论证工作。从建设的意义、目标，到监测内容、方法、建设方案、投资预算、效益评估等方面，对监测体系建设进行较为全面、客观的论证。

可行性论证工作结束后，下一步要做的工作就是到有关主管部门申请建设经费，争取列入拨款计划。由于监测体系属于社会公益性项目，建成后不以赢利为目标，所以，其建设经费大多由国家财政支出或接受社会捐赠。

可行性论证结束，建设资金到位以后，就要按照建设方案组建机构、选调人员，确认监测保护对象及内容，仪器设备选型，监测保护网点布局，附属工程建设等。这些工作中，前三项属于软件工程，后三项仪器设备选型、监测保护网点布局、附属工程建设等属于硬件建设。

1. 仪器设备选型

生态旅游区的生态与环境监测与保护站，一般按三级站标准建设，其仪器设备应达到以下要求：先进、实用、快捷、经济、耐用。三级生态与环境监测与保护站建设所需主要设备名称、单位、数量、参考价格等相关信息,如表4—1所示。

表4—1 仪器设备选型参考表

仪器设备名称	单位	数量	参考单价（万元）	投资估算（万元）
火焰/石墨炉原子吸收分光光度仪	套	1	46	46
高效液相色谱仪	台	1	49	49
气相色谱仪	台	1	38.5	38.5
紫外可见分光光度仪	台	1	16.5	16.5
薄层色谱扫描仪	台	1	36.5	36.5
离子纯水器	台	1	3	3
CHNS元素分析仪	台	1	20	20
总有机碳分析仪	台	1	15	15
火焰光度计	台	1	3.5	3.5
氮自动测定仪	台	1	5	5
BOD测量仪	套	1	3	3
生化培养箱	台	2	15	30
便携式CO_2分析仪	台	1	15	15
自计雨量仪	台	13	0.3	3.9
地湿表	套	13	0.2	2.6
大气采样器	套	86	0.2	17.2
粉尘采样器	套	41	1	41
黑度计	套	1	1.2	1.2
酸度计	套	3	0.5	1.5
天空辐射表	台	2	2	4
水质采样器	套	3	0.5	0.5

续表

仪器设备名称	单位	数量	参考单价（万元）	投资估算（万元）
LI-1600 气孔计	台	1	1	1
微连续流动分析系统	台	1	30	30
生物耗氧量仪	台	1	4	4
多功能水质仪	台	2	10	20
TDR 土壤水分测试仪	套	21	2	42
自动声级仪	套	2	5	10
温湿度自计仪	套	20	1	20
水质测定仪	套	13	0.5	6.5
测汞仪	套	13	0.5	10.5
电导率仪	套	1	2.1	2.1
自动渗透压计	台	1	7	7
便携式光合作用测定仪	台	1	25	25
土壤呼吸测定仪	台	1	15	15
携带式叶面积自动测定仪	台	1	8.5	8.5
便携式光合蒸散测定仪	台	1	22	22
恒温培养箱	台	1	3	3
简易超净工作台	套	1	1.5	1.5
植物水势计	台	1	3	3
叶绿素计	台	1	1.5	1.5
全自动离子分析仪	套	1	15	15
测油仪	套	1	1.5	1.5
自动、数字化综合气象仪	套	1	200	200
小气候自动观测系统	套	7	20	140

续表

仪器设备名称	单位	数量	参考单价（万元）	投资估算（万元）
日照仪	套	2	8.5	17
温度传感器	个	2	1	2
湿度传感器	个	2	1	2
风速传感器	个	2	1	2
林火监测设备	套	1	50	50
病虫害监测设备	套	2	50	100
电子分析天平(0.1mg/160g)	台	2	0.5	1
电子分析天平(1mg/400g)	台	2	0.8	1.6
电子分析天平(0.01g/800g)	台	2	1	2
电子分析天平(0.01g/4kg)	台	2	1.2	2.4
电子分析天平(0.1g/20kg)	台	2	1.5	3
电子分析天平(50g/150kg)	台	2	1.5	3
电子分析天平(0.1mg/210g)	台	2	2	4
托盘开平	台	4	0.1	0.4
磁力搅拌器	台	3	0.1	0.3
台式干燥箱	台	3	5	15
空气抽湿机	台	8	0.3	2.4
遥感设备(RS)	套	1	80	80
地理信息系统(GIS)	套	1	69	69
图形工作台	套	1	20	20
数字化仪	台	1	25	25
绘图仪	台	1	8	8
扫描仪	台	1	1.8	1.8

2. 监测保护网点建设

生态旅游区监测保护网点布局，要根据旅游区面积，生物多样性，监测保护对象的分布特点，监测工作开展的便利程度，生态与环境状态的典型性和代表性，生态旅游区地质、地貌、水文、气象等因素综合考虑。

一般来说，生态旅游区面积越大，环境监测网点就会越多，但生态监测网点和保护网点，与生态旅游区面积不是简单的正相关关系，而与生物多样性、保护对象分布存在着更加直接的关联。生物多样性丰富，生态监测网点就应该布点较多。保护物种和景观分布稀疏，则布点较少，相反，保护物种种类多，保护景观类型丰富，则网点密度也相应增大。在监测内容和功能差别不大的情况下，尽量选择靠近道边、交通便捷、监测人员便于操作的地点布局监测网点，以确保工作人员的安全和测量的准确。网点选址，还要注意生态与环境的典型性和代表性。在确保生态与环境不受到较大干扰的前提下，尽可能选择对当地生物种群、生境条件和环境状态具有典型性和代表性的地点，布设监测与保护网点。生态旅游区的地质、地貌情况，既是生态与环境的地理背景，也是观测的对象。作为地理背景而言，地质地貌格局制约着生物种群的发育与分布。作为观测对象而言，地质灾害、地貌演变等，都将对生态系统和环境造成大面积的影响。因此监测网点的布局，还要兼顾地质构造格局和地貌类型。对灾害多发地段，增加监测网点和监测频率。在生态旅游区，水体往往是较为脆弱的环境因子，同时，又是生物生长发育必不可少的物质。因此，生态旅游区水文监测和水体环境保护就显得很重要。监测和保护网点，应根据旅游区水文情况合理布局。气象既是生态因子，也是环境因子。作为生态因子，"万物生长靠太阳"说明阳光对于生态系统的重要性,网点布局要考虑不同的光照、湿热、霜期等方面的条件。作为环境因子,气象中的风向、风力、云雾状态等是环境污染物传播、稀释的动力和载体。在气象变化较大的位置应设置观测点,增加监测频度。

为了满足生态监测站长期监测的需要,要求按照一定顺序分别或部分时段同时建设以下项目:①森林生态系统监测场地,包括综合观测场、辅助观测场、长期采样地、自动气象观测辐射场。②景观因子监测场地。包括植被观测样地,要便于观测植被类型、动态、结构特征、生境特征以及生物量及其分布面积土地覆盖类型及其面积,植被与土壤覆盖面积比例;土地观测样地,要针对土地利用在空间和时间上的变化情况建设观测点。③综合景观观测点,要观测各斑块的空间格局,干扰的范围、严重程度及频率,景观对人为干扰和全球气候变化的反应;水体观测断面,观测水域(河流、湖泊)面积及其污染状况等。④物种监测与保护场地,要建设在便于观测珍稀、濒危动植物生态状况的地点。⑤人类活动监测点布局在便于观测游人数量及活动和外来物种入侵状况(主要监测有害的外来动物与植物)的地段。

3. 附属工程建设

附属工程主要包括观测站办公用房建设、实验室建设、能源供应、给排水设施等。这些过程建设,除了要符合生态要求外,与其他地方的类似建筑差别不大,这里不再赘述。

第五章　建设判别模型与驱动机制优化

随着生态旅游的发展,生态旅游区建设摆上了许多部门和地区的议事日程。但若忽视生态旅游区与大众旅游区的区别,一哄而上,就容易造成生态旅游区生态系统的破坏,使旅游区建设演变成投资浪费巨大,而且难以修复的"负建设"。本章提出了生态旅游区建设"正""负"判别模型,生态旅游区负建设动因、对策以及生态旅游区建设驱动—制约机制。

第一节　生态旅游区"负建设"剖析

生态旅游区的"负建设"指那些虽然其出发点是为了发展旅游业,但是由于缺乏可持续发展理念、环保意识或考虑不周,导致资源环境被破坏的建设。换句话说,"负建设"就是指给生态旅游区带来外部不经济,并且这种负效用达到一定程度的建设项目。所谓经济外部性,又称外部经济(External Economy)效应,是指"一个经济主体的行为对另一个经济主体的福利所产生的效应,而这种效应并没有通过市场或者交易反映出来"(傅家骥等,1998),通俗地说,经济的外部性就是企业的生产或消费活动,使其他社会成员无须付出代价而得到好处或无端承受后果。经济的外部性有两种,即正效应与负效应。其划分取决于个人或社会是否无偿地享有额外收益,或者是否承受了不是由其导致的额外成本。由于环境与资源天生的脆弱性,生态旅游区内不合理的建设项目往往会带来严重后果,而这一后果的承担者就是生态旅游区的自然环境。而对于环境无法弥补的破坏则是我们和我们的后代难以计量的无形损失。

一、生态旅游区建设"正""负"判别模型

对于"负建设"的界定,首先应建立衡量的坐标体系,生态旅游区建设,主要应该包括以下三个衡量轴面:以生态平衡、环保、生态旅游区发展三条轴面,在空间相交成八个卦限,构成生态旅游区建设的"正""负"判别模型(图5—1)。

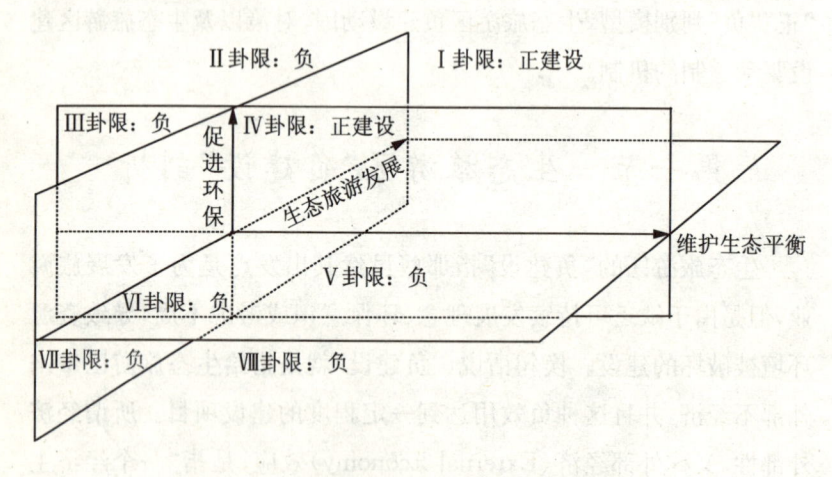

图5—1 生态旅游区建设的"正""负"判别模型

1. 生态平衡轴面

生态平衡是生态旅游区生态系统自然延续的关键,起着维系生态系统结构和功能的作用,而且生物个体和群落又是旅游资源的结

构要素,是生态旅游区生态美和自然美的物质基础。生态平衡的重点是维护生态旅游区的生物多样性。

许多生态旅游区大规模建设后,大型哺乳动物逃遁,生态系统中的食物链结构发生重大变化,生态平衡受到干扰。例如,1995年黄山森林覆盖率为75%,现在为56%;陕西太白山国家级自然保护区开发旅游时,为方便游客而修建索道,在海拔2 800~3 000米的秦岭冷杉林中,砍出一条长1公里宽10米的走廊,造成植被严重破坏,其中包括我国一级保护植物独叶草(庞振刚,2001;崔海亭,2001);丹霞山旅游研究结果表明,受游客穿行影响的区域,其植物物种、木质和藤本、阴生种相对比非穿行区域分别减少20%、17%和15%(李贞等,1998);武陵源被开发后,猕猴种群由原来的30多群减少到7群。

如果旅游建设过程中生态平衡被打破,对生物多样性造成不可恢复的破坏,从生态平衡轴面来说,这种建设就属于"负建设"。

2. 环境保护轴面

能否有效地保护生态旅游区的资源与自然环境,是衡量旅游建设的"正"或"负"的重要指标。环境保护的最底线是旅游生态环境阈值。

生态旅游区建设的前提是要保证生态环境能自我恢复。当旅游建设污染超出生态环境阈值的时候,环境的自然状况就会逐步恶化直至最终的完全破坏。没有良好的自然环境景观,生态旅游活动也就会自动消亡,最终也会失去获取旅游建设资金的主要来源。相对于经济利益的丧失,更重要的是生态环境无法修复的损失。

因此,控制旅游建设的强度,使其在生态旅游区生态环境阈值许可之内,才是我们的正确选择。旅游建设强度超过生态旅游区生态环境阈值,对于促进环保轴面而言,就演变成"负建设"。

3. 生态旅游发展轴面

所谓生态旅游区建设，最基本的要求是促进生态旅游的全面发展。包括：社区进步，旅游业可持续发展，居民生活水平提高，精神生活日益丰富等。如果旅游建设阻碍了生态旅游发展，则相对于生态旅游发展轴面而言，就属于"负"建设。当然，这种"负"建设，较之前两种情形，出现几率很小。

如图5—1中第Ⅰ卦限空间域所示，生态旅游区建设对生态平衡、环境保护、生态旅游发展都有促进的建设，才是生态旅游区需要的"正"建设。图中第Ⅳ卦限：建设促进环保和生态平衡，但妨碍生态旅游活动的开展，例如禁止游客参观的核心保护区过多，环卫设施和生物多样性科研、保护场所建设占据旅游场所，难以开展旅游活动，这类建设有利于生态旅游区可持续发展，与当前开展生态旅游活动有冲突，但从长远来看，也属于"正"建设。生态旅游区"负"建设，可分为Ⅱ、Ⅲ、Ⅴ、Ⅵ、Ⅶ、Ⅷ卦限的六种类型。即Ⅱ卦限：建设促进生态旅游发展和环境保护，但生态平衡受到负面影响，例如环卫设施修建在濒危动植物集中的地带；Ⅲ卦限：建设促进环境保护，但对发展生态旅游和生态平衡两方面，都产生不利影响，例如修建于濒危动植物集中地带的环卫设施，体量过大，以至于影响生态景观的观赏效果，喧宾夺主，令游客生厌；Ⅴ卦限：有利于生态平衡和生态旅游，但破坏环境的建设，例如"三废"处理不当的旅游设施和生物多样性保护设施；Ⅵ卦限：既不利于环保，又破坏生态平衡，仅仅促进生态旅游活动开展的建设，这是当前最易产生，也最常见的"负"建设类型；Ⅶ卦限：对三方面都不利的建设，例如在生态旅游区，与旅游不太相关的机构扩张、办公、住宿设施建设等，这类"负"建设容易识别，但经常与"权力"相伴，难以杜绝，例如长白山运动员村、张家界森林公园管理处分布与生态旅游区各处的出租场所等；Ⅷ卦限：促进生态平衡，但不利于环境保护和生态旅游活动的开展，这类建设也属于"负"建设。例如，过多建设森林瞭望塔、病虫害防护设施、生态考察与科研设施，过度保护野生动物，游客受到野兽袭击，扩张实验用地、增加科研人员，废弃物增多等。

二、生态旅游区"负建设"动因剖析

1. 生态旅游区"负建设"实施的决策流程

生态旅游区"负建设"的实施运作离不开三个关键环节——投资企业，当地政府部门，以及参与其中的旅游规划人员。如图5—2所示，在生态旅游区"负建设"决策的简单过程中，投资企业，当地政府部门起主要作用，旅游规划人员作为主要的影响环节发挥作用。

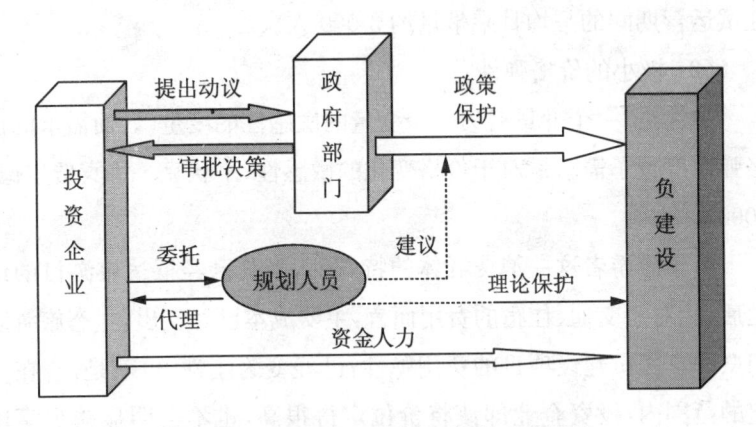

图5—2　生态旅游区"负建设"的决策流程

2. 投资企业的动因分析

由于负建设项目大多建在生态旅游区内，每天来到这里的游客自然是"负建设"项目的目标市场。因为此游客市场具有"数量稳定，需求价格弹性小，追求新奇"三个基本特点，所以对于"负建设"项目的经营十分有利。

(1) 稳定的客源

由于生态旅游区这块无形招牌,"负建设项目"经营者可以无成本地招徕相当规模的顾客。对于这部分目标游客而言,享用负建设项目不一定要去生态旅游区,但来到生态旅游区,就要享用尽可能多的知名旅游项目。稳定而大规模的游客,为负建设项目提供了持久而高额的收入。据统计,2005 年张家界市各景点共接待国内外游客 1 453 万人次。高峰时期,天子山、黄石寨索道要排几个小时的队,金鞭溪最多 1 天曾接待过 1 万多游客。[①] 面对如此庞大的游客数量,武陵源的旅游管理部门更应该控制游客日流量,提高张家界地区旅游的质量,而不是再去增加设施招徕游客,给景区增加负担。天梯在试运营期间的平均日乘坐量约 3 000 人次。

(2) 极小的价格弹性

弹性是"一个变量对另一个变量的敏感性的度量"。而需求的价格弹性度量了需求量对于价格变化的敏感性(平狄克·鲁宾费尔德,2000)。

由于旅游者这一消费群体的特殊性,当其已经抵达旅游目的地之后,相对于交通、住宿的费用而言,主要成本已经支出,生态旅游区门票和享用负建设项目的费用弹性,已经变为刚性,也就是说,在一定的范围内,投资企业即使将价位定得很高,也不会明显减少享用"负建设项目"的顾客数量。例如,黄山后山的云谷索道,位于黄金旅游线路的末端白鹤岭至云谷寺之间,大多数游客游览了前山天都峰、莲花山、西海、北海等景区后,到达白鹤岭已是精疲力竭。尽管斜长

---

① 《新闻晨报》,2002 年 10 月 21 日。

2 808米的索道单程下山价格高达65元/人次(几乎是张家界索道价格的两倍),而且,是很少座位的车厢式缆车,但乘坐者还是络绎不绝,缆车只能到达半山腰的云谷寺,然后还需转乘汽车,才能到达山下景区大门。

(3) 猎奇的示范效应

多数旅游者出游的原因之一包括了追求新奇刺激。而"负建设项目"建设的宏伟高大,并且式样新奇,位于优美的生态旅游区内,更可以吸引大部分爱好新奇的游客。他们的享用无疑对其他游客起到了心理"示范效应",另外的游客由于从众心理作祟,即使起初没有打算享用也会跟着模仿。这种现象在团体旅游情况下最容易出现。例如,建在张家界景区内的百龙天梯,"最高户外电梯"、"最高双层电梯"、"最大载重量最快速度"这三项吉尼斯记录,不仅让当地官员和导游津津乐道,而且也确实满足了部分游客的猎奇心理。某游客说"既然来玩,就是要看风景,这个电梯很独特,其他地方都没有,也算一道风景"。

(4) 天然的地域垄断

许多生态旅游区以其独特优美的风景,被列入世界遗产名录、国家重点风景名胜区或国家森林公园,这种美是大自然的赠与,山有山姿,水有水色,独树一帜。中国的名山大川虽然很多,但各有千秋,不可替代。负建设项目依附生态旅游区而建,其修建地域的垄断性造就了"负建设项目"在竞争市场中的垄断地位。

3. 生态旅游区地方政府的动因分析

(1) "表面政绩"驱动与严重后果的轻易逃脱

"负建设"之所以产生并屡禁不止,根本原因是我国现行干部制度的弊端。"景点建设"是最容易被人看见、并被广为传播的"政绩"。某些手握审批权的领导,维持生态旅游区面貌,保护生态环境,担心上级认为是"无所作为",在自己任期的三五年内,扎实地积累可持续发展能力,让继任者收获"政绩",又自认为"不合算"。要"短平快"地出政绩,就不得不动"形式主义"脑筋。于是做建设计划时"拍脑袋",争取建设资金时"拍胸脯",确认为损失惨重的"负建设"时"拍屁股"。"负建设"问题败露前,可作为被提拔的资本,严重后果显现后,决策者只需一句轻飘飘的"缴学费"就可搪塞,或做个检查,受点批评,来个下不为例敷衍了事。至于其违规行政造成的巨大损失,则由"纳税人"承担。决策者"为煮熟自己的一个鸡蛋,不惜烧毁公家的一栋房子",不顾社会的祸福,为一己私利而为害天下,遗患子孙。于是决策者走了又来,"负建设"拆了又建,来了又走,建了再拆,形成恶性循环。

(2) 迫切发展地区经济而引发的盲目性

在中国,大部分生态旅游区位于中西部以及内陆地区,经济基础薄弱,发展旅游业有时是当地政府唯一的希望所在。以张家界为例,旅游业的发展,使张家界名声大噪,但并没有给张家界市政府的财政带来质的飞跃。而且,1999 年 8 月,斥资 10 亿元恢复原始面貌的拆迁纠错行为,已经让政府部门不堪重负。而"负建设项目"的投资建设,恰恰既可以为政府部门增加财政收入,又可以解决当地一部分人口的劳动就业。面对经济的窘境,张家界政府的决策导向难免会有所偏差,甚至导致决策上的盲目性。生态旅游区负建设问题产生的首要原因,就是经济利益驱动。"张家界天梯"建设,总投资近 1.2 亿元人民币,从 2002 年 5 月 1 日试运营到正式停运的 10 月 1 日,据粗略的统计,在这一期间,平均日享用量约有 3 000 人次,日营业收入达 20 多万元。如果依此计算,投资方不用 2 年(16 个月)就可全部收回投资,而后的运营全部都是净利润。这样的条件对于任何一个以"利润最大化为目标"的经济理性人的吸引都是强大的。

(3) 投资商"寻租"的结果

"寻租"从公共选择理论的角度讲就是"利用资源通过政治过程获得特权,从而构成对他人利益的损害大于租金获得者收益的行为"。换言之,从政府的角度说,就是指人们凭借政府保护进行的寻求财富转移而造成的浪费资源的行为,或者是凭借政府批准的垄断权来谋取收益。由于生态旅游区资源的独特性、垄断性对投资商的吸引力很强,当投资项目的批准决策权力完全掌握在监控失灵的政府手中时,就有可能会产生投资企业对于当地政府的"寻租"活动。即投资商采用一些非正常的渠道或手段影响决策者,从而获得自己不应获得的权益。从生态旅游区负建设的角度来说,"寻租"的结果就是政府同意以牺牲生态旅游区的长远发展,来满足投资企业的一时利益。法律法规不健全也为这种"寻租"提供了法制环境。生态旅游区建设涉及到众多利益层面的关系,这些关系的确定和协调除了通过市场机制、行政机制和文化机制进行控制外,还得依赖于法律规范的制约。法律规范是特殊的社会规范,通常是指由国家制定或认可,反映统治阶级意志,并以国家强制力保证其实施的一种行为规范。它的规范性在于具有指引人们行为的作用,即规定人们在一定情况下可以做什么,应做什么或不应做什么;同时又通过这种指引,作为评价人们行为的标准。由于旅游,特别是生态旅游在我国出现的时间较晚,国家层次的专门政策法规尚未出台。这是导致张家界等生态旅游区负建设问题的重要原因之一。

(4) 产权模糊

生态旅游区建设,首先要解决"为谁建设","谁是最大受益者"的问题。换句话说,生态旅游区建设的动力与效果,与管理体制,尤其是产权制度密切相关。我国生态旅游区与其他旅游区一样,管理体制基本沿袭了前苏联模式,即一切自然和文化资源以及生态环境资源,均归国家所有,完全由政府管理。该模式排斥市场经营,使得市场这只"无形的手"无法发挥作用,严重妨碍了旅游资源的优化配置和旅游区生态环境的保护,难以实现生态旅游区建设外部性内在化的激励。具体存在以下几个问题。第一,产权界定不清,所有权、管理权、经营权三权混淆;第二,国家所有权受到条块的多元分割,造成资源的低效率使用;第三,缺乏产权的市场化运作,导致旅游资源长期处于无价状态或过度利用状态。

4. 规划人员的动因分析

(1) 单一专业背景的缺陷

旅游规划要求规划人员掌握多方面的知识,所以,旅游规划工作往往是由多学科专家组成的规划小组而非单个成员进行的。但是,有些规划小组成员,大多为同一或相似的专业背景,缺乏对有关生态、环境、可持续发展等方面知识与技术的支撑,仅从经济利益的角度,或者硬性的"土木建筑"的角度,来研究建设项目的可行性,是造成生态旅游区"负建设"的又一个原因。

"负建设项目"的建设一方面违背了环境发展的可持续性要求,另一方面对于地理常识的缺乏也使得"负建设项目"的建设缺少安全保证,将张家界天梯如此大体量的建筑建设在石英砂岩的基础之上,是对景观岩石的一种破坏,更是对周边生态环境的严重践踏。

(2) 追新猎奇式的"头脑风暴"

有少部分旅游规划人员缺少专业态度,更缺乏对环境对社会负责的职业精神。当前,由于旅游规划工作的报酬受制于委托方,所以,即使知道某建设项目会对环境造成较大损坏,有些编制者也会通过"头脑风暴",刻意猎奇,构想新奇的项目,以获取规划委托方的满意。有的甚至以单纯获利为目的,对"负建设"项目进行所谓的可行性论证或附和当局意图的"环境评价报告"。

(3) 投资商"委托意向"的"选择性"

投资商委托旅游规划人员为自己服务,必然会要求其以自己的商业利益为出发点,即只要经济上具有可行性,而不论对社会环境的影响。如果规划人员觉得不合适,可以选择拒绝编制此规划。投资商总可以从规划人员的供给市场上寻求到适合自己意愿的人。这最终被选择的规划者就成了投资厂商经济利益的附庸,为"负建设"提供理论上的"依据"。

(4) 政府责任指派下的无奈

中国现有体制造成了在特定范围内对行政命令的相对不可抗性。面对政府的"既定决策",旅游规划人员可以提出自己的见解,但只是停留在书面上,仅供参阅,对于实际的"负建设"不会有太大的影响。

在长白山,错误的行政决策引发的"负建设"比较明显。1994年,邓小平同志游览长白山,当时的吉林省领导为了保证领导同志的绝对安全,从长白山瀑布,经滚石坡到天池,锉石开山,修了一条防护长廊,主要是防护坡顶上的石块滑落下来。长廊采用钢梁拱形结构,钢梁拱门间辅以铁丝网,游人可从拱门内的铁丝网下穿过,长廊全长约200米。1998年的一场风雨,落石将长廊砸毁,而且砸死了十多名游客,造成重大旅游事故。如今红漆斑驳的废钢梁,锈迹斑斑的铁丝网,乱石堆积的游道,不仅难以让游客通行,而且形成一大片破坏性的视域,严重影响了长白山瀑布附近的景观视觉效果。

三、相关对策研究

生态旅游区的"负建设"问题已经引起了社会的广泛关注,武陵源的"天梯"事件作为"冰山一角"揭开了其背后的种种原因,而实际的枝节问题还有很多。面对生态旅游区负建设的问题,通过上述简单的分析,我们可以从以下几个方面着手加以解决。

(1) 分散审批权,强化责任制

针对滥用职权、不负责任这个"负建设"的首要原因,要减少或杜绝"负建设"就应该分散审批权:生态旅游区建设项目,实行"公示制",拟建项目必须公诸于众,尽可能广泛地听取民众意见,最后由相关专家和当地居民代表组成"审批团",通过表决的方式集体审批,并与个人声誉与利益直接挂钩。除了分散审批权,弱化个人权力外,还要建立对审批的监督制约机制,让随意审批者付出巨大代价。如果权力部门和个别领导独断专行,则严格追究其投资失误造成的经济损失和破坏环境的法律责任。

(2) 提高生态意识,落实可持续发展

旅游的可持续发展已经提出了很多年,可实际中真正落实的情况还不多。究其原因,在于人们没有真正把握可持续发展的含义,仅仅将其停留在口号阶段。虽然从口号到行动需要一段时间,但我们应该及早落实旅游业中的可持续发展,因为生态旅游区环境已经开始为人们的无知而承受代价了。

作为一个产业,旅游业也应既顺应市场需求,又要具有调控措施。滥建大型人造景点、人文设施,过量接待游人,既违背市场供求规律,又违背可持续发展原则。旅游资源的配置是以旅游需求为基础的。即使是面对确实的旅游需求,旅游建设也不能"遍地开花",而是应优化资源配置,使有限的资源发挥最大的效益。有关部门为旅游建设要加强管理,严格科学论证和严格审批手续。对于违反两个"严格"而上马的开发项目,应予切实制止。

(3) 带动相关产业,增强经济多样性

贫穷是落后愚昧的根源,穷则思变,但变的手段方式未必都是好的。生态旅游区经济的滞后,使得当地人把"发展旅游"作为唯一的救命稻草,当成"唐僧肉",谁都想分一杯羹,甚至不惜牺牲环境为代价来满足一时的经济发展,这样做无异于杀鸡取卵,饮鸩止渴。因此,发展多种经济形式,带动生态旅游区当地的全面发展是当务之急,这需要国家的政策与资金的大力支持。

仅仅发展单一的旅游产业,难免加剧生态旅游区所在地政府和居民对当地旅游资源的依赖,竞相廉价拍卖公共环境资源,化公有环境资源为私有的旅游收入,导致环境资源的不合理利用,加大了旅游从业者之间、旅游从业者与当地其他行业者之间和生态旅游区与周边地区的经济差距。这些结果,都不利于经济、社会和生态效益的协调发展。

"负建设"的成因背后有贫穷的根基,环境保护是生态旅游区人们的责任,也是全社会的责任,要从根本上改变生态旅游区经济发展的现状才是办法。

(4) 完善制度体系,杜绝"寻租"行为

在某些地区,政府部门的决策还属于"一把手"独断,这就给投资商提供了可乘之机,利用非正当手段获取对于"负建设"的政策保护,而其带来的损失则由环境和当地居民来承担。因此,尽快完善决策制度体系,提高我们的干部素质,才能从源头上杜绝"寻租"行为的发生。

(5) 完善行业规范,强调人员资质

中国的旅游规划,到现在为止还只是处于群雄割据、竞相揽活、追求数量的阶段,从现阶段到成熟,还需要较长一段时间。而当前,由于市场对旅游业规划的集中需求,导致了旅游规划供给市场的膨胀。规划市场的"鱼龙混杂"也是引发生态旅游区"负建设"形成的一个原因。因此,完善并加强对旅游规划的行业监管,除了审批规划单位资质外,更需对参与人员的资质约束,在规划源头清除"负建设"项目的"温床"。

第二节 建设并优化驱动—制约机制

一、生态旅游区建设驱动机制

所谓驱动机制,既包括时间轴上多因素协调作用机制,也包括空间轴上多构件协同作用的布局。

1. 多因素协作机制

为了减少森林砍伐、动物狩猎、水土流失、土壤贫瘠,1970年哥斯达黎加成立了国家公园局,建立34个国家公园和保护区,开展对森林非破坏性的生态旅游活动。在肯尼亚阿母布撒利国家公园,开展生态旅游后,一头活着的狮子带来的年利润高达2.7万美元,一队象群则带来51万美元。这些钱一部分用于野生动物的保护。这比偷猎出卖打死的动物要值钱得多,因而,偷猎行为得到有效遏制。生态旅游的开展,使该公园土地大为升值,平均每公顷土地年利润为40美元。由于生态旅游高额的经济收入,这里一直没有毁草开荒、采矿建工厂,对环境影响较小,基本保持着热带草原的原始风貌。

在我国,建设美好的地区形象,突出"为官一任,造福一方"的政绩，也促进了生态旅游区的建设。由此可见，生态旅游增加当地收入，创造就业机会，保护旅游区环境和生物多样性，提升区域形象，提高当局政绩是生态旅游区得以产生，并持续发展的直接动力。

饱受工业污染、城市嘈杂之苦的城市居民，向往优越的自然环境，产生生态旅游的市场需求，是生态旅游区发展的原动力。

生态旅游需求拉动的产生，应具备四个条件：一是要有客源（生态旅游区产品的购买者）；二是要有具有吸引力的生态旅游产品；三是有足够可供自由支配的收入；四是要有闲暇时间，即生态旅游需求拉动＝客源＋生态旅游产品＋余暇时间＋可自由支配的收入。

促进当前生态旅游区建设的动力也主要来自上述两大方面、九种因素，如图5—3所示。

图5—3 生态旅游区建设多因素驱动机制

2. 生态旅游区构件空间模型

在空间构件协调作用方面,生态旅游区建设驱动机制的形成,必须具备下述条件(图5—4):①协调共生的生态系统;②未受损坏的资源与环境;③利于环保的旅游基础设施;④高效而生态化的管理与服务社区;⑤具备积极生态道德的游客;⑥明确的生态旅游区边界等关键部件,并符合生态旅游区空间结构原理。

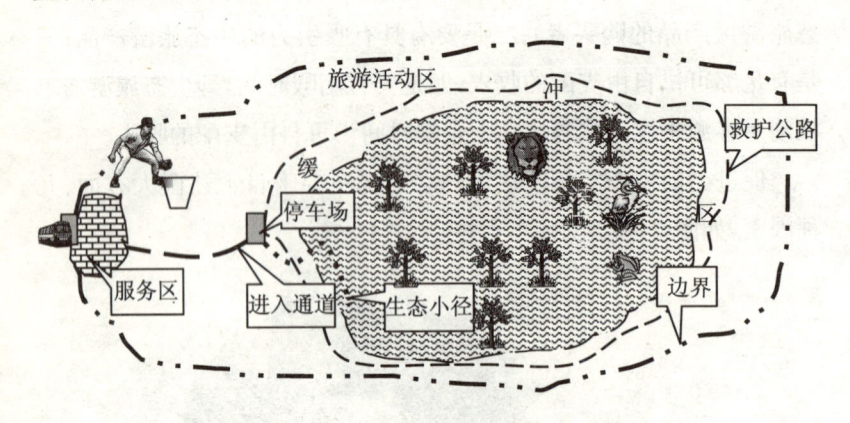

图5—4 生态旅游区建设驱动构件空间模型

二、生态旅游区建设的制约因素

在旅游发展研究方面,探讨旅游系统发展动力系统的文献较多,对其制约因素的研究较少。但是,如果只重视动力因素,而忽视制约因素,生态旅游区建设就会遇到未曾预料到的困难,难以及时应对和有效响应,从而制约生态旅游区的发展。纵观国内外生态旅游区建设历程,这种制约因素主要表现在以下几个方面。

1. 位置(Location):地理位置偏远

生态旅游区需要与城镇有一段距离,但是距客源地较远,又成为生态旅游区建设的主要制约因素之一。地理位置是难以改变的先天制约因素,城市的形成与发展受制于地理位置,区域可持续发展能力也与地理位置有关,生态旅游区建设也受到地理位置的多方面影响。

首先,距离大中城市较远,增大了旅游者的旅游成本,客源市场随着距离的增加而缩小。根据"旅游黄金周"旅游情况统计,具有出游能力的客源集中在大中城市居民,在"黄金周"期间,出游半径大多在500公里以内。陆林(1994)对黄山国内旅游市场的研究表明,旅游市场随距离的衰减是普遍规律。张小金(1995)经过调查,发现出游半径与旅游者的年龄相关(表5—1)。

表 5—1　厦门市自费旅游者不同年龄组出游半径比率分布(%)

出游半径＼年龄组	≤19	20~24	25~29	30~34	35~39	40~44	45~49	≥50
厦门周围	48.2	34.2	24.5	40.9	25.7	14.8	40	25.9
福建省内	26.8	32.5	27.9	15.1	31.4	44.4	20.0	11.1
福建省外	16.1	30.5	45.3	38.7	37.1	33.3	40	48.1
境外	8.9	2.7	2.3	5.4	5.7	7.4	0.0	14.8

其次,生态旅游区建设成本也随着与中心城镇的距离增大而增加。建筑材料、旅游日常消耗品,绝大多数从生态旅游区外的中心城镇购入,距离的增大,无疑增加了运输成本。但是运输成本并不是与距离成正比的。根据胡佛的区位论原理,运费率随着距离的增加而不断减少。如图5—5所示。

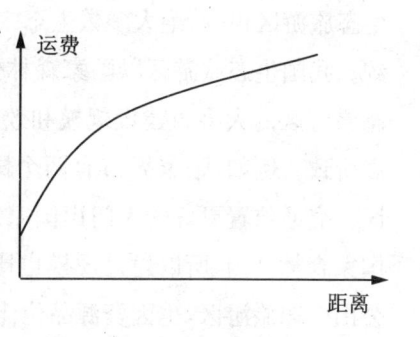

图 5—5　运输成本距离递增曲线

第三,远离人口集中的气候适宜区域,也造成生态旅游区适游期的缩短。例如,内蒙古根河市小木屋景区,生态环境优越,小木屋别墅颇具欧陆风情,但是由于位于我国东北边陲,属寒温带湿润森林气候,年平均温度为—5.5℃,"五一"黄金周期间,这里还是寒冷的冬季,"十一"期间,又早已冰雪覆盖。

2. 品位(Quality):资源品位不高

生态旅游区资源品位是制约其建设的最为关键的因素。许多旅游区建设速度缓慢,服务设施落后,主要原因是旅游区资源品位不高。相反,一些资源品位较高的生态旅游区,即使原有基础差,或根本没有旅游基础,建设速度也可达到甚至超过老牌旅游区。例如,湘西武陵源,原来是不通电、不通邮、不通路的落后地区,但是旅游资源品位极高。从1982年建立张家界国家森林公园到1988年与毗邻索溪峪、天子山合并成为武陵源国家重点风景名胜区,再到1992年以其极特殊的自然现象、地理风貌、景观生态、出色的自然美景被列为世界自然遗产,仅用十年时间,走过了许多老牌景区几百年甚至几千年也未能走完的历程。像张家界、九寨沟这样具有极高品位资源的生态旅游区很少,绝大多数生态旅游区建设,受到资源品位不高的制约。我国生态旅游区以国家森林公园和自然保护区为主体,这些生态旅游区的大多数建设规模和效果不尽如人意,主要是资源品位不高所致。例如,张家界市有两个国家森林公园,一个国家自然保护区。交通位置更好的天门山国家森林公园,资源品位远不如张家界国家森林公园,所以建设规模也比张家界小得多。最为偏远的八大公山生态旅游区,也因资源品位比天门山高,建设规模超过天门山国家森林公园,见表5—2(资源品位系根据《旅游资源分类、调查与评价标准》评估而定)。尽管天门山在张家界市区就能看见,但因为资源品位较低,所以几乎没有旅游团队光顾,生态旅游区建设规模较小,这种状况直到天门山索道建成后才有所改变。

表 5—2 天门山、八大公山、张家界资源品位与建设规模

生态旅游区	距火车站	距机场	距市区	资源品位	建设投资规模	至2001年累计接待游客
天门山国家森林公园	3千米	2千米	7千米	1级	管理处投入约60万元整修进山道路,将林场平房改造为旅游宿舍,歌星李娜投资约30万,建有约190平方米的木屋	1.7万人
八大公山国家自然保护区	179千米	172千米	167千米	3级	投资约650万,建有6 700平方米两层砖房接待站、综合楼、科研楼、宿舍,建有公路30千米,巡山林道60千米,生态放火线60千米,风力发电机10台,太阳能发电机2台,输电线路80千米	7.8万人
张家界国家森林公园	32千米	30千米	44千米	5级	旅游基础设施累计投资约25 769万元,宾馆/招待所建筑面积89 626平方米	4 117 007万人

3. 交通（Traffic）：区外交通不畅

旅游是一种流通性很强的产业，自给自足的封闭式区域，不可能有旅游业。生态旅游区内的交通建设本身也属于旅游区建设范畴。因此，生态旅游区建设与交通的"可达性"密切相关。交通对于生态旅游区建设来说，作用是双向的。一方面，生态旅游的建设和发展，刺激了对交通的更大需求，产生了新一轮旅游交通设施的建设、改造和扩容，从而促进了生态旅游区的建设。另一方面，交通运输方式的增加，成本的降低，便捷、舒适程度的提升，产生了新的旅游需求。然而，生态旅游区往往位置偏远，交通基础设施薄弱，除旅游之外其他经济、商务活动较少，区外交通建设投资大，难以在短期内得到根本改善。所以，区外交通不畅，成了大多数生态旅游区建设的制约因素。交通制约主要表象是旅游者旅途成本。这种旅途成本又可进一步分为距离成本和时间成本。对于旅游者来说，交通方式不同，时间支出和费用支出各不相同（图5—6）。

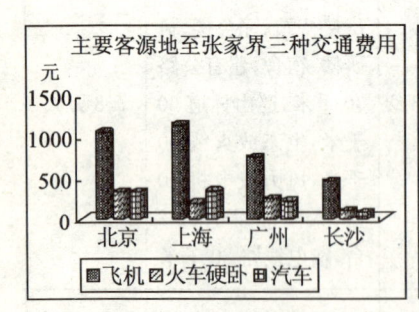

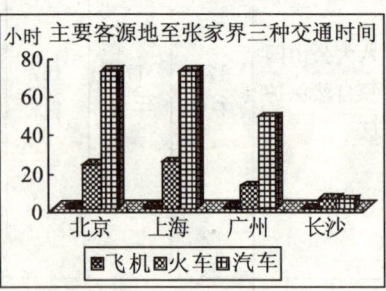

图5—6 不同交通方式到张家界的费用、旅途时间比较

不通铁路的生态旅游区，旅游人次数明显较少，没有民航飞机航线的旅游区，人均旅游支出较少。这从已通航的张家界与尚未通航时的九寨沟对比,以及张家界通航前后的对比中可得到验证。

4. 贫困(Poverty):环保与融资艰难

除了地理位置、旅游资源品位、交通等因素制约生态旅游区建设外,贫困也是制约生态旅游区发展的因素之一。因为生态旅游区大多属于"老、少、边、穷"地区。贫困对于生态旅游区建设的制约主要表现在:一方面,融资困难,建设资金缺乏;另一方面,当地居民生计与环境保护的矛盾突出。

旅游业对生态旅游区经济的冲击,将会使一部分人受益,而另一部分人受损。由于比较贫困的当地居民选择的机会较少,往往就成为外部冲击的受害者,因此旅游业可能在生态旅游区内加大贫富差距,使贫困问题更加突出,而贫困是生态环境保护的最大威胁,增加了自然资源退化和环境污染的风险。

据实地调查,武陵源生态旅游区内仍居住着约 3 000 农民,天子山村约有 300 多居民因旅游开发而失去土地,大多数至今仍就业困难,收入降低。一方面,他们要生活、要生存,就要消耗资源,污染环境;另一方面,他们难以买上煤、烧上气,更谈不上用电,或者达不到这种消费水平。旅游者的增多,还哄抬了当地物价。在旅游旺季,旅游人数几乎是当地人口的几倍乃至几十倍。故而造成蔬菜、副食品和其他消费品价格上涨。投资的商人,也不可避免地哄抬土地、房产和其他产品的价格。因此,景区物品价格通常要比其他地区高得多。这样就加剧了未参与旅游业居民的贫困,导致其对旅游开发的敌对态度,阻碍生态旅游的发展。

生态旅游区的贫困,对建设的直接制约是当地政府和民间融资能力,难以支撑生态旅游区的建设。招商引资固然是一种弥补办法,但投资商往往追求利润最大化,容易造成生态旅游区的破坏性建设。

5. 体制(System)：管理体制僵化

管理体制方面的制约，是生态旅游区建设普遍存在而且十分重要的因素。生态旅游兴起并迅猛发展，使各级政府、各行业、各部门对生态旅游区建设的热情高涨。有条件者上，无条件者创造条件也要上，虽然在一定程度上促进了生态旅游区建设，但在管理上缺乏统一布局规划，在具体规划上也照搬一般的旅游规划，甚至是区域规划或城市规划，微观上又缺乏有力的机制加以引导，导致生态旅游区建设"遍地开花"，质量差，效率低，趋同性强，特色也没有充分挖掘，甚至还造成建设性污染或破坏，损害其自然整体美和纯朴的民风民俗及民族文化。在生态旅游开发管理上，也存在着"一个媳妇几个婆"的现象，如自然保护区和森林公园的建立大多隶属于林业部门，旅游管理隶属于旅游部门，环境保护、管理、治理又属于环境部门，保安、物价、道路、供水、供电等又为当地政府管辖，使其政出多门，管理混乱，无法统一规划、统一管理，投资效益漏损，建设作用抵消。有些生态旅游区还被军事部门列为禁区，不准进行旅游开发。张家界开发初期，中国人民解放军总参谋部曾下文不准开放。政府某些官员或旅游主管部门领导"长官意志"严重，未经科学论证和规划、市场调研和预测，就任意进行建设。如陆良彩色沙林，其特色在于沙林观赏性、地貌独特性、生态环境的典型性、景观的荒芜原始性，然而决策人员硬性地在进大门处开辟了推背图碑林，在沙林中大挖"三十六计"洞、沙洞度假村等，还要在沙林中开辟"易经园"等，不仅造成生态旅游区建设的不伦不类，还加速了沙林破坏和水土流失。

法规不健全，也是管理体制制约生态旅游区建设的重要方面。管理的法律和规章依据不足，执行不彻底，延续性差，随意性大，行政命令压倒一切，没有监督机制。

6. 理念(Consciousness)：生态理念淡薄

伴随旅游者旅游消费成熟度的提高,生态旅游区在资源开发、基础设施建设及管理、旅游人才培训等方面,特别是生态化管理、绿色营销、可持续发展等方面显得不足。许多旅游区只重视旅游建设的经济效益,不注重环境保护(如污染问题、资源退化问题),"杀鸡取卵"式、掠夺式、破坏性开发与建设屡禁不止。旅游资源和所开发的产品不相符,资源品位和综合质量不同步,缺乏可持续发展和生态理念。所有这一切渐渐成为继饭店、旅行社之后,旅游者投诉的焦点,体现出行业生态理念淡薄,影响行业长远发展。

投资商在投资开发(投资主体、投资结构、投资项目)决策时,更是没有生态理念,考虑的主要问题是投资回收期,而不是生态平衡或环境保护。

旅游者生态理念淡薄,环保意识缺乏以致许多生态旅游区环境建设不到位。尤其是塑料包装废弃物,成了生态旅游区环境污染最普遍的问题之一。生态旅游区若不尽早克服这一隐患,建设资金的很大一部分将用于生态平衡的恢复与自然景观的重建,严重制约生态旅游区进一步的建设和发展。

三、生态旅游区建设驱动—制约机制

根据以上分析,可以勾勒出生态旅游区建设驱动—制约机制模型(图5—7)。

图5—7中,生态旅游市场的需求拉动,是生态旅游区建设的原动力。正是生态旅游市场需求的持续旺盛,生态旅游区建设才发展迅速。但是市场拉动不直接作用于生态旅游区,必须通过生态旅游区所在社区各方的协同作用,才能产生对生态旅游区建设的驱动力。

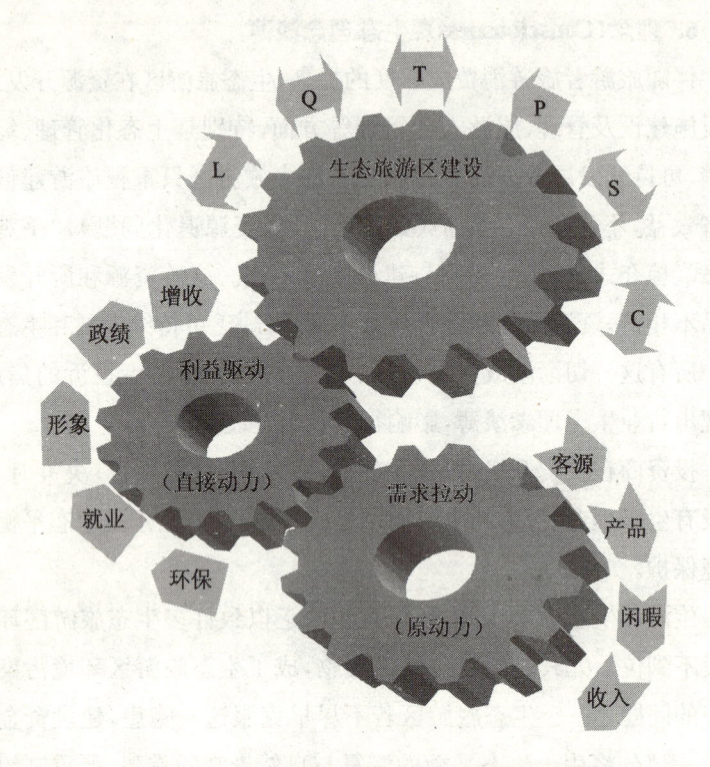

图 5—7 生态旅游区建设驱动－制约机制模型

　　生态旅游区建设有增加当地社区收入，突出管理者政绩和地区形象，促进居民就业和环境保护等作用。因此作为当地社区各方的利益驱动因子，直接导致生态旅游区的开发与建设。

　　由于需求拉动和利益驱动两大模型构件有助于生态旅游区建设，顺应生态旅游的时尚需求而螺旋式发展，因此这两大构件的八大因子的作用力方向在图中表现为顺时针方向。

　　对生态旅游区建设而言，大多数制约因子具有两面性：若控制得当，则促进生态旅游区建设，反之，则阻碍建设。因此，六大制约因子中,除了"贫困"之外,作用力方向在图中是双向的。消除贫困既是生态旅游区建设的目标之一,也是生态旅游区建设中几乎没有促进作用的制约因子,因此在图中其作用力的方向是单一的逆时针方向。也有人认为:幸好没有破坏风景来发展经济,才保住了原生态环境,但这是对贫困地区投资主体而言的。而这种投资主体,无论在哪里,都不是贫困者。在中国,老百姓的贫富差距很大,但贫困区掌权者的房子、车子、"票子",与发达地区差别不大。

四、生态旅游区建设驱动—制约机制的优化

生态旅游区建设驱动—制约机制的优化,就是尽可能地强化建设驱动力,使制约因子的作用力朝着有利于生态旅游区建设的方向转变,变制约为促进。

1. 对于利益驱动,要因势利导,建区富民

生态旅游区居民参与旅游业发展获得经济利益,是促进社区居民增加收入、保护旅游景区环境的前提。但社区居民参与旅游业发展的经济利益冲突,对环境保护会造成负面影响。拓展多渠道社区居民参与旅游发展的途径,有助于解决社区利益冲突和生态旅游区建设。

生态旅游区建设,如果不能保护社区居民的经济利益,就会使社区居民从原来的环境保护演变为环境破坏,因此,慎重考虑建设项目的社区影响,因势利导拓展社区居民参与旅游业的渠道,保护社区居民的经济利益,是实现生态旅游区建设持续健康发展的关键。

2. 对于需求拉动,要强化特色,构造精品

生态旅游区建设规模,依赖于市场需求的扩大。满足市场需求,必须突出特色,构建精品,以质取胜,切忌混同于大众旅游,以数量求

发展。生态旅游产品的开发程序应经过以下 8 个阶段：生态化构思—构思筛选—概念的发展和环境评估—市场调查—产品开发—营销战略—市场试销—产品化。

产品特色的提炼，要准确把握旅游地"文脉"，即自然地理基础、历史文化传统、民族心理积淀、社会经济水平四维时空组合。既可顺应文脉，升华认同感，提炼主题，也可逆反文脉，出奇制胜，构筑差异化主题，还可顺应与逆反相结合。

生态旅游产品创新，要突出一个目标，两个方向，三种类型，四大内容。

一个目标：根据目标客源的选择方向和消费能力，以合理的资源与环境代价，提供具有适度质量的生态旅游体验，使客人感到物有所值、物超所值。

两个方向：组合景观，展现生态。

三种类型：①独辟蹊径，发现、开发新的生态吸引物；②利用新的生态创意，开发出具有原创性的新产品；③对原有产品生态化改造，形成更加精制的换代性产品。通过新设计或采用新的绿色技术、工艺和材料，对原有产品进行绿色改进。

四大内容：主题创新（定期更换生态主题）、项目拓展（增加生态旅游活动项目）、技术更新（引进绿色新技术）、营销创意（商标、广告、市场渠道、客户战略等与生态理念深度结合）。

3. 对于制约因素，变制约为促进

在六大制约因素中，除了位置和资源品位难以改变外，其余四个方面都是具有弹性的制约因素，尤其是体制和理念，控制不当，就是较大的制约，不断改进就会变制约为促进。

改革生态旅游区生态体制。生态体制的改革应该致力于公平性的建立。生态公平性是世代公平性、区域公平性、体制公平性、过程平稳性的组合。将管理手段由行政为主转为行政、法律和市场三位一体，改变由政府包办一切的管理观念，实行简政放权，树立和提高服务意识。加大全过程监管力度，扭转权、责不对等的局面，真正将旅游者、旅游环境、生态系统作为主要服务对象，增强工作的透明度。对于大多数生态旅游区，政府失效和市场失效的生态影响交织在一起，必须从工程、技术到体制、管理、宣传，进行综合调控。

充分发挥多方面的功能，将政府失效、市场失效对生态环境的影响降到最低限度。生态旅游区建设是一项全社会的系统工程，既需要工程、技术的支持，也需要政府的科学决策、市场的合理运作、当地居民的积极参与和新闻媒体的热心宣传。

第六章 建设状态识别与可视化表达

第一节 适度建设指标判断与理想状态识别

在生态旅游区开发建设的热潮中,一个亟需解决的问题是生态旅游区的适度建设及如何使生态旅游区在被开发后仍保持最佳状态。因此,有必要建立一套生态旅游区开发建设优劣的评价指标体系。

凡事均有"度",适度才能达到我们预期的目的。生态旅游区的适度建设中的"度"有如下几个指标:

① 建设后对生态旅游区生态系统影响的程度;
② 资源与环境的协调程度;
③ 有利于环境与当地居民的旅游业发展程度;
④ 对生态道德建设的贡献度。

生态旅游区的开发建设只有在充分考虑了以上指标,才能使旅游业真正实现可持续发展。

生态旅游区开发建设的理想状态是指:维护生态旅游区生态平衡,实现资源节约与环境保护,满足游客需要,发展当地经济,促进生态道德建设等几方面协调发展、相互促进,实现和谐统一、可持续发展的态势。

一、生态旅游区开发建设评价指标的建立

1. 建设评价指标建立的依据

生态旅游区开发建设评价指标的建立,可以参照可持续发展指标设立的原则和方法。毛汉英(1996)将可持续发展指标体系分为经济增长、社会进步、资源环境支持、可持续发展能力4大部分、15类、90个指标,叶文虎、栾胜基、郝晓辉等从不同角度探讨了可持续发展指标问题。生态旅游区开发建设评价指标的建立,以上述成果为基础,以系统论的视角进行全局性考虑。这种视角体现在生态旅游区建设中,就是生态—经济—社会耦合理论。在生态旅游区适度建设评价指标体系的过程中,也应贯彻这种系统论思想。生态旅游区自身特征、旅游市场特征、当地政治经济文化特征都影响制约着生态旅游区开发建设。相反,生态旅游区开发建设也对这几个方面产生深刻的影响。其关系如图6—1所示。

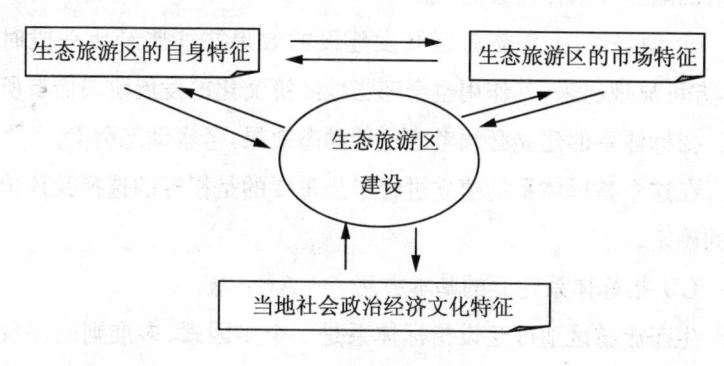

图6—1 生态旅游区建设关系

2. 指标体系建立的原则及方法

(1) 指标体系建立的原则

① 系统性:应选择全面反映生态旅游区建设情况的各方面指标,但在注重全面性的同时,应避免指标的重叠。

② 科学性:运用科学的方法进行指标的选择、权重的分配及评价标准的确定。

③ 可操作性:注重理论与实践的结合。指标体系的设置与状态表述,既要具有一定的理论性、科学性和前瞻性,同时又要注意与中国现阶段生态旅游现实的对接,具有可操作性。

④ 适应性:生态旅游区所属类型不同,指标体系也有所不同。不同类型的生态旅游区在确定指标权重时,应考虑各自不同的特点。例如,在评价世界遗产型生态旅游区开发建设情况时,应把重点放在开发建设过程中对遗产的保护上。对于山岳型生态旅游区来说,就要重点考虑旅游建设对山体、植被、动物分布与生态习性的改变程度。而水景型生态旅游区,要考察旅游设施建设,重点在于是否造成水量的减少和水体污染。

⑤ 动态性:生态旅游区开发建设的效果往往要经历一段时间后,方可显现出来,其作用也会随当地经济文化的发展阶段而有所不同。指标体系的建立必须考虑这种动态效果,考察动态因素。

在这个指标体系的建立过程中最重要的是指标的选择及评价标准的确定。

(2) 指标体系建立的基本方法——AHP 法

生态旅游区适度建设指标体系是一个多因素、多准则的评价问题。可以通过 AHP 法建立旅游区适度建设指标体系。AHP 法是基于系统论中的"层次性原理",将众多复杂因素分解成若干相互联系的有序层次,使之条理化,针对某种事物,就不同因素的相对重要性,逐一进行两两对比判断,把人的主观判断用数量的形式表达和处理,用定性分析与定量分析相结合的方法,确定不同因素的权重。可采用专家意见法,征询旅游研究机构、高校、行政管理部门、旅行社、国土、环保、园林、文物保护等部门专家学者的意见,进行权重分配。

层次分析法大致的层次结构由四部分组成,即目标层、综合层、项目层、因素层。在具体运用中,考虑到指标体系的复杂性,综合层及项目层都可以再细分出多个子层次。另外,项目层与因素层在某些指标体系中可能会重合。在生态旅游区适度建设指标体系中的具体层次结构为四个。①目标层:生态旅游区开发是否适度。②综合层:生态旅游区生态系统状况、资源与环境、生态旅游区旅游业发展、游客生态道德四个层次。在这四个综合层下还细分出了各自的子层次。③项目层:应具体评判的项目。④因素层:各项目的具体指标状况或理想状态。

由于此指标系统的复杂性,在做分析评价时,应把各子系统的分层次评价与总体评价结合起来。既要看总体评价值,也应考查各层次的指标。

(3) 评价指标的选择

对所选的各项指标进行评价,需要有一个基准,也就是评价指标选取的问题。

① 生态旅游区生态系统可从六个方面进行判断(表6—1)。

② 生态旅游区资源与环境各指标的评价,可根据国家环境及自然资源保护法律、法规规定的达标标准进行评价;还可以旅游极限容量为标准,测度生态旅游区实际旅游容量与极限容量间距离来评价生态旅游区建设后资源与环境状况(表6—2)。

③旅游企业、基础设施、社区发展六个方面建立指标(表6—3)。

④ 生态旅游区游客道德体系评价,可以根据道德环境、管理措施、游客素质、综合效果等方面建立指标系统(表6—4)。

3. 生态旅游区适度建设指标体系

根据上述原则和方法,可以建立由四大综合层(一级指标)、23个项目层(二级指标)、69个评判因素(三级指标)组成的生态旅游区适度建设评判指标体系,请详见表6—1、表6—2、表6—3、表6—4。

表6—1 协调共生的生态系统指标体系

一级指标	二级指标	三级指标	理想状态
协调共生的生态系统 X_1	生物 Y_1	物种保护 Z_1	保护尽可能多的物种和生境类型,使生态系统平衡,并增强再生与恢复能力
			珍稀或濒危物种保护效果好,比重逐年下降
		生态过程 Z_2	不削弱非生物因子对生态系统的支持能力
			保护生态系统的自然性,防止生境损失和干扰
			努力恢复和增殖原有物种,严格控制和科学引进新物种,不出现生态环境的系统性紊乱
			食性与习性稳定
	土地 Y_2	坡地 Z_3	坡度≥15度的坡地全部退耕还林还草
		土地退化 Z_4	消除土地板结、沙化、盐渍化、水土流失
		建设用地 Z_5	严格控制建设用地,综合利用平坝、山坡区
		道路用地 Z_6	不建或少建盘山公路或贯通区域的交通干线,以实用、方便、精当为原则,尽可能减少道路用地

续表

一级指标	二级指标	三级指标	理想状态
协调共生的生态系统 X_1	地貌 Y_3	岩石 Z_7	节理发育良好、造型独特、体量巨大、类型多、消除基岩裸露现象
		地形 Z_8	造型奇特，起伏变化富有节奏，景观层次丰富
		洞穴 Z_9	景观独特性、观赏性强，文化内涵/遗存丰富
			旱洞与水洞共生，层次多，体量大或幽深
			溶洞与天坑共生，原生态保存较好，独特性大
		形成作用 Z_{10}	没有风化或剥蚀、侵蚀、溶蚀作用的突变
	气候 Y_4	气候舒适 Z_{11}	适游期≥300天
	村落 Y_5	功能分区 Z_{12}	建设特色化、自然化、与旅游服务设施融为一体、与游览区域相分离的生态旅游村落，集中布局购物一条街，购物场所不破坏主要景观，不妨碍游览
		建筑格调 Z_{13}	建筑造型、色彩、材质与景观环境相协调，除海洋型和复合型生态旅游区之外，反对洋化，建设庭院经济
	系统整合 Y_6	类型丰富 Z_{14}	山、石、水、泉、林、洞等类型互补，乔、灌、草结合，人工痕迹不突出
		动物显现 Z_{15}	步行1千米，路边500米可见大型哺乳动物或其活动痕迹，水中可见较大鱼类，水边可见爬行动物，空中、林中可见多种类、成规模的鸟类

表 6—2 未受损的资源环境系统指标体系

一级指标	二级指标	三级指标	理想状态
未受损的资源与环境 X_2	生物资源 Y_7	生物多样性 Z_{16}	种类多,分布广,面积大,盖度高
			建群种与优势种强,生长良好
			生殖与栖居地类型多,环境良好
		生物产量 Z_{17}	生物量大
		森林 Z_{18}	绿化覆盖率达 100%,森林覆盖率 $\geqslant 70\%$(除水面及建设用地)
			观赏性强,树种多,林相丰富
			绝对保护原始森林,禁止非科研人员进入
			天然次生林内开展科考、徒步旅行等旅游活动,禁止永久性建设
	水资源 Y_8	降水 Z_{19}	生态化涵养降水,以植被涵养为主,降水蓄积与利用科学、充分
		冰雪 Z_{20}	雪质疏松,颜色洁白,雾凇较多、典型
		河、湖与水库 Z_{21}	保持蓄水量,无毒、无害,改善水质,防止富营养化,恢复建设造成的景观破坏。无明显的浑浊/沉淀物/碎片/漂浮物
		泉水(含温泉矿泉) Z_{22}	集约化利用,使用量低于涌出量
		地下水 Z_{23}	水源涵养量高于使用量,暗河探险、漂流适度、安全
	大气 Y_9	空气质量 Z_{24}	达到《国家环境空气质量标准》(GB3095—1996)中规定的一级标准
			空气负离子浓度高($\geqslant 600$ 个/cm^3)
			植物芳香气丰富

续表

一级指标	二级指标	三级指标	理想状态
未受损的资源与环境 X_2	噪声 Y_{10}	达到相应的国家标准 Z_{25}	国标一类标准:夜间≤45分贝,白天≤55分贝
	保护 Y_{11}	费用 Z_{26}	用于保护资源与环境的费用占门票收入的10%
		措施 Z_{27}	防火、防盗、防捕杀、古建修缮、古树名木保护等措施具体、落实,设施完善,职责分明
		效果 Z_{28}	自然资源生长量超过消耗量(水源涵养量高于使用量),集约化利用可再生资源,禁止利用不可再生资源、捕食野生动物和珍稀植物
			建设缓冲区、隔离带,全面保持文物古迹和景观的真实性、完整性,无明显破坏
			无污水、污物
	容量 Y_{12}	生态旅游区开发面积 Z_{29}	开发面积占生态旅游区总面积比率较小;开发总面积与接待规模相适应
		生态旅游区实际空间密度 Z_{30}	生态旅游区游人密度小于极限容量
		当地人对游客的态度 Z_{31}	友善、热情,提供必要的帮助
	区域协调性 Y_{13}	建筑与景观协调 Z_{32}	建筑材质、造型、色彩与景观相协调,烘托主体景观
			建筑选址不破坏景观
		环境与景观协调 Z_{33}	旅游区与周边形成优美的天际轮廓线;景区与周边设有绿化带、水体、山体等缓冲区

表 6—3 利于环保和居民参与的旅游业指标体系

一级指标	二级指标	三级指标	理想状态
利于环保和居民参与的旅游业 X_3	建设指导思想 Y_{14}	目标定位 Z_{34}	定位准确,发展规划落实
		建设思路 Z_{35}	生态意识强,建设思路有特色,质量标准、责任明确
			正确处理建设与保护的关系,重视生态建设
	管理体制 Y_{15}	生态公平性管理体制 Z_{36}	世代公平性、区域公平性、体制公平性、过程平稳性的组合。体制公平性包括部门内各生产环节之间的生产、消费的纵向耦合、部门间横向互动关系以及外部的协调共生关系
		简政放权 Z_{37}	管理手段由行政为主转为行政、法律和市场三位一体
			扭转权、责不对等的局面,真正将旅游者、旅游环境、生态系统作为主要服务对象
			经营权、所有权分离,树立生态旅游区的形象,形成合理分工,减少恶性竞争,降低交易成本,提高生态效益
		当地参与 Z_{38}	参与规划、建设与经营管理全过程
	旅游区核心吸引力 Y_{16}	影响力建设 Z_{39}	具有全国性影响,海外游客≥10%,外地游客≥50%
		生态旅游区观赏娱乐 Z_{40}	愉悦性:具有特色浓郁的歌舞;具有较强的独特性、完整度、参与性
		生态旅游区科学价值 Z_{41}	科学考察价值高
			科普教育功能明显
		生态旅游区文化建设与保护 Z_{42}	保护传统文化,创造特色文化,规划并实施重点街区、村落保护,保持其历史传承性和整体完好性,建设专题博物馆,集中陈列相应的文物、文献,保留传统的节庆活动、传统剧目、民间工艺、宗教文化。建设社区广播电视、报刊、教育设施

续表

一级指标	二级指标	三级指标	理想状态
利于环保和居民参与的旅游业 X_3	旅游企业 Y_{17}	当地居民参与管理 Z_{43}	中层以上管理者本地人所占比率逐年提高
		当地居民参与经营 Z_{44}	雇佣本地劳动力比率逐年提高
		旅游业收入 Z_{45}	增长率(与建设前比较)逐年提高;当地旅游从业人员收入比重逐年提高
		旅游业上缴利税 Z_{46}	利税率逐年提高
		旅游创汇 Z_{47}	旅游创汇率逐年提高
		旅游设施利用率 Z_{48}	(与合理利用率比较)逐年提高
	基础设施建设 Y_{18}	可进入性 Z_{49}	按照通达性要求,建设区外交通:周边100千米以内的依托城市,有客运火车站或机场、高等级公路干线,有高级公路或航道抵达交通干线;按照保护性要求,仅建设区内通往人口集居地的交通,按照生态环境要求,采用生态性材料建设游览交通,留有动物通道并设提醒标志,而且选线与山形水系相呼应,交通沿线山体绿化效果好,景观突出,行道树成荫且树种符合生态要求,建设有正确、清晰、完好美观的交通标识,不用有污染的交通工具,建设有位置适当、干净整洁的绿化停车面、绿化隔离线的生态停车场
		食宿设施 Z_{50}	根据容量控制要求和特色化、多样化、品牌化原则,建设住宿设施,集中布局在区外、山下、边缘,中档为主;禁止别墅建设,建设民居旅馆,禁止瓷砖外立面、玻璃幕墙装修、卷帘门铺面等低俗设施,禁止一次性餐具

续表

一级指标	二级指标	三级指标	理想状态
利于环保和居民参与的旅游业 X_3	基础设施建设 Y_{18}	旅游商品 Z_{51}	开发绿色无公害产品,提供生态食品,建设规模化的土特产品生产基地,形成研究设计生产销售一条龙体系,禁止根雕产品、建材在区内生产
		标识系统 Z_{52}	在停车场、出入口、主要路口、厕所、吸/非烟区、餐饮设施等处,设置规范、高档、精美、醒目的图形符号系统。达到 GB10001 标准
		公共卫生设施 Z_{53}	建设隐藏、易于到达、标识醒目、便于通风、排污的生态厕所,厕位达到旺季日均游客接待量的5%,设有残疾人厕位,配置造型美观、布局合理、数量充足的垃圾桶,垃圾分类收集,不堆放,不就地焚烧和掩埋
		游览与休息设施 Z_{54}	主要景观处建设观景亭、台、廊、椅、凳等
		服务水平 Z_{55}	健全管理机构与制度(包括培训制度、投诉处理制度)。通过 ISO9000 质量保证体系、环境管理体系认证。高效建设导游队伍。无围追兜售、强买强卖现象。提供纪念戳/封/邮票/币等
		其他辅助设施 Z_{56}	通信:在游客集中场所建设公用电话设施及其醒目标志,建设微波通讯设施,确保游客所到之处都有手机信号 给排水:建设与当地水资源保护与利用紧密结合的给排水设施,水塔美化,不露明渠,建设集中的污水处理厂,不污染地面、河流、湖泊、海滨等 供能:布局和建设不影响生态环境与景观质量的供能设施:电网、地下电缆,太阳或风能设施 建设旅游安全机构、设施、制度、标识,建设医务机构与设施

续表

一级指标	二级指标	三级指标	理想状态
利于环保和居民参与的旅游业 X_3	基础设施建设 Y_{18}	传播媒体建设 Z_{57}	建设宣传渠道,制作精美的宣教资料,建设有独立域名、与骨干网连接、内容丰富的国际互联网宣传渠道。建设100平方米以上的游客中心、介绍景观或文物的影视厅、电脑触摸屏
	社区发展 Y_{19}	旅游乘数 Z_{58}	逐年增大
		当地就业 Z_{59}	当地居民就业率逐年提高
		当地收益 Z_{60}	当地居民人均收入逐年提高
		当地GDP Z_{61}	当地社区生产总值逐年提高

表6—4 具备积极生态道德的游客指标体系

一级指标	二级指标	三级指标	理想状态
具备积极生态道德的游客 X_4	道德环境 Y_{20}	自然环境 Z_{62}	见不到裸露的基岩、土坡,植被覆盖率达到100%,经常见到多种野生动物自然出没,不受人类活动干扰
		人文环境 Z_{63}	从业人员言行举止具有生态道德典范作用,人工建筑与环境协调
	管理措施 Y_{21}	游客准入 Z_{64}	优先满足环境教育水平较高且具备积极生态道德的游客,谢绝生态道德水平较低者进入
		记录与奖惩 Z_{65}	记录游客和从业人员道德表现,表彰先进的游客/团队/组团社,惩罚缺德者。减少不受欢迎旅行社组团规模
	游客素质 Y_{22}	游客观念 Z_{66}	环境教育水平较高且具备积极生态道德的游客,占旅游者的绝大部分

续表

一级指标	二级指标	三级指标	理想状态
具备积极生态道德的游客 X_4	游客素质 Y_{22}	游客观念 Z_{66}	充分尊重自然物持续生存发展的权利,生物习性及其依赖的资源与环境的自然原生状态,免受不可恢复的破坏
			摒弃人类中心主义,尊重自然物应有的价值
			对自身的生态旅游行为进行全面的认识和把握,对应承担的生态责任和义务进行整体认识和把握
		游客行为 Z_{67}	游客必须是对生态环境有特殊兴趣的,带有专门享受、求知、研究目的,有自觉保护生态环境意识的特殊游客
			科学、高雅、文明的举止
			参加保护自然生态的活动
			行为有利于人—社会—自然生态系统进化
			强化受欢迎的行为模式和规范,杜绝使自然环境受到侵蚀破坏的消费模式
			爱护环境的整洁与卫生,妥善处理产生的垃圾
			运用生态道德的规范和原则自发地调节自身的行为
	综合效果 Y_{23}	旅游后效 Z_{68}	以发自于内心的自觉行为来保证在享受环境、认识环境的同时达到保护环境的目的,从而推动生态旅游区持久的发展
			注重旅游活动的生态化,讲求效益、节约资源、文明游览、规范经营和减少废物排放,保护自然原生环境,促进生态旅游区建设与资源环境协调发展
			生态道德意识得到宣传、普及和提高
			游客置身于极具生态道德的环境,受到潜移默化的影响
		建设后效 Z_{69}	不协调建筑逐年减少,生态系统自我调节能力增强
			从业者生态道德水平逐年提高

二、生态旅游区建设合适"度"的计算

1. AHP 法

生态旅游区建设的合适"度",可以通过 AHP 法进行计算。

给各分层次赋值,而各层次权重值则等于本层次值除以其上一层次的总值。例如,生态旅游区生态系统综合层的权重 W_1:

(1) 生态旅游区生态系统指标体系 X_1(权重 W_1)

$$W_1 = X_1 / \sum X_i \quad (i = 1, 2, \cdots, 4)$$

$$X_1 = \sum Y_j \quad (j = 1, 2, 3, 4, 5, 6)$$

$$Y_1 = \sum Z_k \quad (k = 1, 2)$$

……

(2) 生态旅游区资源与环境指标体系 X_2(权重 W_2)

$$W_2 = X_2 / \sum X_i \quad (i = 1, 2, \cdots, 4)$$

$$X_2 = \sum Y_j \quad (j = 7, 8, \cdots, 13)$$

$$Y_7 = \sum Z_k \quad (k = 16, 17, 18)$$

……

(3) 生态旅游区建设旅游业发展指标体系 X_3(权重 W_3)

$$W_3 = X_3 / \sum X_i \quad (i = 1, 2, \cdots, 4)$$

$$X_3 = \sum Y_j \quad (j = 14, 15, \cdots, 19)$$

$$Y_{14} = \sum Z_k \quad (k = 34, 35)$$

……

(4) 生态旅游区建设游客生态道德指标体系 X_4(权重 W_4)

$$W_4 = X_4 / \sum X_i \quad (i = 1, 2 \cdots, 4)$$

$$X_4 = \sum Y_j \quad (j = 20, 22, 23)$$

$$Y_{20} = \sum Z_k \quad (k = 62, 63)$$

……

(5) 生态旅游区适度开发建设程度指标

$$R = \sum W_i A_i \quad (i = 1, 2, 3, 4)$$

其中,A_i 为各层指标得分值

生态旅游区建设匹配度评价。对生态旅游区适度建设的评价应以综合评价为主,各分层次评价为辅,并计算各层次开发匹配度。例如:生态旅游区自然保护得分除以生态旅游区适度建设总分,如果商大于等于生态旅游区自然保护的权重,则说明生态旅游区自然保护很好。若小于权重,则说明在生态旅游区开发建设过程中,生态旅游区环境保护力度不够,那么就应加强生态旅游区的保护。相应地,其他各层次得分与总分比也与其权重对比,可以发现生态旅游区开发建设过程中哪个层次较弱。

2. 阈值模型

生态旅游区建设的"度",主要是建设与旅游生态环境的耦合程度。旅游生态环境阈值可以理解为生态旅游区生态环境对负面影响容限值,指在某一时期、某种状态或某种条件下,旅游区在保证其旅游生态系统结构和功能不受破坏情况下所能承受旅游活动的最大容量值。

旅游生态环境阈值与旅游环境容量、承载力相近似。旅游环境容量是指某一旅游环境所能容纳旅游者人数或污染物的最大负荷量。环境容量,是针对环境的运载能力和同化能力而提出的概念,而生态环境阈值,是针对生态系统结构和功能而提出的。

旅游生态环境阈值的核心问题,就是特殊区域的人类活动(旅游活动)承载力问题。毛汉英、方创琳等(2002)对区域承载力进行过深入的研究。保继刚、陆林、吴必虎、D. A. 芬内尔(Fennell, 1999)等对旅游地的可持续发展问题进行过卓有成效的探讨。E. P. 奥德姆(Odum, 1989)把承载力分为最大承载力与最适承载力。P. R. 埃利希和戴利(Daily and Ehrlich, 1992)把承载力分为生物物理承载力和社会承载力。H. E. 戴利(Daly, 1990)认为,估算承载力要考虑生活水准及利用资源的科技因素。张俊彦(1999,台湾)用电脑模拟方式分析并预测了太鲁阁国家公园容纳量空间分布情形。美国国家公园管理委员会(NPS)出版的《设施和项目设计的综合指导手册》提出了包括废水处理在内的可持续设计基本原则和方法。骆培聪(1997)根据 $CODcr$ 浓度计算出九曲溪全年常住人口和住宿游客容量。杨桂华、钟林生、明庆忠(2000)把生态旅游环境容量量测方法归结为经验量测法(包括自我体验法、调查统计法、航拍问卷法)和理论推测法(包括单项推测法、综合推测法)。有关旅游容量的研究还可列举许多,但对生态旅游区建设规模的定量研究为数很少。

根据最低量定律,生态旅游环境容限值的大小往往受制于生态旅游环境容限值中最小分容限值,该分容限值决定了整个生态旅游环境容限值。

经调查研究,水体通常是最为脆弱的景观因子。水环境容量往往是环境容限值中最小分容限值。

水环境容量是满足水环境质量标准要求的最大允许污染负荷量,其计算模型以环境目标河水体稀释自净规律为依据。可用数学公式表述为：

$$W = (C_N - C_0)Q + K\frac{x}{U}C_N Q \qquad (6.1)$$

式中：W 为水环境容量，可用污染物浓度乘水量表示，也可用污染物总量表示，单位为千克/日；

C_N 为水环境质量标准(mg/L)；

C_0 为上一断面水中污染物浓度(mg/L)；

x 为监测点至排污口的距离(米)；

Q 为水量(立方米)；

U 为流速(m/s)；

K 为污染物衰减系数。

按水域功能划分，生态旅游区水质应执行地表水环境质量Ⅰ类标准，可查出水环境质量标准 C_N(mg/L)的具体数值。

宾馆为保证住店游客吃住卫生及环境整洁，调查统计可得每床位每天需消耗含污染物产品的经验值 P，据检测，各种接待服务用品中，污染物含量平均为 R，根据最近的人口普查，生态旅游区共有常驻人口 L_0。由此可推算出在不超出 C_N 的最大允许污染负荷前提下，宾馆最大床位容限值模型为：

$$L = \frac{W}{P \times R} - L_0 \qquad (6.2)$$

由式(6.2)可得：

$$W = (L + L_0) \times P \times R \qquad (6.3)$$

用污染物浓度 C 代替 C_N，由式(6.1)可得：

$$C = W(Q + C_0)/(1 + K\frac{x}{U}) \qquad (6.4)$$

根据标准客房平均每两张床占建筑面积 50 平方米的经验数据，

即可算出生态阈值 W 及生态旅游区宾馆最大建筑面积动态系列阈值。

第二节　规划建设构想四维可视化表达

生态旅游区建设是在三维空间中展开的,是在一定时段内进行的,空间三维再加上时间维,就构成 $x/y/z/t$ 组成的四维空间。可用若干组数据 $f(x,y,z,t)$ 来描述它们的空间、时间位置。GIS 中的维数是指 GIS 的处理对象——地理实体的空间坐标而言。本书所指四维是指空间三维加上时间维,即三维空间形态在时间轴上的演变。

旅游区建设的可视化表达技术,经历了手工绘图—晒制蓝图—沙盘模型—电脑平面制图—CAD 立体构图—3D-GIS 仿真等阶段,正朝着四维可视化表达方向发展。局部小范围的时空再现,已应用到北京故宫、敦煌莫高窟等景点的仿真展示。微软百科全书 2003 电子版,设置时间滑条的虚拟景观展演,已具备人工景观的四维可视化雏形。目前 NEC 生产的,世界上性能最先进的超级电脑"地球模拟器",用于仿真模拟全球变化、核试验等。可视化的风景区建设构想设计正在升温,3D-GIS 技术是地理信息系统(GIS)的一个热点发展方向。当前 3D-GIS 中可视化的一个主要目标是建立(或重建)虚拟景观,特别是大区域旅游景观的可视化仿真问题。但是,静态的景观渲染似乎难以达到理想的程度(相当于二维到三维的进化,叠加时间维更有实际意义)。因为电脑显示器本身就是二维的,只能通过二维平面展示"三维"对象;大范围的旅游区展示,与微观的某一个机械部件展示不同,人们不太需要调转视角观看,让巨大的旅游区景观,在小小显示屏里俯仰、旋转;在真实的旅游活动中,绝大部分游客是步行或辅以慢速的交通工具进行游览,即所谓"旅速游慢",景观整体的俯仰、旋转,不符合实际旅游视觉效果。

一、四维可视化技术路线

生态旅游区建设中的三维地理实体多为不规则体,而不规则体又是所有三维地理实体中最难描述的对象,若再加上时间维,则显得更加复杂。因此,如何采用合适的技术路线描述不规则的三维地理实体及其时间维,是实现生态旅游区建设蓝图四维可视化首先要解决的问题。

杰里米·哈贝尔(Jeremy Hubbell)和特德·博德曼(Ted Boardman)(2000),在其 Inside 3D Studio VIZ3 一书中,介绍了高精度的地貌演示、以实际数据为基础的背景地貌、基于当地地形的假象地貌和无需与现实对应的假象地貌四种景观背景的 3D 制作方法。

关于旅游规划设计的虚拟现实技术流程,冯维波等(2001)认为:首先,要收集各种数据,建立背景条件数据库和目标条件数据库;其次,把背景条件数据输入虚拟现实技术处理系统进行处理,生成具有沉浸感和交互能力的虚拟背景;第三,把目标条件数据输入虚拟现实技术处理系统进行处理,生成具有沉浸感和交互能力的虚拟建筑物、游览线、服务等旅游产品;第四,把虚拟背景与虚拟旅游产品叠加,通过人机对话工具,让游客、业主或规划设计人员进入虚拟旅游环境中漫游和亲身体验,提出意见并不断进行修改,最终生成最佳规划设计方案。

生态旅游区四维可视化表达技术的实现应能够:①根据遥感遥测数据,自动进行数据预处理,快速生成生态旅游区地貌三维景观图;②根据相关旅游资料数据,能够在地理环境三维景观图基础上,快速生成生态旅游区三维立体图；③提供生态旅游区建设过程演进在时空上行为变化的三维虚拟仿真或演化趋势的区域立体影像再现；④提供生态旅游区建设构想在空间不同角度和不同方位上的立体仿真，能够自由旋转，让用户从各个角度观察生态旅游区建设可能的效果。

根据以上分析，笔者认为生态旅游区规划建设蓝图的四维可视化，可分为两大步实现：三维景观仿真、时间维叠加，如图6—2所示。

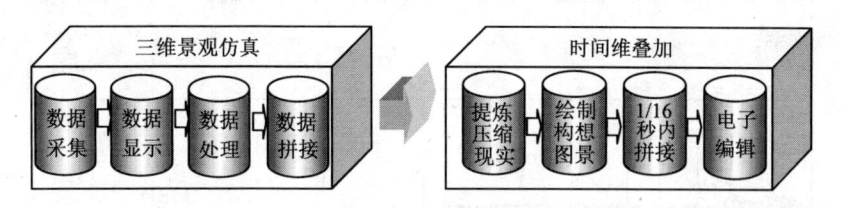

图6—2 技术路线图

二、真实感体数据的采集与显示

计算机中的真实感体数据采集，可以通过地景描绘方法获得，或者直接用数码相机摄取数字照片后输入，也可从摄像机摄得录像后通过视频转换得到。在美国，以大地区为基础的3D地形图创作，还可从政府机构提供的地理信息网站(例如：www.3dartist/3 dao/r/thomsnor/tndems.htm)，以不同的数字高程模型DEM(Digital Elevation Model)文件格式下载，然后转变为DXF文件或灰度级图像。

1. 地景描绘

地景描绘是用铅笔、钢笔、毛笔、炭条、炭笔及各种颜料，在纸面、掌上电脑、笔记本电脑等载体上描绘自然与人文景观形象的方法。

它是生态旅游区建设体数据采集、处理的基本技能之一。它不仅使体数据直观形象,而且可以突出主体,表示构造演变过程,具有解释生态旅游区建设现象的作用。笔者已摸索出一套用普通电脑,在 word 文档内直接数字化描绘的方法,无需再进行矢量化,而且占用空间小。图 6—3 就是笔者在电脑上绘制的。笔者发现,绘制常用的简单地图也可以在 Word 文档里实现,无需购买正版价格昂贵、安装占用大量空间的 MapInfo 或 ArcInfo 软件。这样做,在数据精度方面虽然略逊一筹,但使用、修改无须预装专门的制图软件,提高了效率。

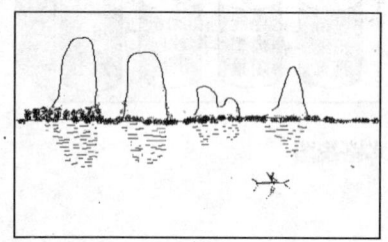

图 6—3　桂林景观、张家界景观电脑素描

2. 真实感数据摄影、摄像

生态旅游区景观描绘,对绘图技巧要求较高,绘制速度慢。为了快速、原封不动地捕捉旅游景观信息,摄影、摄像技术被广泛应用于旅游区建设真实感体数据的采集、处理与显示。

(1) 生态旅游区建设摄影

生态旅游区建设野外摄影,就是利用照相机采集、记录生态旅游区建设体数据的技术。它能迅速而全面地获取旅游景象和地物轮廓,尤其是当今数码照相机的使用,可不用胶卷,不用冲扩,即刻成像并在相机内储存、更新,还可在电脑中编辑、虚拟场景,直至通过彩色打印机输出像片,如图6—4所示,就是在生态旅游区生态路径数码照片的基础上,叠加各种动物照片而形成的虚拟生态场景,经低精度处理就得到占用空间较少的图6—4。目前,已有多种软件可对数码照片进行多种修饰和艺术处理,大大方便了生态旅游区建设野外摄影。对于非数码照相机,根据胶卷对色彩的感光性能,可分彩色摄影和黑白摄影。根据生态旅游区景观对象的不同,生态旅游区摄影可分为地质景观摄影、地貌景观摄影、水体景观摄影、生物景观摄影、气候与天象景观摄影和人文景观摄影。虽然生态旅游区建设摄影成果表现与风光摄影一样,都是一幅幅的风景照片,其实它们是有内在区别的,一般风光摄影,追求的是画面的艺术形象美,而旅游规划的景观摄影,除了艺术美之外,更为重视的是追求科学性与艺术美的统一。所以旅游规划的景观摄影既要掌握熟练的摄影技巧,又要有旅游专业素养,通过摄影者对野外各种旅游要素的深入观察,综合分析、高度提炼,摄出外围风景,内涵为生态旅游区建设科学内容的真实感体数据。

图6—4 电脑模拟的生态景观显示

(2) 生态旅游区建设摄像

生态旅游区摄影能较好地反映野外静态事物的特征和采集某一时段(瞬间)的三维体数据,对于活动的旅游现象的连续反映,则受到一定局限,即不能反应时间维。例如民俗风情活动,地方性节日,游客活动,日蚀、月蚀过程,海市蜃楼景观、火山喷发等,静态摄影则难以表现全过程,更无法记录当时的声音。电视摄像则可以较好地弥补上述缺限,而且无需冲印,当场即可看到效果,并为多媒体资料提供四维体数据源。

①真实感体数据摄像器材,野外摄像最基本的器材有摄像机、录像机(目前大多采用摄录一体机)、电缆线、专用充电器及电池、三角架等。摄像机的制造技术日新月异,20世纪90年代以来,就出现了五代更新产品。近几年来,数码摄像机日益显示出其卓越性能,能拍出清晰、平滑、自然、色彩靓丽的影像。许多数码摄像机还具备动态背光补偿和彩色夜视功能。例如,Panasonic(GX7)数码摄像机,配备了具有先进光学技术的徕卡 Dicomar 镜头,以及百万(1280×960)像素 CCD。CCD 是数码影像处理系统的核心,高分辨率的 CCD 能拍出清晰、精确的影像,百万像素的 CCD 能够拍出水平分辨率为520线的图像,即使是在背光的情况下也能获得明亮、清晰的主体对象影像和自然的背景,如果具有夜视功能,可在光线微弱的情况下,拍出彩色图像。数码摄像机拍摄出的 MPEG4 格式因特网影像文件,能与使用 Windows 系统软件的电脑兼容。使用 SD 记忆卡,不仅可取代不便长期保存的磁带,录制更长时间的节目(512Mb 记忆卡,标准模式可录制10.5小时),而且还可以通过 USB 接口直接输入计算机,进行非线性编辑。根据摄像机的使用功能,可分为两大类:演播室式和便携式。生态旅游区影像数据采集一般用便携式。

便携式摄像机又有三种：新闻采访型、电影摄影机型（用于拍摄大型电视节目）和摄录一体化型（摄像机内部有小型录像机，使摄录两机合于同一机身）。

②真实感体数据摄像基本技巧，生态旅游区建设野外摄影基本技巧，包括摄像机的运动、取景法、构图法等。

摄像机的运动可简要地概括为推、拉、摇、移、跟、甩、升、降，以及这些运动的综合形式。

多种运动总的要求是"稳"、"准"、"匀"、"衡"。所谓"稳"，就是指摄像时，机身要尽可能地保持平稳，不出现上下或左右晃动。这样，拍摄出来的电视画面才会稳定、清晰。在拍特写镜头时，稳定性要求更高。由于将拍摄对象拉得很近，所以，哪怕是微小的晃动，都会被"放大"，造成电视画面明显的不稳定。特别是手持的微型摄像机，很难做到特写时的"纹丝不动"，这就有必要借助三角架，拍摄特写景观的局部特征。"准"就是开机后，即准确地捕捉到被拍景观，并使之处于构图中心位置，而不要游移不定地寻找拍摄对象。一般来说，为了做到"准"，需在开机前，就使拍摄对象处于合适位置，如果要使机头运动拍摄，则先在寻像器里模拟"走"一遍。"匀"就是指摄像机在拍摄过程中，运动速度或画面推拉速度均匀。"衡"是指摄像机运动拍摄过程中，要始终保持电视画面的平衡，不能东倒西歪。

常用的摄像机运动有：

"推拉"，指摄像机向被摄物前移（靠近）或后移（离远）。野外摄像，由于受到地形和道路状况的限制，常常通过改变镜头焦距这一简单方法，取代摄像机底座的推拉运动。

"摇"，指通过肩扛式摄像机三脚架的摇把，或肩扛或手持，使得摄像机纵向或横向摇摄。速度必须均匀稳定，起讫点必须干净明确，切忌犹犹豫豫。

"移",可分为横移和纵移,即水平方向和垂直方向上的均匀移动。在影像数据采集中,主要是人与肩上的摄像机同在横向上左右移动或上下平行移动。

"跟",指摄像机始终追随着被摄物进行拍摄。

"甩",指摄像机沿一定的弧线,高速摇摄。

光是摄像者手中的"画笔"和"调色板"。摄像过程就是"用光构筑画面"、"用光述说风景"的过程。在摄像用光艺术中,曾有四种主要光效的用光方法:塑形光(主光)、轮廓光(逆光或测逆光)、环境光(背景光)、装饰光(修饰光)。合理用光,不仅可使画面光洁、精美,而且可以渲染气氛,塑造风景形象,表现被摄对象的空间关系,强化透视感,区别季节、时间。一些本来不太吸引人的景观,由于用光考究,在日出或日落时拍摄,使得寻常景观熠熠生辉,妩媚动人。

取景法,生态旅游区野外取景,既有技术成分,又有艺术成分,还有科学成分。在技术上,要保证所摄画面的完整与清晰;艺术上要根据内容的需要选择视点,确定机位。科学上,要使内容突出生态旅游区地貌、气象、水文、生态等环境属性。用摄像方法进行体数据采集,要求取景做到:安全取景,图像完整,俯仰得当,充分表现,主题明确,图像清晰;景别丰富,交代清楚(远景:交代地貌全景、旅游环境;全景表现景观及背景;中景:表现景观整体特征;近景:表现景观详细内容;特写:展示景观重要的局部特征和特殊痕迹)。

构图法,生态旅游区摄像构图方法因人、因对象不同而千变万化,但基本方法可供参考:黄金分割画面,主体物位于"井"字交叉点上,如图6—5所示。留足天头空白和运动空白,即运动前向的一边留下较多空白;将画面元素在不同平面层次上纵深安排,以斜侧面为主,强化立体感;利用调焦,使前景和后景虚实变换,自然地将画的视觉中心前后移动,使静止的自然景观更加生动。

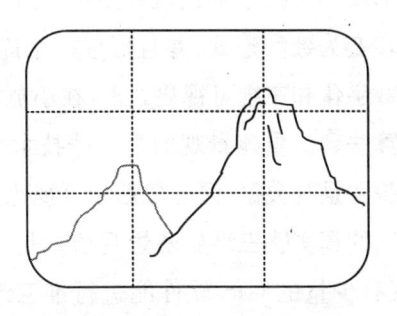

图 6—5　画面黄金分割示意图

　　真实感影像数据摄取主要步骤。首先要备齐必要的器材。进行影像数据采集之前,要检查摄像机、录像机或摄录一体机的声频、视频摄录是否正常,电池是否充足,电池最好准备两套,以便轮流充电,及时更换。如果不是数码摄像机,还要检查录像带规格是否与摄像机要求一致,数量是否在影像数据野外采集过程中够用,相关连接线是否齐全,等等。其次,在现场拍摄前,要调节白平衡,选择适当的色温档。然后,取景、构图,开始录制。在每个镜头的起讫点要停留拍摄 5~10 秒,每盒录像带开始录制时,要留有足够长(10~20 秒)的空白,以便于编辑影像资料。摄录过程中,要注意寻像器里的状态提示,如电力不足、照度过低、增益太高,等等。如果条件允许,摄像过程中,要作场记,以便查找和编辑。考察完毕后,要及时对所摄资料进行整理和编辑,以改正拍摄中的失误,使镜头连接紧凑。必要时,还应增加字幕、配乐等,充实资料。

三、三维景观体数据处理

随着数码技术及"3S"技术的出现和发展,旅游景观数据由早先的模拟形式逐渐转变为数字形式,并且形成一个庞大的数据群。目前对这类数据的数字化和三维可视化处理,在小范围的区域内,已经产生了许多重建算法。但重建景观的真实感技术尚处于探索阶段,特别是对于海量旅游景观数据、深度数据的可视化处理,其中在微机环境下进行大范围的真实感三维旅游景观仿真是 3D-GIS 技术的难点之一。目前,仅有少量的 GIS 软件能进行准三维的分析和显示,如:IVM(Interactive Volume Modeling)系统、SGM(Stratigraphic Geocellular Modeling)和 GRASS 等。但它们在几何建模和分析功能上存在着不足(王磊,1998)。

三维景观仿真是计算机视觉、模式识别以及可视化技术等领域中的经典研究主题。仿真的任务就是利用多媒体计算机技术,将从传感器或者其他设备获得的采样数据,恢复物体的三维结构和物体的原形。不同的领域,采用不同的设备,所获得的数据结构也不同,仿真的目标也不一样,因此造成仿真方法的多样化(管群等,1998)。比如立体视觉中,通过数码照相机可以获得周围环境的光强数字化信息,通过数码摄像机可记录三维景观时间维的有限变化,例如极光、彩虹、佛光、霞光、海市蜃楼、云海等天象景观和瀑布、流水、海潮、波浪等水文景观的变化。仿真的目的是要从不同角度拍摄的图像重构三维物体描述。20 世纪 80 年代后期兴起的体视化技术是建立在计算机图形学、计算机视觉和图像处理等基础上的一门新的可视化技术。它是研究具有三维特性的体数据在计算机中处理的技术,体数据的特征决定了体视化技术的特点(管伟光,1998)。运用体视化机制,可在微机环境下研究并实现大范围旅游景观的仿真。

1. 基本方法

通过采集得到的旅游景观数据,虽然是图表或图像形式,但这些并不是显示可用信息的最佳数据结构。考虑 3D 视觉的表示法,将一个三维图像看作是由方程 $a = f(x,y,z)$ 表示的曲面上所测得数据点的集合,这里 x 轴和 y 轴组成的图像平面平行于地平面,z 方向表示高度,则 $a = f(x,y,z)$ 可描述一个三维的旅游景观体数据。

连续的旅游景观 $a = f(x,y,z)$ 经过采样、分割等初始化过程,将获得的大量空间散点数据进行合理的划分。为了在微机环境下利用软件集成的方法,将分割的散点数据经 CAD 平台处理,描述成为等高线表示的图形,作为其他软件进行体数据仿真的数据源;然后对网格化的等高线数据分别进行插值、拟合和可视化处理,可得出描述局部旅游景观特征的体数据;最后将多个体数据进行叠加和拼接处理,则可以快速构建出相应的大范围旅游景观。体数据支持的旅游景观仿真思路如图 6—6 所示。

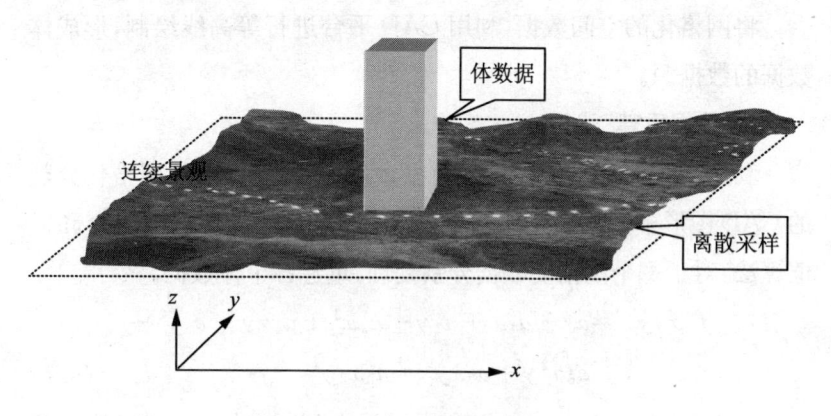

图 6—6　旅游景观体数据示意图

对于二维旅游景观的空间描述需要大量的数据支持,更何况进行三维旅游景观的仿真。我们首先考虑如何合理地从海量的旅游景观数据中,实现小批量数据处理,并在此基础上进行体数据的重建。通常采用曲面拟合或插值的算法进行空间离散点的网格化处理(管群等,2000)。考虑到旅游景观的复杂性,不能用简单的数学表达式表达,本书采用矩形单元,利用双三次 Hermite 插值方法进行离散点的数据网格化。令:

$$f(x,y) = \sum_{i=0}^{3}\sum_{j=0}^{3} H_{ij}h_i(x)h_j(y) \quad (0 \leqslant x, y \leqslant 1) \quad (6.5)$$

其中 h_i 和 h_j 是三次 Hermite 函数,H_{ij} 包括矩形单元四个顶点的函数值、一阶偏导数值和二阶交叉偏导数值。h_i' 是一阶导数,且:

$$\left.\begin{array}{l}h_0(0)=1, h_0(1)=0, h'_0(0)=0, h'_0(1)=0\\ h_1(0)=1, h_1(1)=0, h'_1(0)=0, h'_1(1)=0\\ h_2(0)=1, h_2(1)=0, h'_2(0)=0, h'_2(1)=0\\ h_3(0)=1, h_3(0)=0, h'_3(0)=0, h'_3(1)=0\end{array}\right\} \quad (6.6)$$

将网格化的空间数据,利用 CAD 平台进行等高线绘制,形成体数据的数据源。

2. 数据重建

利用 C 语言的功能,与 CAD 平台进行数据转换,从网格化分割的 CAD 图形中转换出三维空间数据;再由以下的多项式拟合和插值算法,对于每个网格的数据分别处理,重建各个体数据。令:

$$\begin{aligned}f(x,y) =& a_0 + a_1 x + a_2 y + a_3 x^2 + a_4 xy + a_5 y^2 + \\ & a_6 x^2 y + a_7 xy^2 + a_8 x_2 y^2\end{aligned} \quad (6.7)$$

其中系数 $a_0, a_1, \cdots, a_8$ 可利用如下的 Chebyshev 离散正交多项式求解:$P_0(x,y)=1; P_1(x,y)=x; P_2(x,y)=y; P_3(x,y)=x_2 -$

$2/3; P_4(x,y) = xy; P_5(x,y) = y_2 - 2/3; P_6(x,y) = xP_5(x,y);$
$P_7(x,y) = yP_3(x,y); P_8(x,y) = P_3(x,y)P_5(x,y)$。将拟合结果进行图像可视化处理,则构建出体数据。

3. 数据拼接

根据屏幕坐标确定对应拼接面,可以在微机环境下,进行体数据的快速无缝拼接,形成大范围真实感的虚拟旅游景观。

对于带有道路的高精度地貌起伏,最好使用 Autodesk 公司生产的 Land Development Desktop 或其他高级软件制作 3D 模型。这些程序可用来进行复杂的剪切和填充操作,并可用来进行复杂的路基设计。

生态旅游区规划建设背景图,一般是中等精度的地貌图,可以用 Terrian AEC Extended 对象,在 3D Studio VIZ 中建立地貌背景。

对于精度要求不高,但必须与生态旅游区实际地形结构相类似的地貌背景,可以在 3D Studio VIZ 中平铺的 Patch Grid(面片栅格)上设置凹凸不平的顶点,通过鼠标对这些顶点进行"拉高"和"扭曲"或"压平"等修改,用以表示高低起伏的丘陵、陡峻的山崖或山谷、溪流等。

真实景观的三维可视化,是采用 GIS 技术,对相应比例尺的地形底图进行数字化,形成包含等高线信息的数字地图矢量数据文件,运用选定的 GIS 软件平台(如 MapGIS、Arc/Info 等)生成数字高程模型(或直接采用遥感遥测影像进行立体相对,交互式提取地形等高线),而后转换成包括 X、Y、Z 数据信息的数据文件,进而编写代码,进行三角形网格化处理,生成由许多小网格,即多边形构成的有高低起伏的曲面地形。

为了增强三维地形的逼真度,可采用生态旅游区的遥感图片(TM、SPOT)和航拍照片,经计算机图像处理后作为地貌纹理,利用相似变换的原理,采用人为指定对应标志点的实物映射方法,将该区的 TM 图像贴到三维地形曲面上。该方法实现步骤:先在图像和上述生成的三维网格图形上找到几个对应的标志点,例如地形的高点、河道的拐点和水系的交叉点等,这通常是非常容易做到的;在分别读取这些点的坐标后,以图形上的对应点坐标为准,改正图像上的对应点坐标,以便使二者重合;然后根据对应点坐标对图形和纹理各部分的坐标进行插值,计算出图形上其他点的纹理坐标,使物体空间坐标(x,y,z)与纹理空间坐标(u,v)实现整体对应。

四、时间维叠加

1. 现实时间维叠加

现实时间维叠加,就是用现实的影视技术,动态展现生态旅游区过去的发展轨迹和未来可能的演化趋势。

17 世纪,牛顿首次发现了视网膜上的形象不会立即消失这一重要现象。彼得·马克·罗格特(1824)在伦敦公布了其提出的"视觉暂留"理论,证明了每一形象可以在视网膜上停留约 1/16 秒不消失。根据这一原理,可以在时间维上,叠加一系列三维图景,使之在 1/16 秒内拼接,即每秒切换 16 个三维图景。这样就可以实现四维景观的可视化表达。

在影视编辑机上,可以轻松实现一系列三维图景,在 1/16 秒内拼接,现行的 PAL 制式 VCD 视频帧速率达到了 25 帧/秒,NTSC 制式为 29.97 帧/秒。时间维叠加,既可以用"组合编辑"(Assemble Editing),按照规定的顺序依次拼接一系列三维图景和声音,也可以采用"插入编辑"(Insert Editing)在已经存在一系列三维图景内容的文件里,替换部分三维图景。插入编辑时,要找准编辑的"入点"和

"出点"，完整保留编辑的前后图景内容。"绘声绘影"软件，可以在普通电脑上，实现高精度的非线性电子编辑，可以自动按设定好的时间长度，捕获、编辑影视数据，将生态旅游区影视素材插入时间轴内，可以精确到帧(图6—7)。可以在时间轴中修改素材、叠加多种转场效果、插入视频滤镜等。

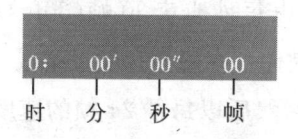

图6—7 视频编辑精度

应用多媒体视频捕获编辑制作平台"绘声绘影5"(旗舰版)，可以将通过照相机、摄像机采集的生态旅游区建设数据，捕获到计算机中，通过转场效果、字幕、配音、背景音乐、视频剪辑，制成视频贺卡、视频网页，还可实现视频与视频、图片与视频的叠加效果，把生态旅游区真实感数据，无论是图片，还是影像，进行无损耗的非线性编辑。然后按照需要的时间维顺序以及建设创意，制作成VCD、SVCD、DVD可视化文件。现实时间维叠加工作流程如图6—8所示。

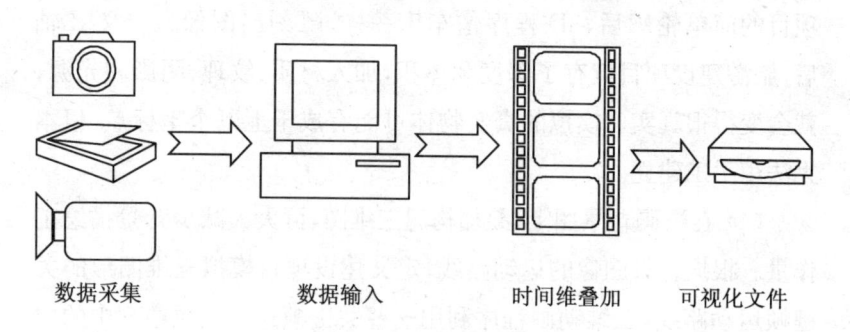

图6—8 时间维叠加工作流程

实现时间维叠加,虽然在技术上可行,但是,每秒需要16幅或更多的三维图景(现在的电影动画,每秒需24帧),不仅数据庞大,而且绘制工作量巨大。使用下列方法,可以大幅度压缩工作量和数据空间。

(1) 对已知的现实图景,充分利用数码影视技术采集,可减少绘制工作量。摄像机可以每秒捕获30帧(30fps)一连串的运动图像,转化成电信号,然后被储存在磁性存储设备或材料(如磁带),或数字存储设备(如硬盘)上,然后以每秒24帧的速度展现,可以使四维图像更加生动、鲜艳和流畅。

(2) 尽可能采用占用较少空间的软件,采集图形信息,例如用Word绘图比用"绘图板"绘制占用空间小,文字扫描方式采集的图形,比图片扫描图形占用空间(标准精度为700k余)小得多。在Word文档里绘制的图6—5占用空间是19k;而在电脑里,用绘图板绘制的图6—3文件占用空间757k;数码相机采集的图片,经低精度处理后的图6—4,占用空间118k。

(3) 未来构想连续图景,尽可能在原有图形基础上,做变形处理,不必全部重新绘制;通过建立坐标点或向量,画了一个旅游建设项目的简单轮廓后,3D程序像车床一样,雕刻出图像。定义Z轴后,旅游建设项目就有了深度和体积,加入材质、纹理、阴影和光源,就会变得很真实。模拟的真实物体可能有成千上万个坐标点,根本无法用手工建立。

(4) 在数码背景图上,叠加构想三维图,可大大减少背景描绘工作量。根据背景图像的运动路线,定义建设项目模拟三维图形的关键帧运动路线,三维动画程序利用这些关键帧自动生成序列中的中间帧。

(5) 对采集的数码影视素材，进行提炼和压缩，删除错误操作生成的影像或不平稳、不清楚的形象信息和无价值、冗长、啰嗦的信息。

2. 虚拟时间维叠加

VIZ 的虚拟摄像机，为用户提供了扩展虚拟数字世界的可能性。只要发挥"摄像机"的潜能，并照明对象，就可以实现比较逼真的时间维演化效果，尤其是对生态旅游区未来建设效果的或然演化，可以进行虚拟的仿真四维展示。VIZ 的虚拟摄像机所有和 3D 环境相关的设置，都是相对于显示器而言的，四维展现不可能超出视窗的范围，因而在视域和景深方面，比不上真实的时间维叠加效果。但是，使用 Rendering Effects 视窗中的 Depth of Field Parameters（景深参数）展卷栏，可以方便地复制摄像机缩小光圈的效果。

VIZ 的虚拟摄像机中的图像显示时间单位帧，与现实摄像机捕获图像的帧相类似。视频摄像机输出的景观信号，在 VIZ 的虚拟摄像机中较容易模仿。在 Rendering Preferences 选项卡中，可以设定颜色校对和场顺序。为了防止四维展示超出显示器的安全区域，可以使用 VIZ 中的安全帧特性。

基于景观发生变化的时间点，呈现重要的、特定的建设景观造型，而且在时间维演变过程中，产生了和前一帧不同变化的帧，就是关键帧。关键帧之间的，完成局部时间维演化过程的所有帧，就是过渡帧。VIZ 在处理动画时，有特定的样式（style），只要将自己构想的生态旅游区建设样式和 VIZ 认可的样式进行匹配，利用 Motion 面板中的参数对内容进行动画制作，那么叠加的时间维，在第一次运行后就可以达到完美或接近完美的水平。

VIZ 中的动画都是基于时间维的。如果在不同的时间点建立了关键帧，这些时间点就可以定义为：帧，或 SMPTE 时间码，帧和滴答

(tick)的混合(一帧等于 160 个滴答),滴答和分、秒的混合。在默认条件下,VIZ 使用帧的方式表示时间。

在 VIZ 中利用 Time Configuration 对话框,可以方便地复制视频或胶片的播放效果,默认的播放速度是 30fps,还可以任意切换播放速度。

VIZ 可以较好地实现时间维的按比例增加或减少,而且缩放设置十分简单。

利用多媒体电脑,还可以实现非线性的时间维叠加和编辑,即:一小块景观数据,可以在任何时间点,应用在任何对象上,而不必在意其在 3D 中的时间点和空间点。

VIZ 时间标签(time tages),给出了时间维演化过程中,可以直接插入的时间点,能让用户在叠加时间维时准确地定位。

第七章 张家界生态旅游区建设

张家界市面积不大,产业不多,旅游建设历史不长,但却拥有世界遗产地、中国第一个国家森林公园、国家级自然保护区、首批国家地质公园、国家级重点风景名胜区等顶级旅游品牌,是我国开展生态旅游的典型区域。以其为中心的武陵山地,已列入我国具有国际意义的17个生物多样性关键地区,也是全球200个重要生态区之一。[①] 张家界是一个典型的,自中国改革开放以来,从零起点开始发展的旅游目的地,对张家界进行实证研究,具有一定的示范意义。

第一节 张家界生态旅游概述

一、行政区划

张家界市地处湘、鄂、渝、黔交界地区,是由永定区、武陵源区、桑植县和慈利县组成的地级市。在行政区划中,永定区原名大庸县,与桑植县同属湘西自治州管辖。慈利县原为湖南常德地区的一个县。虽然大庸县的张家界国家森林公园、慈利县的索溪峪自然保护区和桑植县的天子山自然风景区相互连接成片,但它们却分属两地三县

---

① 张家界市规划办公室:"张家界市旅游产业发展规划",2000年6月。

管辖。旅游收入迅速增加,而且归入不同口径,加剧了两地三县的矛盾。1988年5月,国务院国函[1988]77号文件,作出《关于湖南省大庸市实行市管县体制的批复》。《批复》指示:一、大庸市升为地级市,将原常德市的慈利县和湘西土家族苗族自治州的桑植县划归大庸市管辖;市人民政府驻永定区。二、大庸市设永定、武陵源两区,以原大庸市(县级)的行政区域为永定区的行政区域。以原大庸市的协合、中湖两乡和张家界林场、慈利县索溪峪镇、桑植县天子山镇为武陵源区的行政区域,区人民政府驻索溪峪镇。1994年4月4日,经国务院批准,大庸市更名为张家界市。图7—1为张家界行政区划图。

但由于"张家界"、"武陵源"在旅游界都有较大的知名度,因此许多游客到了张家界,不知道武陵源在哪,他们对二者的关系,含混不

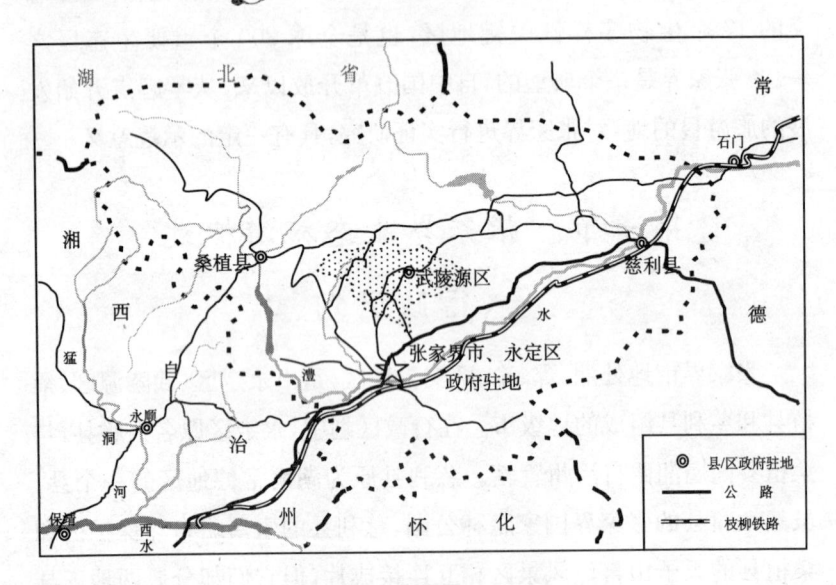

图7—1 张家界行政区划

清。张家界和武陵源之间的地域关系可由图 7—2 简明扼要地表示出来。图中,虚线表示景区原属县,粗线表示张家界与武陵源之间的主脉关系。

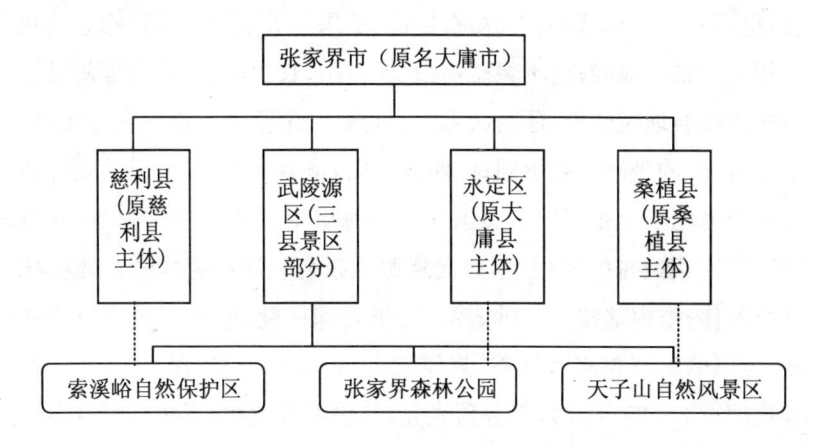

```
                    张家界市(原名大庸市)
         ┌──────────┬──────────┬──────────┐
      慈利县      武陵源区     永定区      桑植县
     (原慈利县   (三县景区   (原大庸县   (原桑植县
      主体)      部分)       主体)       主体)
         ┊          │          │          ┊
    索溪峪自然保护区  张家界森林公园  天子山自然风景区
```

图 7—2　张家界与武陵源的隶属关系

二、资 源 特 色

张家界核心景区总面积 390 平方公里,整个风景区以世界罕见的石英砂岩峰林峡谷地貌为主体,境内怪峰林立,溶洞群布,古木参天,珍禽竞翅,山泉潺潺,云雾缭绕,集幽、野、神、奇、秀于一体。其生态旅游资源特色主要有以下几点。

1. 峰柱林数量众多,分布密集

根据卫星遥感影像和航片判读结果,张家界核心景区共有岩峰石柱 3 100 多座,单体占地数十平方米、高度超过 200 米的有 1 000 多座。峰柱密度约为 30 座/平方公里,密集处达 100 多座/平方公里。数量之众多,分布之密集,可以列入世界吉尼斯纪录。

2. 石英砂岩地貌造型怪异，人为影响小

张家界核心景区石英砂岩峰柱林地貌，既不同于黄山、华山、衡山、崂山、普陀山、九华山、天台山、千山等浑圆敦实的花岗岩风景地貌；也不同于桂林、路南石林、石钟山、黄果树等喀斯特齿状峰丛或间距较大的锥状孤峰；更不像雁荡山、天目山、长白山、宝石山等灰黑扭曲的流纹岩地貌造型；还与武夷山、丹霞山、邵阳莨山等赤壁丹崖（很少有石柱）的丹霞地貌不同；广西大瑶山，虽有类似之处，但其规模和集中程度比不上张家界。英国苏格兰海岸由玄武岩构成的"神仙台阶"，像密集成排的栅栏，不如武陵源风景名胜区石英峰砂岩峰柱林气势宏伟；委内瑞拉石英砂岩沟谷，虽谷深崖陡，但没有成片的峰柱林；美国的科罗拉多大峡谷，规模宏大（长350千米、深1800米、峡谷顶部宽8～25千米），但谷顶光秃，几乎没有植被，不像金鞭溪那样动植物资源丰富。在旅游开发以前，390平方公里的景区内，人烟稀少，基本保持着原始自然状态。

3. 造型地貌规模大，类型多

张家界核心景区面积达390平方公里，比我国重点风景名胜区平均面积的两倍还多。这里石英砂岩峰柱林地貌的博大还表现在造型组合上，奇峰中间巨大的山谷盆地深不可测。张家界石英砂岩峰柱林地貌发育完整，峰、柱、寨、堡、墙、桥、门、洞等地貌单元一应俱全。尤其是地貌与植被的神奇结合，在其他地区尤为少见。

4. 生态环境良好，物种丰富

张家界地处武陵山脉东南走向的中支部分，属亚热带季风湿润气候区。在张家界核心景区武陵源，已用标本鉴别的植物资源有1 300多种，木本植物有93科517种，比整个欧洲的树木种类还多出一倍以上。世界五大名科植物（菊科、兰科、豆科、蔷薇科、禾本科）、

三大活化石植物(珙桐、银杏、水杉)、中国五大特有科植物(珙桐、杜仲、钟萼木、银杏、香果树)在这里均有分布。在张家界国家森林公园,森林覆盖率高达97%。经初步考察,森林公园共有鸟类6目、13科、41种,稀有珍贵的禽类有背水鸡、长尾雉和锦鸡;兽类27种,珍贵的兽类有麝、猕猴、岩羊、水獭、鼯鼠等。

三、景观成因

1. 滨海相沉积的石英砂岩地层是景观形成的物质基础

景区紫红色厚层石英砂岩是形成于距今3.8亿年的滨海相云台观组地层(总厚度达500多米)。石英砂岩所含的矿物绝大部分为石英(95%)。由于石英砂岩单层厚度大(多大于1米),砂粒大小相当均匀,固结紧密,抗压强度高(16 464帕),质地坚硬,抗风化力强,极难被磨圆,也不易被空气中的氧气和水蒸气分解,因而石英砂岩峰柱林,棱角分明,线条粗犷。

由于500米厚的云台观组地层中,有砂页岩和钙质砂岩夹层,质地相对松软,抗风化力较差,在差异风化作用下,使峰柱表面形成第二凹面,为造型地貌的产生提供了物质基础。

2. 特殊的地质构造格局是形成峰柱林的内在原因

我国地质构造格局首先受制于中生代的燕山运动。新生代的喜玛拉雅运动也是造成祖国今日名山大川最重要的因素。张家界地区也深受两大构造运动的影响,为景区特殊的地貌景观准备了特殊的地层构造、褶皱形态和断裂体系。

首先,石英砂岩层上曾一度覆盖着近400米厚的石灰岩层的地层构造,一方面对石英砂岩的褶皱运动起着消耗作用,另一方面又成为砂岩层的天然保护壳,使其在地质历史时期免遭风化、剥蚀、侵蚀、夷平等外营力作用。这是数百米高的峰柱,仍处于青壮年期而未老化的重要原因。

其次,造山运动产生的棋盘格状的裂隙体系,是本地区峰柱景观最初发展的控制因素。原来平缓的砂岩层,经造山运动,产生了纵横交错的裂缝,使坚硬的石英砂岩层有了被切割的可能。这里的沟谷支流及其汇入的溪流之间,几乎都是垂直关系。琵琶溪、砂刀沟、矿洞溪垂直于金鞭溪;十里画廊、王家峪、百丈峡、董家峪和施家峪等支流,都垂直于索溪;在水绕四门,矿洞溪、龙尾溪和金鞭溪、索溪形成"十"字形。究其原因,这种特殊的沟谷发育现象,严格受本地地质构造裂隙控制。据测量,本区岩层中的节理、裂隙有三组:一组是北东30度左右,一组是北西60~70度,另一组是近东西向,其中两组较发育。由于前两组几乎是垂直相交,故叫"棋盘格状"。金鞭溪、百丈峡、十里画廊等险壁幽峡景观,就是流水顺着一组较为发育的裂隙、节理,侵蚀、下切而成的。当雨水降落时,很自然地顺着裂隙、节理下切岩石,开始产生小涧,并逐渐由小到大,由浅到深。同时,在这个过程中,张家界地区的地壳上升运动强烈,以致溪涧落差加大,并使流水下切谷底的速度比横切谷壁的速度大,即加深比扩宽快,日积月累,逐步形成了这样峻深而狭隘的长谷。

第三,两次造山运动,使张家界景区的岩层产生宽野的褶皱和平缓的倾角。燕山运动时地质历史上沉积下来的数千米厚的古生代、中生代地层产生褶皱形成武陵山、雪峰山隆起带。张家界景区就处在该隆起带东北段的石门—桑植复式向斜中的天子山—三官寺短轴向斜的核部边缘。由于这一短轴向斜平缓舒展,景区又位于核心部位,所以景区大部分地段的沉积岩层倾角特别平缓。据实地测量,这里的岩层倾角仅在10度以下,大部分为6~8度。平缓叠置的岩层使峰柱重心降低，层间摩擦系数增加，加上石英砂岩本身固结力大，抗风化力强，是形成景区方山寨地、岩堡、岩墙、岩柱、岩门、岩窗、岩桥的内在基础。

3. 独特的区域地质发育史是孕育这一方山水的先天条件

（1）石英砂岩物质准备期

15亿年前的"中元古代"，湘西北地区处于地壳活动阶段，属于地槽区。地槽就是地壳上狭长的（长可达上千公里，宽几百公里）相对活动的凹陷地带。从地槽的邻侧陆地上，河流冲下地槽的泥沙，沉降在槽底堆积成厚厚的沉积物，其中有大量的河卵石，主要是砂岩。随后地壳运动继续加强，出现了造山运动，致使地槽中的沉积物发生褶皱和断裂，并垒叠起来，成为山脉。在造山运动中，岩浆大规模侵入，形成了大量的花岗岩体。这些花岗岩体中含有大量的石英，可为后来产生石英砂岩提供一部分石英砂粒。

（2）石英砂岩产生期

大约在3.8亿年前，地壳下降，海水侵进，张家界位于浅海的近岸地带，因离陆地不远，从河流冲下来的泥沙入海后，砂子及少量泥土首先在此沉入海底。经过若干万年的积累，逐渐形成厚达千米以上的石英砂层，后来砂层经过压实固结，就形成了现在所见的石英砂岩。今天构成峰林的砂岩就是其中在张家界核心景区露出地面的一部分。

石英砂岩形成以后，随着地壳的时升时降，海水也时有进退，到了2.85亿年前的二叠纪时代，石英砂岩地层因地壳向上隆起而升为陆地，一度成为沼泽，植物繁衍，形成了含煤地层，然后又沉降为海底，沉积了很厚的石灰岩层，把砂岩层覆盖起来。我们今天在袁家界、天子山的"老屋场"一带，肉眼可看到石英砂岩之上盖有这个含煤地层,里面含有黑色碳质页岩及一些植物化石。到了约 2 亿年前的三叠纪末,中国东南部开始转入一个新的活动阶段,在地质史上叫做"地洼阶段",出现了造山运动——原来平整的各个地层,产生褶皱,发生断裂和节理,形成山脉,山脉之间多有盆地,即"地洼"。在地洼阶段,造山运动使张家界的石英砂岩层发生褶皱,但比较缓和,属于宽展型的,所以石英砂岩产状平缓完整,而突出表现则是直立节理十分发育,为后来形成峰林地貌提供了很有利的构造条件。

(3) 峰林诞生和发展期

张家界在地洼阶段中期,被强烈的造山运动褶皱成为山脉后,各地层露出地面的部分即开始遭受风化作用和流水侵蚀。大约 300 万年前,本区地壳运动时升时降,于是,当某处位于上部的地层被剥蚀殆尽时,新露出的下部地层接着遭受风化和流水侵蚀。在二叠纪含煤地层被剥蚀无余的地段,石英砂岩便暴露出来,成为风化和流水侵蚀作用施展鬼斧神工,雕造峰林的优先地区。索溪峪、张家界峰林景观发育地带即是一例。袁家界虽然也有同样的石英砂岩层分布,但因它上面有二叠纪含煤石灰岩层的保护,未能受到自然侵蚀,它将是未来峰林的后备区。

4. 风化、流水、重力等外营力作用是塑造奇峰异石的动力

石英砂岩中存在着一些松软夹层,砂粒之间也有泥质胶结物,空气中含有氧气和水蒸气,可通过化学作用,使它们较易发生化学分解。在冬季,岩石孔隙裂缝中的积水结冰时,其膨胀力可使岩石绷裂。气温变化所引起的岩石热胀冷缩,长时间反复进行,产生机械物理风化,使岩石碎解;植物的根系插入岩石的裂缝,既可分泌出有机酸,产生化学风化作用,使岩石化解,又可通过根系长大过程中的膨胀力使岩石破碎,即生物风化。

当雨水降落时,可把岩石表面破碎物冲走。雨水汇聚成流后,可利用其夹带的砂砾当研磨砂,像锯子锯木一样,把所流经的岩石磨削锯切。遇上岩石中的裂缝,这种作用更加明显。地表水可以沿着构造裂隙破碎带向下渗透和顺坡流下,尤其是在暴雨季节山洪暴发,流水带着大量碎石冲蚀、扩展裂隙和沟谷,其冲击力和磨蚀力是非常巨大的。流水遇到砂岩中的松软夹层时,往往使地层掏空而发生重力崩塌,使整个岩层加速解体。于是小涧逐渐变成大溪,小缝逐渐变成深谷,这就是"流水侵蚀作用"对张家界峰林景区形成的影响。

风化作用使岩石风化和碎解,流水侵蚀使岩石裂缝扩大,这样会使岩块在重力作用下坠落或崩塌。金鞭岩的石柱脚下就有崩落的乱石堆。

由于不同岩层或同层岩层不同部分的软硬不同,产生差异风化,使石柱石峰凹凸不平,形成了各种造型景点。

十里画廊的"采药老人"景点,它的头部和背部由硬岩组成,软弱部分被风化剥落后,形成了现在的样子。"金龟探海"、"南天门"、"夫妻岩"、"猪八戒背媳妇"、"将军岩"、"仙女散花"、"天下第一桥"等惟妙惟肖的造型景点,都是差异风化的结果。

因此,风化、流水、重力等外营力作用是塑造张家界石英砂岩峰柱林景观的动力。

5. 特殊的板块位置和构造位置是峰柱林保存至今的先决条件

根据板块构造学说和大陆漂移学说,软流层上的岩石圈,就像木板浮在水面上一样,浮在软流层上并随之运动。地球大陆原是一个整体,后因地壳内力作用及地球公转和自转的离心作用,漂移成几大板块。各板块之间的接触地带,是地壳活动相对强烈的地区,如欧亚板块与太平洋板块碰撞接触带多火山、地震,构成了环太平洋火山、地震带;印度板块与扬子板块之间的碰撞地带,也是火山、地震多发地区,云南的多次地震就发生在这里;扬子板块与中朝大陆之间,则是唐山—邢台地震多发地区。

张家界远离板块碰撞带,而且各板块碰撞力在这里的合力,互相有较大程度的抵消,因而张家界地区地壳活动比较平和。在宏观板块位置上,张家界处于华南地台的二级构造单元——鄂、黔台向斜和四川台向斜之间,紧邻江南古陆,属于地壳相对稳定的地台区;微观上,峰柱发育地区也无较大断裂带,即使历史上的小地震,也距离风景区较远。几次主要地震如1786年12月大庸县发生的5级地震,1781年11月3日和1842年3月30日,分别发生在慈利县的3.5级、3级地震,都处在距离景区较远的慈利—大庸断裂带上。这些地震震级小,而且远离峰柱林区。因此,高耸入云的峰柱得以保存下来。

在地质构造上,张家界景区处在武陵山隆起带东北段的石门—桑植复式向斜中的天子山—三官寺短轴向斜的核部边缘。由于这一短轴向斜平缓舒展,景区又位于核部,所以景区大部分地段的沉积岩层倾角特别平缓。据实地测量,这里的岩层倾角仅在10度以下,大部分为6~8度。平缓叠置的岩层使峰柱重心降低,稳定性增强,层间摩擦系数增加。同时,石英砂岩本身固结力大,抗风化力强,这就是数百米高的峰柱亿万年悬而不倒的重要原因。

6. 优越的位置和气候是张家界泉丰林密的后天条件

张家界生态旅游资源如此奇特秀丽,除了独特的地质发育史的背景特点外,还有一个重要因素,就是有利于开发和保存的位置和气候条件。

就经济社会发展而言,张家界位于澧水上游,属于湘西地区,深居武陵山脉腹地,对外交通不便,地理位置算不上优越。直到20世纪初,湘西都未通公路。20世纪80年代,土乡苗寨居民才见到火车。千百年来,只有两条屡见于古典词章的河流——沅江与澧水,从群山中闯荡而出,注入洞庭,成为湘西与外部世界交通的要道。在沈从文笔下,这里"公路极坏,地极险,人极蛮",因此旅行者通过,实在冒两重危险,若想住下,那简直是探险了(沈从文,1995)。张家界处于这样偏远的湘西,本地人对自然的破坏力极其有限,而外地人在本世纪以前,不敢轻举妄入。这倒成全了张家界风光的原始古朴。

张家界景区,位于中亚热带湘西北的中山区,海拔高度平均约千米。地居北纬29度20分左右,属于北温带南缘。年平均降水量近1 500毫米,为多雨地区。气候温和,雨量充足,属山原型季风湿润气候,四季明显,光热充足,雨量充沛,冬无严寒,夏无酷暑。年平均气温12.8℃,平均最高气温15.7℃～18.7℃,平均最低气温9.6℃～10.1℃。年均降水量12 228.5毫米,平均降雨日139天,年日照时数809.8小时,平均相对湿度85%,年均风速2.3米/秒。

按照平均气温低于10℃为冬季,高于22℃为夏季,在10℃～22℃为春、秋季的标准计算,张家界景区春季为4月2日～6月29日,共89天,夏季为6月30日～8月29日,共61天,秋季为8月30日～11月7日,共70天,冬季为11月8日～4月1日,历时145天。冬季虽长,但因峰林屏障,北风受阻,地气上溢,体感温度不太寒彻。1月平均温度比同纬度的庐山高3.6℃,按照当日降雨量达0.1毫米为一个降雪日计算,历年平均降雪日数为9.5天。山谷积雪从12月初到3月上旬。有时下雪持续半月之久,积雪达一米以上。张家界景区第一条雪景线出现于12月5日～3月18日,海拔约1 100米;第二条出现于12月16日～3月13日,海拔900米左右,第三条出现于 1 月 15 日～2 月 10 日,海拔 300 米左右。正是由于具备了这样优越的地理位置和气候环境,才使得张家界水源丰富,植被茂盛,野生动物繁多。既为砂岩峰林增添秀色,又有珍禽异兽出没,增强旅游资源观赏价值,吸引游客,更为保持水土,减少风雨流水对石峰石柱的侵蚀破坏提供了良好条件。

此外,由于冬无严寒,夏无酷暑,因而张家界适游期长,是难得的全年型旅游胜地。

第二节　发现与开发简况

一、发现与推介

景区的发现与推介,对于旅游业发展来说,非常重要。许多旅游区苦于没有高质量的景区。尤其是生态旅游区,往往在边远、人迹罕至的地方,能否及时发现,并有效地向外推介,就成为旅游业发展的关键。张家界的发现过程具有一定的典型性,其推介却是卓有成效的,堪称景区宣传促销的经典案例。

1. 张家界的发现

张家界生态景观,在湘西的崇山峻岭中沉睡了千万年。在古典文献中,几乎没有张家界的相关记载,《山海经》、《徐霞客游记》、《水经注》、《广志绎》、《异域志》等知名地理文献中,也难以找到有关张家界风光的史料。直到 20 世纪 80 年代,张家界景观才逐渐为世人所瞩目。当时的中共中央总书记江泽民于 1995 年 3 月 28 日考察了张家界,面对这里壮丽的景观,感叹地问:"这地方风景这么好,你们才开发十多年,为什么?"那么,张家界是怎样发现的? 是谁发现了张家界? 这些问题一直受到人们的关注,而且曾一度成为人们关注的焦点。于是,出现了"吴冠中发现了张家界"、"陈复礼发现了张家界"、"陈平发现了张家界"等说法,并且流传甚广。这实际上已陷入了"×××发现了×××景区"的传统误区。所谓"发现",辞海的解释是"本有的事物或规律,经过探索、研究,才开始知道"。就像生态环境演变一样,景区的发现也是一个渐进的生态过程,遵循着"本地居民——本地名人——外地名人——游客——本地人——外地人"这样的信息链。

张家界风光从自然变迁的角度来说,大约300万年前,张家界在地洼阶段中期,被强烈的造山运动褶皱成为山脉后,各地层露出地面的部分即开始遭受风化作用和流水侵蚀,逐渐形成石英砂岩峰林景观。人类社会形成以来,由于张家界位居湘西北武陵山脉腹地,远离社会活动中心,长期未受人类活动干扰。虽然张家界历史悠久,新石器时代就有人类活动,但是,张家界景区内却人迹罕至。清道光《永定县志》载:"汉留侯张良,墓在青岩山。良得黄石公书……从赤松子游,邑中天门、青岩各山,多存遗迹。"这是张家界景区最早人类活动的记载。张家界森林公园西端朝天山顶的朝天观,碑刻记载:"朝天观,建自汉唐,重修于乾隆乙亥岁。"1981年秋,在张家界森林公园锣鼓塔迎宾岩附近,出土一陶罐,经鉴定为宋代中期文物,说明可能在宋代就有人来过这里。位于张家界森林公园北端的龙凤庵,有碑刻记载:"龙凤庵,大明古庙。"黄石寨索道上站房处,原为清平寺所在地,为明弘治年间永定卫大庸所指挥史张万聪祭祀其母黄氏而修。这些说明,在明代及其以前,张家界景区内有僧侣出现。换言之,张家界景观在汉、唐和明代,就有僧侣发现过这里的风景,并选址建庙。

根据张家界村、"空中田园"景点附近居民和"水绕四门"景点附近龙尾村的有关家谱推测[1],最早的定居者来张家界景区,大约是在明代洪武年间。《明实录》记载:"洪武十八年冬十月乙卯,征虏将军信国公汤和等进兵古州,分遣将士讨上黄诸洞……俘获九溪(当时索溪一带属九溪卫范围,而张家界森林公园锣鼓塔一带属索溪管辖)等处蛮獠四万余人。"直到20世纪50年代,张家界景区还时有土匪和华南虎出没,加上景区外围居民文化水平较低,在与世隔绝的生存环境中,不可能认识到石英砂岩峰林的景观价值,而外人又很少涉足于此。连遍游名山大川的徐霞客,"搜尽奇山打草稿"的石涛和尚(画家),也未曾到过张家界。因此,张家界风景,一直是"养在深闺人未识"。

根据山西大学历史系周征松考证,永乐十三年(公元1415年),从山西迁到江西再到湘西的杨家将之后杨开宗(杨运之子)任辰州守备(驻沅陵),之后,杨家后代逐渐繁衍于湘西各地。张家界森林公园西北部的杨家界景区,由此而得名。这也说明,张家界景观在明永乐年间,即被杨家将的后人发现并作为定居地。

根据武陵源三大景区之一的索溪峪自然保护区著名景点百仗峡现存摩崖石刻推断,明代嘉靖年间,分守上荆南兼九永兵备右参政胡桂芳巡查百仗峡后,留下诗句:"峡高百丈洞云深,要识桃源此处寻。戎旅徐行风雪紧,谁将兴尽娄山阴。"现存石刻为明万历二十七年,永定指挥史张国将组织施工,把上述诗句镌刻在百仗峡的石壁上(郑立,1999)。

明嘉靖《澧州志·地理》记载:"百仗峡,县(慈利)西一百八十里,

---

[1] 民国十七年(公元1928年)编修的《向氏族谱》记载:向大坤公兄弟,始困于明玉珍,继迫于明将傅友德,而廷芳、景仁、大亨先后战败殉难,报国复仇难言,惟有解卸兵权,高蹈远引耳,父子湖南辰常,吹角齐军,建邦立帝,僭称王号曰向王大子。

流泉迅急，古木槎牙，峡畔有径通永定，最险。"

明崇祯四年(1631年)，原永定卫大庸所指挥使张万聪第六代孙张再昌撰写的《张氏族谱序》记载："大明弘治间，见我祖聪公镇守多载，忠胆报国，将卫城西关外鹞鹰坡直至龙凤庵一带山林之地恩赐我祖聪公……大明崇祯三年，兄再弘蒙恩赐团官，故索溪界即张家界是也。"这说明：①明弘治年间，鹞鹰坡至龙凤庵一带林地，被赐给永定卫大庸所指挥使张万聪；②明崇祯三年，张再弘得赐团官，将所得封地索溪界更名为张家界。

清康熙《慈利县志》记载："百仗崖山，自永定城北青龙山五十里，石崖对峙，中通一峡，长三十里，源泉峻急，古木槎牙，鱼鸟浮波，猿猱挂壁，视天光如一线，石高千仞，所镌'百仗峡'三字，非飞挽不能视，真天下奇观也。"这些说明，在清康熙年间，张家界的景观就被官方文献认为是奇特的风景。

清乾隆五十九年(公元1794年)，甄学贤所撰《甄氏族谱》序言，对山羊隘(含索溪、青岩山一带)自然面貌和风土民情作了较为详尽的记述："是时人烟稀散，上下一带居民不过一二十户，草木畅盛，道路俱系羊肠小径，崎岖多险，兽蹄鸟迹，交错于道。山则有熊、豕、鹿、麂、豺、狼、虎、豹诸兽成群作队，或若其性；水则有双鳞石鲫，重唇诸色之鱼，举网即得，其味脆美。时而持枪入山，则兽物在所必获；时而持钓入河，则水族终致盈笱……风气淳朴，道不拾遗，不事奢华，俭约是尚……老者冠以青帕，少者毡帽而已……茅花界外不知甲子，砍畬挖地不分界址。至无刁民，无健讼，无鼠雀之争，无乡约之设、保甲之联，整年无一吏卒扣门。春来采茶，夏则砍畬，秋时取岩峰、黄蜡，冬则入山寻黄连、剥棕，常时一采蕨葛为食，饲蜂为业……生其时，居其地者，迥然别有天地，仿佛羲皇时景象……"

清同治七年《续修永定县志·山川》记载:"朝天观山,高与天门并,明初建庙,每大旱,迎所供铜真武,祈雨辄验。""竭功山,旧名腰子寨,与朝天观相对,昔人曾避兵于上。""金鞭岩,在锣鼓塔,离城六十里。""层岩塔影:县西七十里青岩山,其前五山并峙如浮图形,中一峰更峻拔,上插霄汉。""三姊妹山①,离城七十里,三峰鼎峙,秀出云端,遥望如婵娟状。"

清同治《续修慈利县志·山川》记载:"索溪为九溪之最,其源不可究也。按:永定大山名青岩山,山下有洞名王爷洞,实为索水发源处。由矿洞峪经干溪南入者为老木湾、张家界、唐家山、插旗峪等水,北入者为蔡家峪、火烧岩等水,众流交会,始名索溪。"

清同治十三年《直隶澧州志》中写道:"永定峰之聚,涧之源,高人之所栖真,杰士之所宣力,灵踪胜概,弥以缒幽出险得之。其纪于前卫志者,有内八景,外八景,未免标识失伦。若黄丝寨内之平衍,只通一径;驻马溪间之峻峭,不啻九曲,虽蜀都天险,武夷入胜,未夸独绝。""黄丝寨在城北八十里,近源头,四围绝壁,一径可登,其上宽平,树木水泉甚多,地可耕种。相传昔人避兵于此,被寇围,守经年不能下。""层岩涌塔:县西七十里青岩山②,其前五山并立,层峙如浮图,中一峰更峻拔,上插霄汉,晴辉积雪,最擅奇观。"

清光绪三十二年《永定县乡土志》记载:"青岩山等地,向俱产铁,远处客商,出资收采,甚得利益。"在清雍正、乾隆年间,青岩山一带铁矿开采盛行。雍正十三年(公元 1735 年),皇上降旨:"题准人民自行开采"。乾隆八年(公元 1743 年),皇上进一步降旨:"题准附近居民,

---

① 三姊妹山位于张家界森林公园琵琶溪景区。
② 在当地,一般认为百仗峡至黄石寨一带,称青岩山;黄石寨至朝天关一带称马鬃岭(也叫朝天山或朝天观山);沙堤乡板坪、朝阳上至锣鼓塔一带称张家界。

农隙刨挖,以供农器之用,如有余铁,准在邻境售卖,免其科税。"于是张家界附近居民竞相采炼。在炉场塌一带,办起了40多家炼铁厂,自观音洞、矿洞峪至十八盘,绵延十余里,采运矿石者不绝于道。至今炉场塌还残留着炼铁炉基座,炉前杂草中,有成堆矿渣痕迹。"三姊妹山,在朝天观后,乱石插天,山峰特立,远望之如人旅行,俗因呼三姊妹。""朝天观,在徐家谷,地位极高,为县北万山之神,与天门山对峙。其前山有香炉寺,据马腹谷山顶。""北七十里,曰朝天之山,是山有支陇十八,一名十八之山,兄事天门,弟畜宝峰,北山之雄镇也。其阴为琵琶之界,有三姊妹之山,右抱琵琶,左抱香炉,卓立云表,远望欲仙。有水焉,源出土地之垭,东折绕黄丝寨麓,注慈利之九溪,同入于茹澧。又北五十里曰秦王之峰,其南为磨刀之岭,顺旗之峰,老木峪水出焉,南流过后社之溪入汩洞。""十八山,即朝天山诸峰,约计十八,曰青岩、曰结功、曰三姊妹、曰龙尾、曰秦王、曰黄石、曰白云、曰香炉、曰青峰、曰金凤、曰凤旗、曰顺旗、曰云潮、曰丫角、曰双峰、曰花枝、曰宝峰、曰三仙。"

明代的夏子云,清代的陆文起、吴肇端、郭六宰、王儒庭、金德荣、熊国夏、曾传构、褚延泰等人,均留下了题写张家界风光的诗句。[①]可见,张家界风光已引起文人关注。

民国十二年吴恭亨撰写的《慈利县志》记载:"分守上荆南兼九永兵备右参政胡桂芳,明嘉靖中题诗,亦若伟岸。两岸合岈,县界中分,其外侧万石笋立,高秀入天,石并赭赤,连峰高卑,弥漫皆遍,闯眼突兀,奇甲天下。"这说明民国时期,张家界风景意义,已被官方文献

---

① 陈自立:"张家界森林公园100问"(内部资料),武陵大学印刷厂印刷,2000年,第34~39页。

记载。

1933年秋,张斗元等十多个土匪持枪进入腰子寨盘踞。1934年张斗元被打死。1935年底,覃吉安率30多人,与张斗元之妻带领的匪徒汇合。此时的张家界成了土匪盘踞之地。

1957年底,为响应"绿化祖国"的号召,大庸县第四区区长罗士举责成沙堤乡考察张家界,拟在此建林场。《大庸县沙堤乡张家界拟建林场报告书》中写道:"沙堤、中湖、协和等三乡接壤处之张家界、袁家界、麻田垭等地方,为一大片延绵不断的荒山及部分森林地,因地区广大,人户稀少,实际为一无人管理的荒山","农业社的干、群均同意自愿地将地权赠送给国家,在该处建立林场。"1958年4月15日,张家界林场正式开工投产。林场工作人员由22名职工,10名下放干部,11名"右派分子"构成。一座土匪住过的无顶碉堡,盖上茅草,就是厨房。有文献记载当时的张家界,时有老虎出没,说明生态环境比较原始。下放干部和"右派分子"大多是文化人,当时是否有人记载过这里的风景,现已无籍可查。1957年沙堤乡对张家界的考察,也是一种对人烟稀少的张家界进行的一次探索、研究过程,即发现过程。

到了1958年,"大跃进"冒进行为也蔓延到张家界。大庸县大炼钢铁的大本营就设在水绕四门(当时称止马塌)。9月初,一万多人的炼铁队伍开进工地。人们利用景区内丰富的木材资源,以木炭为燃料,建起了四十多座土炉子,大炼钢铁。止马塌及金鞭溪、矿洞溪两岸山林,凡刀斧能及之处,砍伐殆尽。1959年春耕开始,炼铁人员分三批撤回,4月全部撤完。期间炼出毛铁数万斤。"文革"期间,索溪峪、天子山和张家界(指张家界村),作为慈利县、桑植县和大庸县最边远的地区,分别建成本县的"五七干校"。来此处劳动锻炼的干部络绎不绝。曾有人写过这样的对联:"请罪、批判、搜尽枯肠写检查;砍柴、种地、心旷神怡观奇峰",横批:"其乐无穷",说明20世纪50年代末,张家界风景已被下放"五七干校"劳动锻炼的干部知晓。

2. 张家界的推介

1974年7月,由于张家界国营林场育林成绩突出,建场近20年来没有发生过森林火灾,湖南省林业局办公室主任会议在张家界林场召开。比林场成绩更为重要的张家界"绝世景观"被当代人意外发现。70多名与会代表,对张家界的奇特风光惊愕不已,会后奔走相告,极力推介。这颗"失落在深山的明珠"引起轰动。同年9月,湖南省林业局长会议接踵而来,局长们对张家界风光赞不绝口。1975年,湘西自治州州委书记宁生,带领40多位县委书记、县长来到张家界,对这里的造林成就和自然风光颇感自豪。州委责成大庸县委,总结张家界材料,上报省委,并在全州宣传推广。1978年春,湖南省委书记毛致用对新任林业厅厅长霍启明说:"听说那里(张家界)不错,你一定要去看一看,好好总结一下。"《湖南林业》杂志社的记者陈平随霍厅长考察,所写《张家界游记》在1978年底的《中国林业》杂志上发表。霍厅长听取了张家界林场场长刘开林汇报后,表态拨款20万元,责成林场一年后建成公路,并同意给林场配一台发电机,安装电灯。1979年5月,大庸县革命委员会向湘西自治州革命委员会呈报了《关于张家界林场划为保护区的请示报告》,报告称"该场自然条件好,风景优美,交通方便,游览的人越来越多,可以划为保护区。"由此可见,当时旅游意识和保护意识已很明显。1979年7月,湖南省林业厅组织35名专家考察张家界,考察报告明确提出了"兴办旅游区"。1979年8月,湖南省委第一副书记万达参加的全省各专区和重点县党委书记会议在张家界召开,会议提出发展森林旅游业,向全国开放。1979年11月,省委书记毛致用带领省计委、财政厅、交通厅、商业厅等部门负责人游览了张家界金鞭溪,认为这里可以和桂林、黄山媲美。毛致用指出,一要扩建公路,由交通厅长马凯负责经费;二要路边栽树,以引人入胜,并主张栽刺槐,成长快,而且芳香四溢。

1979年底,为了给人民大会堂湖南厅制作巨幅湘绣《韶山》,湖南省委邀请著名画家吴冠中到长沙,为绘制巨幅油画绣稿。作完巨幅油画《韶山》,湖南省委征求其对报酬的意见,吴提出唯一的愿望:派专车湘西写生。人们给他介绍张家界林场,他先是姑妄听之,后来不少当地人再三推荐,他才决定去张家界看看。出了大庸县城,驱车近20公里,吴冠中看到公路两边风景很是一般,觉得当地人言过其实,以为又像以往一样,"别人介绍风景如何好,到头来大失所望"。汽车过了土地垭,随林场公路一个大拐弯,"地貌突然大变,峰峦陡起,绿树叠翠,这里是湖南真正的桃花源了,立即引人进入了奇异幽深的世界"(吴冠中,1980)。吴冠中先生惊喜之余,写下一篇促成张家界名扬天下的文章"养在深闺人未识",发表在《湖南日报》上。此次,"张家界"便迅速流传开来。1981年4月18日~23日,香港摄影家陈复礼一行来张家界进行风光摄影。他对开发张家界遇到挫折的大庸县委副书记、旅游事业领导小组组长胡太灼说:"张家界的自然风景确实雄奇幽野,有它的独到之处。你大胆地干,我保证你成功。""决定性的因素是这里旅游资源本身的价值,交通和设施是次要的。"随后陈复礼将其拍摄的14幅照片发表在1981年12月出版的《中国旅游》画报"旅游新点专栏",同时配上数千字的文章——"青岩山风光宜画"、"湘西游踪"、"岩峰奇景人未识"。《中国旅游》画报在香港出版,在世界各地发行,张家界很快在港澳引起轰动,香港游客蜂拥而至。

由于名人的推介、媒体的宣传介绍和领导的频频视察,张家界旅游迅速发展,引起国家计委的重视。1981年3月,国家计委农林计划局局长刘中一带着办公室主任朱好生和林业部的两名工程师,在湖南省林业厅有关人员陪同下,专程到张家界考察。刘中一兴致勃勃地指着青翠的峰林说:"我去过云南石林,到过黄山、桂林,从未见石头上长这么茂密的树。""什么三山五岳,在自然景观都不及张家界!""你们一定要保护好,防止搞建设受到破坏;要找专家,做好规划,逐步建设。"朱好生在当晚林场办公室召开的会议上说:"要发展森林旅游,对外开放,叫林场不好,改称森林公园,叫湖南大庸张家界森林公园。"刘中一补充说:"在森林公园前面要加上'国家'二字。一来,这里的风景具有国家水平;二来,要办出国家水平。"1981年5月,由林业部国营林场局局长周戈千主持的全国国营林场管理座谈会在南岳召开。湖南省林业厅电话通知湘西自治州李礼局长,要他马上派人去南岳,接周局长上张家界,说只要周局长来张家界,以后许多问题就更好解决了。周戈千原是副总理邓子恢的秘书,乐于山水,酷爱森林。他被说服去一趟张家界,并计划速去速回。但是,他到了张家界后,绝妙的风光,使他一连考察了四天。在紫草潭,周戈千晃着手中的石头说:"这东西就有科研价值,别的地方是厚的,圆的,这里是扁的,方的。"

张家界风光引起人们关注后不久,邻近的慈利县、桑植县也开始重视与张家界地域相连、地貌类似的索溪峪和天子山。

1981年3月18日,慈利县开始组织力量考察与张家界毗连的索溪峪"五七"林场。1981年5月,为了给考察者提供必要的食宿条件,慈利县责成县水电局出资1万元,购置32套床及床上用品,利用已经停工的索溪峪水库工地上的工棚,建成索溪峪第一家招待所——索溪峪水库招待所。

1982年3月,桑植县决定抽调六名同志组成天子山开发调查组。

1983年2月15日,当时的中共中央总书记胡耀邦来到张家界,3月12日,时任国务院总理的赵紫阳视察张家界。1984年,著名画家黄永玉根据张家界森林公园、索溪峪自然保护区和天子山自然风景区毗连,并同属武陵山脉,取"源"的引申意义"开始、起源",将三大景区合称为"武陵源"。1985年,当时的中共中央总书记胡耀邦题写"武陵源"三字,派专人送至长沙。从此这片石英砂岩景观,又以统一的名字"武陵源"流传开来。

1992年5月27～29日,国际自然与自然资源保护联盟(ZUON)世界遗产高级顾问卢卡思博士和桑塞尔博士,受联合国教科文组织世界遗产委员会委托,实地考察武陵源。走完5 540米的金鞭溪时,卢卡思博士不禁赞叹:"清澈的溪水,完好的植被,这么长的地段不见人烟,这在亚洲是十分少见的。"在遗产验收的评估报告上,两位专家给了武陵源风景区这样的评价:武陵源在风景上可以和美国西部的几个国家公园相比,如布依斯峡谷、科罗拉多大峡谷,但是武陵源的海拔较低,具有完整的生态系统、珍奇的地质遗迹景观和多姿多彩的气候景观,具有独特的审美情趣。同年12月,武陵源被联合国教科文组织遗产委员会列入世界自然遗产名录。在遗产证书上写着这样一句话:列入此名录说明此文化自然景区具有特别的和世界性的价值,因而为了全人类的利益应对其加以保护。

《保护世界文化与自然遗产公约》这样定义:世界自然遗产是指符合下列规定之一者:①从美学或科学角度看,具有突出、普遍价值的由地质和生物结构或这类结构群组成的自然面貌;②从科学或保护角度看,具有突出,普遍价值的地质和自然地理结构以及明确划定的濒危动植物物种生态区;③从科学、保护或自然美角度看,具有突出、普遍价值的天然名胜或明确划定的自然地带。

列入《世界遗产名录》的自然遗产项目必须符合下列一项或几项标准并获得批准:①构成代表地球演化史中重要阶段的突出例证;②构成代表进行中的重要地质过程、生物演化过程以及人类与自然环境相互关系的突出例证;③独特、稀有或绝妙的自然现象、地貌或具有罕见自然美的地带;④尚存的珍稀或濒危动植物种的栖息地。

考察完武陵源后,桑塞尔博士说,武陵源完全符合第三条标准。联合国教科文组织和世界自然保护联合会还认为,张家界罕见的生物多样性与生物栖息地,存活有世界价值的受到威胁的物种,也符合世界自然遗产提名标准的第四项。

1992年12月,包括中国武陵源、黄果树、路南石林、九寨沟和黄龙在内,连同美国、澳大利亚、俄罗斯、印度、捷克、斯洛伐克等国共15个申报单位,在美国旧金山接受联合国世界遗产委员会124个成员国的评审。1992年12月14日,武陵源、九寨沟和黄龙通过了最后评审,列入世界自然遗产名录,填补了中国自然遗产的空白。

2001年,张家界被列入中国首批国家地质公园,2004年2月13日,联合国教科文组织世界地质公园专家评审会宣布,中国张家界等8处地质公园首批入选世界地质公园名单。至此,可以说,张家界的宣传推介非常成功,几乎将中国景区最高的荣誉都揽入囊中。"世界遗产"、"世界地质公园"、"国家重点风景名胜区"、"国家AAAA景区"和"中国第一个国家森林公园"是张家界的"五块金字招牌"。

2001年底韩国观光公社社长来张家界考察,社长对张家界绝美的自然风光和神奇的民俗风情赞不绝口,并在回国后作了积极主动的宣传。当地政府积极抓住这一机会,组团到韩国进行宣传,同时积极引进具备韩国市场开拓能力的旅行社从业人员,开拓韩国市场。游览张家界韩国游客迅速增长,2002年接待韩国游客5万人,2003年增加到10万人,2004年达到29万人,2005年猛增到43万人。与此同时,当地旅游管理部门积极配合完善软硬件设施,实现景区标语韩语化、服务人员双语化、服务特色韩国化,并不断加强与韩国旅游企业的沟通与交流,征求顾客反馈意见,持续营销,使韩国市场得到不断巩固与发展。张家界成为韩国游客在中国的第四大旅游目的地,这是入境旅游市场促销中,依靠单一境外市场,实现入境旅游规模突破的特例,这种经验模式在全国都具有典型意义。

张家界的事件营销也做得很到位。自1992年首届中国湖南张家界国际森林保护节成功举办以来,张家界策划了一系列在国内有着深远影响的大型活动,如1998年4月17日,黄龙洞标志性景点"定海神针"投保1亿元,创下世界为资源性遗产买保险之先河。张家界黄龙洞,更加声名远播。1999年12月8日至11日,以"穿越天门,飞向二十一世纪"为主题的'99张家界世界特技飞行大奖赛,成为中国旅游界举办大型事件营销的成功典范。2006年3月举行的俄罗斯战斗机"飞跃天门",创下了18 000张相关网页数量的宣传效果。

二、开发与建设

旅游区,特别是生态旅游区被发现以后,究竟应该怎样开发,如何建设,按照什么顺序进行建设,什么样的建设规模比较合适,这是困扰许多景区的问题。张家界的开发建设可以说是从零起步的,开发过程历史比较短,而其旅游发展却非常迅速。对于其他景区,尤其是生态旅游区建设,具有重要的借鉴意义。

1. 建立森林公园

改革开放初期,风景优美的张家界,能否建立旅游机构,进行旅游区的开发建设,可谓一波三折。

20世纪70年代末,全世界已有100多个国家建立了1 000多个国家森林公园,而人口众多,幅员辽阔,植物资源丰富的中国,还没有国家森林公园。当时的国务院总理首先提出创办国家森林公园。在一次外事活动中,外宾问:中国有没有森林公园?赵紫阳回答:有,正在建设,过几年请你们来看。此后,赵紫阳请当时的国家计委主任宋平与林业部联系,物色创建国家森林公园的对象。

1979年5月10日,大庸县革命委员会向湘西自治州革命委员会提出《关于张家界林场划为保护区的请示报告》拉开了张家界旅游开发的序幕。

国家计委农林计划局刘中一、办公室主任朱好生等人,考察张家界后,就提出在此创建国家森林公园。刘中一说:"外国有森林公园,我们还没有,我们国家第一个森林公园就建在张家界!"从此,建设中国第一个国家森林公园的活动便大张旗鼓地展开了。

然而,当时国内大环境是"抓纲治国","无农不稳,无工不富",认为游山玩水是资产阶级情调,发展旅游业与政策相悖。大庸县的干部群众对旅游业十分陌生,对香港游客远道而来,掏钱爬坡上张家界看山、看树、看石头,不可思议。甚至有的干部听说要发展旅游业,非常惊讶,他们认为历朝历代,都是以农业为基础,工业为向导。当时提倡的"四个现代化"也是工业现代化,农业现代化,国防现代化和科学技术现代化,没听说过"旅游现代化"。大庸县委召开发展旅游动员大会时，台下不时发出冷笑声。当时的大庸县县委书记黄有为等领导态度坚决，旗帜鲜明，力排众议，于1980年9月19日，以庸发干(1980)308号文件，发布了《关于成立旅游事业领导小组的通知》，旅游事业领导小组由18人组成，以县委副书记胡太灼任组长。

1981年冬，受国务院委托，国家计委、林业部会同湖南省林业厅，组成联合调查组，专程到张家界研究制定国家森林公园建设方案，并责成湖南省林业厅写出森林旅游设计任务书。湖南省政府向国务院提出建立国家森林公园的请示报告。林业部发布《森林旅游试点工作座谈纪要》(81国林字第9号文件)，将张家界列入全国七个旅游试点单位之一。

但是，就在张家界国家森林公园即将建设之际，中国人民解放军总参谋部发出[81]参作字615号公函，称张家界附近有军事设施，不同意开放。1982年1月14日湖南省林业厅以[82]湘林场字第13号文件上报林业部，《关于报请批准湖南省张家界林场开展森林旅游建设任务书的报告》，请求与中国人民解放军总参谋部协调，开发张家界。报告特别请示林业部向解放军总参谋部作如下说明："原湖南省建委规划小组划定的张家界风景游览区为20万亩，包括慈利县的索溪峪，确实涉及到附近的军事单位。后来我们与省计委上报的计划任务书只限于大庸国营张家界林场，该场面积只有37 000亩，其中游览区不到一万亩。""我们认为，在张家界林场范围内开展森林旅游不会影响国防建设。"报告同时申述道："张家界林场经林业部、国家计委有关领导实地踏看，定为森林旅游试点场。""已经开始了部分建设"，"已投资一百五十多万元，如果不同意张家界林场发展旅游事业，已完成的工程项目将全部作废，林场由此产生的经济困难将无法克服。""由于国内外进行了大量的宣传报道，张家界已为旅游者所熟悉"，来张家界旅游者"1979年达1万多人，1980年3~4万人，1981年8万多人次。目前张家界林场，实际上已成为不开放的开放旅游区。"接到湖南省林业厅报告后，林业部和国家计委共同与解放军总参谋部交涉，尽管报告言辞恳切，仍然未获批准。

1982年4月4日，中共中央纪律检查委员会副书记袁任远来到张家界。当他得知解放军总参谋部不同意开放林场发展旅游业后，他说："我是慈利县江垭人，军事设施离张家界这么远，有什么问题？我回去后找总参，必要时找耀邦同志，给他们说说。"之后不久，解放军总参谋部就解除了禁令，同意在张家界进行旅游开发。

1982年6月20日，湖南省以省政府名义向国务院写出《关于请求批准国营大庸张家界林场建成国家森林公园的报告》，并请拨付建设资金。1982年7月6日，湘西自治州以州政发[1982]47号文件的形式，将张家界开发工作纳入州政府直接领导。1982年9月25日，国家计委根据国务院意见，从促进生态平衡，创建国家森林公园的现实需要出发，作出《关于同意建设大庸张家界国家森林公园的复函》（计农[1982]813号文件），决定公园由林业部和湖南省政府联合投资兴建。从此，中国结束了没有国家森林公园的历史，张家界旅游开发步入正规、高速发展的轨道。

批准建立的张家界国家森林公园，位于张家界市武陵源区境内，地处110°24′E~110°28′E，29°17′N~29°21′N。公园南北长13.1公里，东西宽6.2公里，总面积48.1平方公里，其中风景区总面积1 765公顷。1982年经国务院批准改林场为国家森林公园。境内有金鞭溪、黄狮寨、琵琶溪、腰子寨、砂刀沟、袁家界6个景区，著名景点有90多个。

1983年5月9日，湖南省委办公厅发[1983]31号函，同意设立张家界森林公园管理处(以下简称公园管理处)为县团级单位,党务、政务和干部管理委托大庸县领导,业务归口湖南省林业厅。公园为事业单位,实行企业管理。湖南省林业厅负责公园的建设规划及规模、经营管理方针和建设期间国家投资项目的审批。张家界国家森林公园管理处驻锣鼓塔。公园管理处下设生产科、基建科、旅游接待科、计财科、办公室等二级机构。

2. 竞相开发

张家界国际森林公园建成以后,旅游开发带来的经济效益迅速增长。具有类似资源,地域相连的慈利县和桑植县再也按捺不住开发的热情。由于同一片旅游资源分属湘西自治州大庸县(今永定区)、桑植县和常德地区的慈利县管辖,出现了三县竞相开发的局面。下面以张家界森林公园的开发建设为重点,简述其与索溪峪、天子山景区的开发历程。

(1) 张家界森林公园的开发建设

1983年9月7日,林业部下达《关于湖南大庸张家界森林公园建设计划任务书的批复》,批准拨给建设资金996万元,其中湖南省拨596万,林业部拨400万。

张家界森林公园机构建立、人员到位、资金落实以后,旅游建设便全面展开。

首先,是进行旅游规划。湖南省建筑研究设计院应邀派出一批工程设计人员,于1984年初,深入张家界进行两个多月的考察、研究和设计,编制出《张家界国家森林公园总体规划》,4月4日湖南省林业厅将规划上报林业部并得到批复。

其次,是建设一批基础设施。张家界生态旅游区建设始于1979年夏,建设沙堤公社板坪至张家界林场场部简易公路。受湖南省委书记毛致用的指派,湖南省林业厅厅长霍启明,于1978年5月8日,考察张家界。当时张家界无公路、无电灯、无旅馆。霍厅长一行自中湖乡步行上龙凤庵,沿琵琶溪至老磨湾。当晚,霍厅长表示,林业厅拨款20万元,建设进山公路,并配给一台发电机,安装电灯。张家界旅游区建设,从此起步。霍厅长要求建设的这条简易公路,从沙堤公社板坪至张家界林场场部全长10.5公里,如图7—3所示。1978年

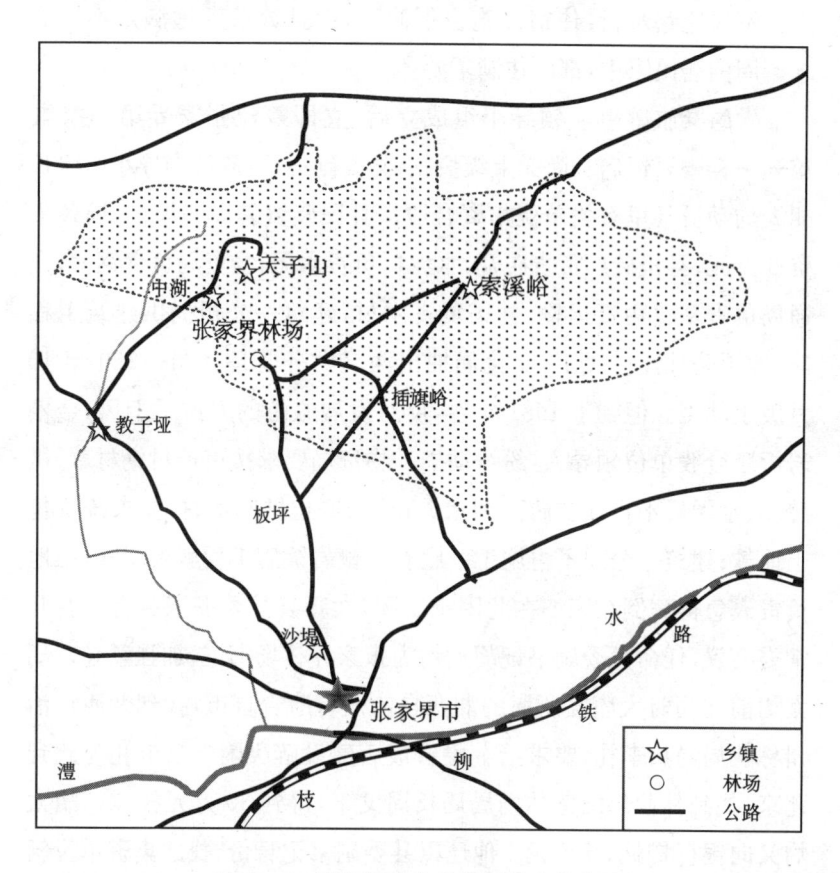

图7—3 张家界生态旅游区公路分布图

以前,景区附近仅中湖至教子垭、大庸县城有公路连接。由张家界林场刘开林任指挥长,大庸县新桥区组织施工,苦干 35 天勉强通车。由于资金不够,湖南省林业厅又增拨 14 万元,对公路进行修补,至 1980 年夏,简易公路基本建成。但由于这条路路窄、弯急、坡度大,路基不牢固,只能承受吉普车通行,而且晴天通行,雨天受阻,难以满足迅速发展的旅游需要。1980 年的 10 月 1 日,当天游客达 1100 多人。不仅道路难行,住宿设施也很简陋,而且数量远远满足不了要求。周围居民家中,都已住满了游客。

　　大庸县旅游事业领导小组成立后,立即筹建张家界第一家旅馆——金鞭岩饭店。尚无上级拨款,县委副书记、旅游领导小组组长胡太灼动员县里有关单位集资合股。县民族贸易局一局、二局各集资 5 万元,县机砖厂负责砖瓦,水泥厂负责水泥,物资局负责钢材,交通局负责基建物资运输,林场负责木材,建筑一公司提供建筑工程队,沙堤公社提供民工,文化局抽出两名财务管理人员,1980 年 10 月破土动工。但到了 1981 年春,反对发展旅游的人占了上风,金鞭岩饭店合股单位领导人,纷纷动摇。物资局要求按市价付钢材款;机砖厂、水泥厂不再提供砖瓦和水泥;林场停止供应木材,要求按价付土地款;建筑一公司不再施工。眼看金鞭岩饭店工程就要搁浅,工地负责人急得病倒在床。在此困难之际,大庸县县委书记黄有为召开常委会议,任命县委副书记胡太灼为张家界林场书记,加强领导。胡太灼前往当时大庸县所属的湘西自治州首府吉首市,找到湘西自治州林业局局长李礼,要求给金鞭岩饭店建设解决困难。李礼为此到北京,找到林业部国营林场局局长周戈千,得到 30 万元拨款。胡太灼又向银行贷款 30 万元。他还以县委副书记身份,找原集资单位领导,晓之以理,动之以情,振之以威。1981 年秋,一部分单位又恢复了人力、物力和财力的供应,工地恢复施工。1982年4月4日,金鞭岩饭店落成开业。张家界从此有了专门接待旅游者的饭店。但是,现在看来,该饭店布局在金鞭溪上游的锣鼓塔,是张家界景区水质污染的最早来源,对后续建设的宾馆设施错误地聚集锣鼓塔起到引领作用,成为后来申报世界遗产拆迁的对象。

1983年春,湖南省政府决定从总投资中拿出300万元,改扩建大庸县城至张家界林场的简易公路。从林业部下拨的总投资中,拨出专款150万元,建设一座35kv变电站,架设高压输电线路22公里,与中南供电局并网。1984年3月大庸县城至张家界林场场部,全线扩建成4级公路。1984年6月,完成输电线路建设,解决了公园用电问题。接着,从林业部总投资中划拨109万元,建设石板游道、景点指示牌、栈道、小桥、茶室、餐饮点。建设临时旅馆5栋,共200多个床位。1984年6月,湖南省林业厅开发公司与张家界森林公园合资,兴建张家界宾馆,1986年5月竣工,总床位300张。

张家界从林场改制而成"森林公园",进而成为生态旅游区的历程,在中国生态旅游发展中,具有一定的代表性。为了突出重点,简洁明了地说明问题,从张家界大量的数据资料中,选取最为典型的张家界国家森林公园为研究样本,用以说明生态旅游区建设过程。表7—1所列出的为张家界国家森林公园辖区内的较大建设项目。

第三,旅游培训。张家界景区在基础设施建设的同时,游客迅速增加。旅游接待工作在张家界林场日常工作中,显得愈来愈重要。1981年3月,林场成立旅游接待组。当时,旅游业务知识匮乏,管理方法原始。林场工人拿着砍柴刀,系着围裙,充当向导;当地共产党员举着党费证,带领旅游团队爬山涉水。游客吃饭与工人同食堂,夜

表 7—1　张家界国家森林公园主要建设项目

类别	项目名称	地址	等级	规模	建设时间	投资者或管理部门	投资额（万元）
复合生态系统	文化艺术广场	老磨湾	草坪，碑台	22 500m²	1999	林业厅管理处	100～200
	张家界学校	锣鼓塔	9年制学校	3 629m²	1986	管理处张家界村	不详
旅游交通	张索公路	张家界—索溪峪	水泥路面	36km	1995	香港振升公司	2 580
	张清公路	市区—清水洞	二级	53km	1997	交通部、省、市	23 000
	进山公路	板坪—琵琶溪宾馆	简易	23.7km	1979.10	交通厅	34
	公路扩建	板坪—琵琶溪宾馆	四级	23.7km	1983	交通厅	310
	公路黑化	板坪—琵琶溪宾馆	三级	23.7km	1987	交通厅	
	峪园公路	磨子峪—琵琶溪			2001	交通厅	14 800
	入园公路	琵琶溪宾馆—老磨湾	水泥	2 060m	1997～1999		814
	双园公路	后花园—贺龙公园	柏油路	18.7km	1997	武陵源区	400
	砂刀沟公路	林管站—袁家界山庄	砂石路	宽4～5m，长5.8km	1987.3～8		22
	后山公路	黄石寨	砂石路	宽6～8m，长5.8km	1988	管理处	
	游道设施①	森林公园	土石路		1984.5	省政府	109

①　游道设施包括：修建土石游览道路，观景台周围设置防护栏，建设少量亭台廊阁，小桥、栈道、茶室、餐点。

续表

类别	项目名称	地址	等级	规模	建设时间	投资者或管理部门	投资额（万元）
旅游交通	简易游道	腰子寨	石块	6 910m	1982		
	石板游道	黄石寨环线	规则石板	2m×2 564m 1.6×4 155m	1991.2～1999.9	林业部	30 200
	石板游道	后门湾	规则石板	1.5m×2 800m	1992	财政部	20
	石板游道	金鞭溪	规则石板	1.5m×5 540m	1991	财政厅省旅游局	40 20
	石板游道	乱窜坡	规则石板	1.5m×3 200m	1993.6	管理处	20
	石板游道	砂刀沟	规则石板	1.5m×7 740m	1995	港资	95
	石板游道	袁家界	规则石板	1.5m×1 400m	2001		100
	黄石寨索道	鸳鸯泉	法国吊箱式	水平距1 050m,高差431m	1994	台资	3 000
	其中引路	凝碧桥—鸳鸯泉	水泥路	7.8m×12 000m	1994.9		46
	停车场	金鞭岩饭店前	水泥	约100辆车位	1982,1991	集资	
	停车场	管理处	水泥	约20辆车位			
能源	配电房	锣鼓塔		电缆10km	1994	管理处	100
	变电站	锣鼓塔	35kV	输电线路22km	1983	国家	150

续表

类别	项目名称	地址	等级	规模	建设时间	投资者或管理部门	投资额（万元）
餐饮住宿设施	紫草潭山庄	紫草潭	普通	758m²	1989	管理处	28
	锣鼓塔山庄	锣鼓塔	普通	450m²	1993	管理处	6.14
	骆驼峰招待所	骆驼峰	普通	200m²	1986	管理处	6
	毛家酒店	锣鼓塔	普通	2 000m²	2001		
	安全宾馆（暂名）	锣鼓塔	普通	5 000m²	2001	省安全厅	
	张家界宾馆	锣鼓塔	一星级	480床位，5 144m²	1984～1986	林业厅林业部	100　1 300
	金鞭岩饭店	锣鼓塔	普通	400床位，2 885m²	1980～1982	林业部贷款、集资	150
	青岩山宾馆	卸甲峪	普通	150床位，2 500m²	1986～1987	省政府机关事务局	
	张家界山庄	田家台	普通	200床位，1 287m²	1985～1986	管理处	700
	广播招待所	锣鼓塔	普通	110床位，1 200m²	1984～1985		
	栖凤山庄	锣鼓塔	普通	83床位，4 031m²	1985～1986	北京农工商公司	
	鸳鸯餐馆	鸳鸯泉	普通	234.48m²	1989	管理处	5
	黄石寨山庄	黄石寨顶	普通	60床位，2 000m²	1994～1995	管理处	
	袁家界山庄	刘家檐	普通	100床位，2 000m²	1993～1994		
	瀑布山庄	猴儿洞	普通	80床位，100m²	1992～1993		

续表

类别	项目名称	地址	等级	规模	建设时间	投资者或管理部门	投资额（万元）
餐饮住宿设施	港荣袁山庄	后花园	普通	70床位，2 000m²	1995	袁家界村	
	琵琶溪宾馆	刘家拐	二星	450床位，18 000m²	1986~1990	省旅游局	2 000
	怀铁宾馆	锣鼓塔	普通	124床位，1 061m²	1985~1986	怀化铁路局	
	翠楼宾馆	锣鼓塔	普通	68床位，1 812m²	1983~1984	管理处	
	邮电山庄	锣鼓塔	普通	80床位，3 000m²	1985~1986	湖南邮电旅游公司	70
	银泉宾馆	锣鼓塔	二星	130床位，4 100m²	1990~1993	水电厅	1 100
	银苑山庄	锣鼓塔	普通	50床位，200m²	1990~1991	张家界农行	
	湘电山庄	卸甲峪	普通	220床位，7 982m²	1984~1988	省电力公司	2 230
	有色山庄	卸甲峪	普通	168床位，2 200m²	1986~1988	中国有色冶金总公司	
	煤炭疗养院	卸甲峪	普通	260床位，1 000m²	1984~1987	煤炭部煤炭厅	140
	襄铁疗养院	卸甲峪	普通	85床位，1 365m²	1988~1990	襄樊铁路局	
	荆门炼油厂休养所	卸甲峪	普通	120床位，3 610m²	1990~1991	荆门石化总厂	1 400
	红十字会接待站	卸甲峪	普通	130床位，3 600m²	1987~1990	张家界市卫生局	
	武警招待所	卸甲峪	普通	48床位，544m²	1985~1986	省武警总队后勤部	

续表

类别	项目名称	地址	等级	规模	建设时间	投资者或管理部门	投资额（万元）
餐饮住宿设施	高检干训中心	卸甲峪	普通	1 200m²	1995	最高检察院	1 300
	法院招待所	卸甲峪	普通	26床位，670m²	1984~1985		
	奇峰山庄	锣鼓塔	普通	48床位，700m²	1983~1984		
	公安招待所	锣鼓塔	普通	55床位，500m²	1986~1987	武陵源区公安局	10
	金鞭溪山庄	刘家拐	普通	60床位，1 600m²	1989~1991		
	武汉山庄	刘家拐	普通	50床位，1 032m²	1986~1987		
	公路接待站	刘家拐	普通	50床位，1 682m²	1985~1988		
	税务招待所	刘家拐	普通	44床位，421m²	1987~1989	张家界市税务局	
	民政山庄	刘家峪口	普通	64床位，1 500m²	1992~1993	永定区民政局	
	土家山庄	龙凤庵	两栋木楼	40床位，500m²	1995	野鸡铺村	4
基础设施	邮电局	锣鼓塔	普通	1 000m²	1984	大庸邮电局	200
	光纤通讯	锣鼓塔		1 500门			
	卸甲峪水库	卸甲峪	小型	库容14.7万m³	1983	国家	142
	水库扩容	磨子峪	小型	库容87万m³	1993	水电厅	40
	自来水厂	磨子峪	小型	日产3 000吨	1994	张家界市	

续表

类别	项目名称	地址	等级	规模	建设时间	投资者或管理部门	投资额（万元）
基础设施	引水管网	锣鼓塔		埋设管道4 000m	1984	管理处	70
基础设施	影剧院	锣鼓塔	砖混	3 200m²	1993.7		700
基础设施	卫星电视接收站	黄石寨		120m²	1981,1995		
辅助设施	凝碧桥	老磨湾	钢混风雨桥	10m×25m,高20m	1983		
辅助设施	六奇阁	黄石寨顶	砖混四层	高50m,500m²	1990	林业厅	67
辅助设施	骆驼亭	骆驼峰	钢混	高10m,9m²	1994		10
辅助设施	夫妻亭	夫妻岩	钢混	高6m,36m²	1993		10
辅助设施	土家木楼	杉林幽径	木结构两层	高15m,80m²	1988	管理处	
辅助设施	松涛馆餐厅	黄石寨顶		80座,800m²	1990～1991	林业厅	
辅助设施	洗尘轩茶厅	黄石寨顶		100座,200m²	1990～1991	林业厅	
辅助设施	紫草潭茶馆	紫草潭			1986		
辅助设施	分水亭	老磨湾	钢混	高15m,宽9m	1992	台商	
辅助设施	金鞭亭	金鞭岩	钢混	高6m,占地6m²	1997		
辅助设施	挹秀亭	黄石寨顶	钢混	建筑面积5.9m²	1999		

续表

类别	项目名称	地址	等级	规模	建设时间	投资者或管理部门	投资额（万元）
辅助设施	滴翠亭	黄石寨顶	钢混	建筑面积 23.8m²	1999		
	土家吊边楼	寨湾垭口	木质	建筑面积 38m²	1988		
标识	景点命名	森林公园		136 处	1984.1		
	指示碑/牌	森林公园		300 多处	1985		
环保设施	污水厂	锣鼓塔			2001		2 470
	排污管	锣鼓塔		6 015m	1992		
	氧化塘	锣鼓塔		2m×3 300m			
	污水处理厂	锣鼓塔		19.87 万吨/年	1992		
购物设施	三角商业区	锣鼓塔	砖混二层		1984,1991	管理处	
	农贸市场	锣鼓塔	砖木	50 摊位 2 000 m²	1986,1991		
	门西商业亭	门票站西	竹质	30 多个			
	旅游品商店	老磨湾	砖混	10 多个	1992		
	购物长廊	金鞭溪入口	砖木	20 多个摊位	1992		

晚免费住林场职工宿舍。随着游客增多，这种简陋的接待逐渐不适应。为了规范旅游接待，增加业务知识，湖南省旅游局安排从北京旅游学院学习归来的省旅游局企财处长黎树祥，培训前来长沙请教的张家界林场旅游接待组长张远喜。经过 20 多天的学习，张远喜带着几个笔记本，几袋资料回到张家界，连续办了 23 期培训班，培训了

300多人。此后,成立了导游组,旅游车队,门票站。世代务农的张家界山民,脱下西兰卡普(土家族织锦),穿上西装当导游,甩开箩筐当调酒师,放下锄头开汽车。1982年初,张家界景区由无偿接待,转为有偿旅游服务,旅游门票定价0.1元人民币。有偿接待的第一批客人是大庸县新桥中学的师生,当200余名师生到来时,经过培训的第一批服务员佩彩带,穿礼服,站立上岗,毕恭毕敬,气氛热烈而隆重。这在当时的张家界显得很稀奇,引来众人围观。

1985年,旅游业的迅猛发展,促进了武陵大学在大庸县城(当今的张家界市区)的筹建,1986年,分来的第一批25名大学生,还未走上工作岗位,就被送到北京、上海、武汉、长沙、成都等地的名牌大学培训进修,围绕旅游发展的需要,进行多方面的学习。1988年,分来第一批研究生,充实教师队伍。1989年,由于"6.4"风波,大批名牌大学毕业生、研究生被分配到张家界。这些武陵大学教师,成了张家界旅游培训的主要力量。武陵大学旅游系(现为吉首大学旅游学院)、张家界旅游中等专业学校、张家界航空工业学校等,成为张家界旅游管理人才的摇篮。

第四,宣传促销。在宣传促销方面,张家界有一个历史性的缺陷,就是几乎没有历史文化名人的题词作句。山水诗人李白不知张家界为何物;足迹遍神州的徐霞客,也不知张家界在何方;遍访名胜的乾隆皇帝,也未给张家界留下一词半句。张家界人为了弥补此缺陷,找遍文献典籍,发现李白曾写下了"功成拂衣去,归入武陵源";王安石写过"归来向人说,疑是武陵源";王维也曾写过"居人共住武陵源,还从屋外起田园"的诗句。但关于"张家界"的古辞名句,却至今也未曾找到。

除了邀请上级领导和专家考察张家界以外,张家界在宣传促销方面,特别重视摄影师、画家、新闻工作者、文化名人的作用。在前述"发现与推介"中,已详细论述,这里不再重复。

张家界森林公园一边建设,一边规划,一边宣传,知名度迅速提高。旅游开发的经济效益初步显现。1979 年至 1981 年,三年共接待 8.8 万人,1983 年达到 4.45 万人,1984 年增加到 220 753 人次。旅游收入成倍增长,从 1983 年的 62.38 万元,增加到 1984 年的 181.97 万元。张家界国家森林公园历年接待旅游者人数增长情况如图 7—4 所示。图中,2003 年因"非典"的原因,与全国其他景区一样,张家界森林公园旅游人数增长曲线出现下滑情形。由于"非典"压抑了百姓出游的欲望,造成 2004 年旅游人次数出现较强的回升。2005 年,旅游人次数开始理性回归。

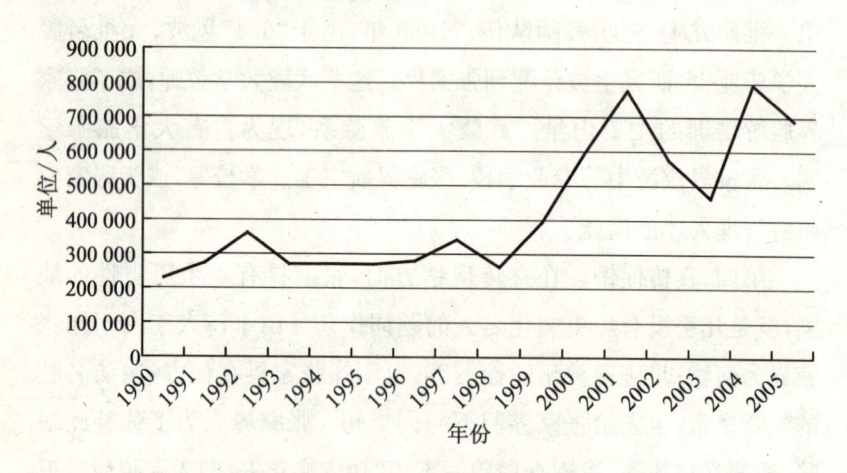

图 7—4 1990～2005 年张家界森林公园入园人数
(资料来源:张家界森林公园门票站)

(2) 索溪峪景区的开发建设

索溪峪现为张家界市武陵源区的一部分,原为慈利县西北部的边远乡村,西与张家界森林公园相接,西北与天子山风景区毗连。"索溪峪"一词为土家语,意为"雾大的山庄"。这里处于石英砂岩峰林地貌向石灰岩地貌过渡地带,地势较天子山和张家界森林公园平缓,石英砂岩地貌发育较为成熟。"十里画廊"、"南天门"、"百仗峡"、"黄龙洞"、"宝峰湖"等著名景点,就位于索溪峪景区。

虽然索溪峪与张家界森林公园山水相连,但历来分属不同的行政区划。明万历年间,这里属九溪卫(衙署建于慈利江垭镇的九溪村),而张家界森林公园属于永定卫管辖。但二者历史发展轨迹相似:九溪卫撤销后,这里兵匪横行。建国后"大跃进"时期,这里也曾毁林烧炭,大炼钢铁。"文化大革命"期间,慈利县的"五七"干校就建在这里,数以千计的干部,来此接受"劳动改造"。1973年"五七"干校改为中共慈利县委党校。党校迁往县城后,这里成为国营索溪峪"五七"林场。

考察宣传。20世纪80年代初期,受到张家界林场发展旅游业的影响,慈利县也开始利用索溪峪的自然山水风光,开发旅游业。1981年2月,中共湖南省委副书记王治国和常德地委书记刘佳时、慈利县委书记赵树立等到张家界参观学习后,认为索溪峪与张家界接壤,风景同样美丽,自治州开发张家界,我们常德也要开发索溪峪,要竞争。1981年3月7日至10日,赵树立带领慈利县水电局局长、畜牧水产局局长等考察了索溪峪。"十里画廊"就是这次考察时命名的(原名"干溪沟")。随后,组织写作、摄影等相关专业人员考察索溪峪,命名了一些景点。之后,《索溪峪风光》专集出版。《索溪》、《采药老人》、《宝峰湖》等纪游诗在《湘江文艺》上发表。

1983年3月26日,全国林业摄影座谈会在索溪峪召开,会后,有关索溪峪的介绍文章和风光照片,在全国多种报刊上大量涌现,大大提高了索溪峪的知名度。

1983年2月,索溪峪河口村民发现黄龙洞,使得原来不太赞同索溪峪开发的干部群众,改变了态度,坚定了索溪峪景区建设的信心。县委决定以黄龙洞开发为先导,带动整个索溪峪的开发建设。就像浙江桐庐县"瑶琳仙境"一个洞搞活全县旅游经济一样,索溪峪的一个洞(黄龙洞)带动了一大片。

由于慈利县有军事设施,索溪峪的开发比张家界森林公园更困难。军方未同意之前,开放工作受到抑制,各级政府和有关部门的支持也很有限。慈利县领导抓住慈利籍革命老前辈、中共中央纪律检查委员会副书记袁任远回老家三官寺的机会,请其协助做军方工作。袁任远要了一套索溪峪的资料说:我回去后,给耀邦看看,给小平看看,争取军方同意开放。你们要下决心开放,我虽然老了,但能帮你们呼呼的会尽力呼呼。此后,袁老多次与军队和湖南省联系,做索溪峪对外开放的工作。1984年10月6日,中国人民解放军广州军区司令部函告湖南省政府,同意外宾进入索溪峪旅游观光。此后,索溪峪的开放建设才大张旗鼓地进行起来。

基础设施。1981年5月,在已停工的索溪峪水库工棚基础上,慈利县水电局出资1万元,添置32套床位,建立了索溪峪第一家招待所——索溪峪水库招待所。1982年4月,湖南省政府下文,将索溪峪列入全省重点保护区。常德地区交通局长、行署专员先后考察索溪峪后,分别拨款6万元和30万元,建成喻家嘴(今索溪峪镇政府所在地)至叶家岗(绿嶎山庄)全长10公里的公路,以及军地坪(今武陵源区政府所在地)至百仗峡,军地坪至宝峰湖的简易公路。到1983年底,新建扩建招待所3 758平方米,床位增至350个;建设游道160公里。1983年9月,湖南省省长刘正带领财政、交通、水电、环保等厅局负责人以及规划设计部门的专家,到索溪峪现场办公,解决建设资金316万元。其中,200万元续建索溪峪水库,120万元建设宾馆,16万元开发黄龙洞。到1984年底,完成了沿索溪河的堤坝与公路结合的建设工程、索溪隧道、三官寺等三座桥梁工程、绿嵋山庄改建、吴家峪口至叶家岗公路(湖南省财政厅拨款40万元)、十里画廊至止马塌的公路、西海景区上天台的天梯工程(18.4米,72级)、黄龙洞一期工程等。1984年10月1日,黄龙洞对外开放。

1986年3月,索溪峪列为国家级自然保护区,1987年1月,国家林业部征得国家计委同意后,复函同意《关于联合建设慈利县索溪峪自然保护区项目建议书的报告》,报告提出了投资1 000万元,其中湖南省自筹500万元,联合建设索溪峪的计划。

(3) 天子山景区的开发建设

天子山景区位于桑植县东南部,南与张家界森林公园相接,东南与索溪峪景区相邻。元末明初,土家首领向大坤聚众起义,自称向王天子,在今天子山一带守战32年,1385年,向王天子阵亡,山寨失守。当地人为纪念他,将这里取名天子山。解放后,这里曾先后开发硫磺矿、兴办林场、药材场、农业中学、"五七"干校、知青茶场、酒厂、农场、牧场。天子山景观特点是深邃、幽野的石英砂岩峰柱林,从低谷拔地而起,造型峻峭,数量众多,分布集中。与张家界森林公园、索溪峪景区的石英砂岩相比较,天子山石英砂岩地貌发育处于青壮年期,旅游资源单体体量较大,开发起步也比较迟,但许多游客认为,这里的石英砂岩景观最为典型。

1982年3月,在桑植县农垦公司会议室,当时国家农牧渔业部的一位叫郑芳南的年轻摄影师,放映了天子山风光幻灯片,并介绍了湘西天子山风光资源。看完幻灯片,桑植县领导召开了一个仅十几人参加的会议,作出了开发天子山风景区的决策。天子山当时是农垦场,因而由县农业局长彭龙首为组长,组成天子山开发调查组。调查组穿越百余条沟壑深谷,攀登几十座绝壁险峰,发现了近百个藏在深山的奇特景点,踏勘了天子山的地形地貌,挖掘了关于向王天子的悲壮史料,收集了当地风土民情,为开发天子山积累了第一手资料。紧接着,调查组开展了天子山的宣传推介工作。他们多次奔赴长沙、北京,向有关部门汇报,宣传推介天子山,并得到国家农牧渔业部、国家旅游局、湖南省旅游局的支持。湖南省决定把张家界、天子山、索溪峪纳入全省统一规划。1984年5月,天子山列为省级自然保护区。

天子山景区的初期建设,得到了国家农牧渔业部的大力支持。旅游开发前的天子山,主要生产单位是袁家界农垦场。为了求得主管部门的支持,1982年6月初,开发调查组负责人到北京,受到农牧渔业部的热情接待,并专门召开有各部门负责人参加的会议,观看天子山风光幻灯片,听取汇报。农牧渔业部领导决定,从扶持袁家界农垦场多种经营出发,由中国农工商总公司先期支持20万元,建设白石至天子山顶全长25公里的公路。之后,其他旅游基础设施,陆续得到建设,到1984年底,开放了38个景点,建成了石家檐接待站、天子山农场接待站、茶盘塔接待站、黄龙泉接待站等旅游基础设施。从此天子山开发初具规模,知名度大为提高,形成了与张家界森林公园、索溪峪自然保护区竞相发展的局面。

3. 统一调整

张家界森林公园、索溪峪、天子山3个风景区,在地域上连成一片,但在行政区划上,却分属两个地区3个县。争地盘、争资源、争项目、争资金,矛盾重重。重复建设,浪费严重。旅游开发前,大家都是穷兄弟时,关系很融洽。一旦赚了钱,为争夺这块宝地,兄弟反目,纠纷越来越多,规模越来越大,发展到械斗、绑架、火烧、火药炸,还架起了机关枪……1981年12月28日,慈利县组织11人,调查被大庸县张家界侵占索溪峪土地的情况,并报告省政府。1983年8月,慈、桑边界发生大规模冲突。桑植县半月内向慈利县、常德行署连发四次加急电报,并两次电告省、州政府。桑植县天子山人在"西海"天台右下侧建房,被慈利索溪峪人拆除,天子山人则将索溪峪猴子坡门票房烧毁,将天台钢梯和公共厕所炸毁。1986年8月13日,中共中央秘书局以270号文件的形式,将《武陵源风景区争夺地界事件不断发生》一文转湖南省政府有关领导阅读处理。1987年3月17日,索溪峪人将大庸一家宾馆烧毁,破坏面积2514平方米,损失数十万元。当时香港一些报纸以"大陆解放30余年,湘西土匪余孽未尽"为题给予不恰当的报道。

由于地域分割,张家界痛失一次跨越式发展的机遇。1984年7月,加拿大籍华裔商人林应荣,与慈利县签了合同,拟投资20亿美元建高速公路、机场、高档宾馆、高尔夫球场、跑马场、索溪大坝、旅游中心等项目。为表示诚意,他先拿出100万港元建设武陵源专家村(宾馆)。消息一经传出,三个县一哄而上,激烈地争这个合资项目。特别是飞机场,外商坚持要修在慈利,省里部分人坚决要修在大庸,还有些人向中央反映,说这个合同出卖了主权,要在索溪峪建妓院等。结果中央未批准这个合同。张家界与这一千载难逢的机会擦肩而过。林先生挥泪惜别张家界。省政府赔偿了修建专家村的100万港币。王震同志听说这一情况后,气愤地说:他们吃饱了、穿好了、住好了就不愿开发山区,他不干又不让别人干,太不像话。叫他们走开,不要阻拦开发。但时过境迁,终未能挽回这个合资开发计划,留下了一个永远的遗憾。

湘西籍著名画家黄永玉,于1984年最早将三个景区合称武陵源。武陵源是历代文人墨客笔下的人间仙境,是最美好、最理想的境地。如李白曾写下了"功成拂衣去,归入武陵源",王安石写过"归来向人说,疑是武陵源",王维也曾写过"居人共住武陵源,还从屋外起田园"的诗句。张家界、索溪峪、天子山风景如画,恰似人间仙境,又正好位于武陵山脉中断。黄永玉取"源"的引申义"开始、起源"将三大景区合称武陵源。1985年《经济日报》慈利籍记者赵健,通过王震,请当时的中共中央总书记胡耀邦同志为三个景区共同题写了"武陵源"。从此中国重点风景名胜区名录中,增加了一个名字"武陵源"。

1986年2月,湖南省政府武陵源办公室成立,立即委托同济大学于1987年2月编制了《武陵源风景名胜区总体规划》。该规划指导思想明确,定性基本准确,规划布局合理,措施符合实际。从此,张家界森林公园、天子山、索溪峪有了统一的开发建设蓝图,结束了争项目、争资金、各自为政、重复建设的历史。《武陵源风景名胜区总体规划》为张家界旅游开发、建设、保护和管理,提供了科学的、规范的、长远的、全局性的文本依据。减少了资源的破坏和浪费,节省了开发建设的人力、财力和物力,使有限的投资能真正用在刀刃上。但该规划对一些实际问题,没有引起足够的重视,如:锣鼓塔地处金鞭溪上游,接待床位已经饱和,并已存在严重的环境污染问题,应尽快解决,严禁建设新的接待设施;风景区不能建狩猎场;鉴于索溪水库坝址地质复杂,应十分慎重,必须在确保军地坪旅游镇安全的前提下,进行经济技术论证后再作决定;大庸机场应尽早动工。特别是规划文本提出的两处升降梯项目,为后来遭到质疑的水绕四门天梯项目提供了规划依据。由于张家界旅游业的发展速度出人意料,加上有关政策环境也发生了变化,2001年,张家界市政府对国内外公开招标,修编张家界旅游规划。以北京大学为主,联合武陵大学以及境外专家组成的专家组中标,对武陵源风景名胜区的旅游规划进行了修编。

1988年5月18日,国务院发国函[1988]77号文件决定:大庸市升级为地级市,下辖桑植县、慈利县、永定区、武陵源区(由原大庸县级市的协和乡、中湖乡、张家界林场、慈利县的索溪峪镇、桑植县的天子山镇构成)。抗战8年的三个"冤家"最后打成了一家人。三个毗连的风景区,最终得到了行政区划上的统一,为整体开发、综合开发、快速发展创造了条件。

由于长期封闭,外人很少知道大庸。许多游客到了大庸市,不知道张家界,经常出现"寻找张家界,走过了张家界"、"到了大庸,找不到武陵源"、"大庸、张家界、武陵源哪个最好看"、"游览过大庸风光,明年再去看武陵源"、"大庸在湖南,张家界在湖北,武陵源在贵州"的笑话和误会。许多外商愿到张家界投资却不愿到大庸投资。大庸市长到海外招商引资,门前冷落,没人理睬。第二天,改说是张家界,立即门庭若市,请客的外商排起了长队,应接不暇。于是,大家认为大庸这个土得掉渣的名字非改不可。1991年,大庸市组建市名更改论证班子。市名的更改,牵涉到全国交通、地图、邮政、通信等各个方面,牵一发而动全身。国务院明文规定严格控制更改地方行政区划名称,更名须经省一级政府民政厅、省政府、国家民政部门层层审核、逐级上报,最后由国务院审批。民政部门出于各方面考虑,不主张以名山大川变更行政区域名称。一些留恋旧名的"老大庸"还在小巷墙壁上写上"大庸万岁"的标语,以示抗议。然而,大庸市委市政府把更名当成建市6年来的三件大事(申报世界遗产、机场通航)之一来抓,历时三年,四次进京,无数次汇报,终于在1994年4月4日经国务院批准,大庸市更名为张家界市。这又是一次张家界的宣传推介。

张家界森林公园、索溪峪和天子山三大景区统一之后,拆除了原来分而治之的门槛,减少了重复建设张家界旅游发展由分散的竞相开发,步入了步调统一、大规模建设、协调发展的轨道。

4. 大规模建设

成立地级市十多年来,张家界"以旅游业为龙头,带动相关产业发展"的经济发展战略取得了显著的成效。全市拥有各类宾馆、酒店400多家,床位总数4万多张,其中星级酒店50余家,旅游从业人员已达2万余人,旅行社50多家,日接待能力在4万人左右。为把丰富的资源推向世界,从1991年起,先后举办了6届张家界国际森林保护节,在国内外产生了较大影响,前来观光旅游人数成倍增长,接待人数由1979年的1.3万人上升到2004年的1 269万人次,旅游收入55.21亿元,其中门票收入5.67亿元,比2003年分别增长67.1%、72.2%和179.4%。1994年建成通航的荷花机场,现已开通33条国内航线,航空港年吞吐量达100万人次。铁路方面,已开通直达广州、北京、上海、杭州、南宁、湛江等十多个国内大中城市列车,年客运量能力达1 000万人次以上。公路运输方面,2005年12月26日,张家界市至常德的高速公路建成通车,连接常德至长沙高速公路。汽车从长沙至张家界,仅需3个小时。张家界市每日有80多个班次长途客车开往全国各地,年运客能力达1 100多万人次。以张家界荷花机场、张家界火车客运站和全市公路网络组成的空中、陆地立体式交通体系已基本形成,为张家界旅游业的发展,为直接与国际旅游市场接轨提供了先决条件。此外,通信建设迅猛发展,可从城区、景区直拨世界各地,微波通信、无线寻呼、移动电话和图文传真等邮电通信业务,已达国内先进水平。在能源供给上,渔潭、贺龙、江垭等几座中小型水电站相继建成发电,景区开始以电代煤、以电代油。张家界旅游业的发展也同时带动了农副产品种植、加工、土特产品开发、民族工艺品生产等相关行业的发展。

张家界地级市成立后,湖南省委、省政府要求把张家界建设为湖南重要的旅游基地和改革开放窗口。各项基础设施建设取得长足发展。

(1) 兴建机场

张家界荷花机场,按国际民航标准为4D级,总投资近3亿元人民币(29 808万元),机场跑道2 600米,可满足波音737、767等大中型客机满载起降,预留了3000米跑道,现在正在进行机场扩建。旅客年吞吐量70万人次,年货运能力8 000吨。设施较先进,有红外导航、盲降设备,不受天气影响,可全天候工作。已开通张家界至长沙、广州、深圳、北京、上海、重庆、成都等航线,即将开通全国各地大中城市、重要港口及中国香港、东京、泰国、新加坡、韩国等国际、国内航班。因旅游发展迅速,在全国150多家机场中,主要运输生产指标排名第50位。

(2) 扩建火车站

旅游设施建设以前,张家界最大的火车客运站——大庸北站,只有一间198m² 的候车室。为了适应旅游业的飞速发展,1992年广州铁路局投资1 200万元扩建,并升格为国家二级车站。1993年12月建成的张家界二级火车站,通高31米,建筑面积9 527平方米,分布于2、3层的四大间候车室,可容纳1 500人,配备了电子显示屏、安全检测等自动化设备。站台建筑融民族风格与现代化于一体,依山叠列,别具风格。站前广场宽阔,站内有3个普通候车厅及1个贵宾候车厅。旅游者可由此直达北京、上海、广州、长沙、杭州、无锡、苏州、襄樊、柳州、南宁、怀化、郑州、宜昌、湛江等地。随着石长铁路建成并投入营运,扩建后的张家界火车站,在旅游发展中的作用愈来愈明显。目前,又在建设火车客运新站。

(3) 建设高等级公路

为了缩短长沙方向的游客到张家界的旅途时间,张家界市和湖南省公路部门积极筹措资金,建设张家界市至常德的高速公路。经过数千人近4年的日夜奋战,这条主线长160.68公里,总投资约66.4亿元的常张高速公路,于2005年12月26日全线建成通车,连接常德至长沙高速公路。至此,长沙到张家界车程缩短为3个小时。峪园公路建成通车后,张家界市区至景区只需半小时车程。张清、慈索公路也已完成了改扩建工程。

(4) 信息化建设

1996年投资3 000万元,修建了22层的邮政大厦。1993年投资8 700万元,完成了1 920路、900兆微波通信建设。目前,程控电话、微波通信、无线寻呼、移动电话、可视电话、数字光缆通信、国际互联网等已全部开通,可瞬间即时连通国内外。至2005年底,90%的旅行社、旅游饭店进行了旅游信息网络建设。旅行社的网络营销,正在迅速推进。

(5) 能源建设

张家界市境内有大小河流220条,可开发利用的水能蕴藏量189.3万千瓦,是全国十大水电基地之一。目前,永定区的渔潭电站和桑植县贺龙电站,装机8.5万千瓦,已发电投产;装机2.5万千瓦的慈利城关水电扩建工程也已竣工投产。国家重点建设项目,装机

30万千瓦的江垭水电站大坝主体工程已竣工,发电投产在即。

(6)服务设施建设

截至2005年底,张家界市有旅行社62家,张家界市市辖两区两县,共有旅游饭店包含旅游星级饭店、宾馆、招待所、农家乐等共431家,总床位数39 592张。其中星级饭店69家,社会旅馆375家。[①]张家界市现有两家四星级宾馆:由湖南省中国银行投资1 650万元,港商投资152万美元的祥龙国际酒店,共11层260间客房;由香港中国旅行社投资近3.8亿元兴建的张家界国际大酒店,占地面积53亩,主楼高十层,建筑面积为2万余平方米,设有标准客房、豪华客房、商务楼层及总统套间,共228间(套)。此外,在城区景区均设有歌舞厅、卡拉OK厅、购物中心、美食城、小吃中心、娱乐中心等旅游配套设施。3家五星级宾馆已开工兴建。天门山景区、绿色大地生态农业观光园已建成并投入运营;张家界国家森林公园的金鞭大道、门票站生态广场、锣鼓塔污水处理厂、龙王洞停车场、五雷山公路和停车场、万福温泉度假村、柳杨溪度假村(一期)等项目建成或基本建成。吴家峪广场、黄龙洞广场正在建设中。

第三节 建设过程中产生的问题分析

一、生态环境问题

1992年联合国世界遗产高级顾问验收张家界核心景区武陵源,走完金鞭溪后,不禁赞叹:清澈的溪水,完好的植被,这么长的地段不

[①] 张家界市统计局:《2005年张家界市国民经济和社会发展统计公报》,2006年3月。

见人烟,这在亚洲是十分少见的。然而,仅仅6年后的1998年,世界遗产官员再次检查武陵源时,对旅游造成的环境污染、景区城镇化,给予了严厉批评:"武陵源的自然环境已变成一个被围困的孤岛,局限于深耕细作的农业和迅速发展的旅游业的范围内","在峡谷入口区和天子山这样的山顶上,其城市化对自然界正产生深度尚不清楚的影响","将道路和旅馆糟糕地定位于河边,给河床狭窄的地段造成危险隐患"。张家界景区较突出的生态环境问题主要表现在:大气环境质量逐年降低,水质明显恶化,生物多样性受到威胁,景区城镇化、工商业化速度加快等。

张家界市环保局监测数据显示:大气污染指数从1991年起,连年超过国家大气环境质量一级标准(表7—2)。

表7—2 1984～1997年武陵源风景名胜区环境空气质量监测值

监测点	住宿设施集中的锣鼓塔			游览活动集中的黄石寨		
监测指标	SO_2	TSP	NO_x	SO_2	TSP	NO_x
评价标准	0.05	0.12	0.05	0.05	0.12	0.05
1984年	0.029	0.252	0.004	0.000	未测	0.000
1988年	0.017	0.055	0.010	0.007	0.030	0.006
1991年	0.093	0.196	0.044	0.003	0.036	0.017
1994年	0.141	0.202	0.004	0.002	0.036	0.036
1995年	0.344	0.203	0.020	0.021	0.066	0.003
1996年	0.171	0.066	0.012	0.026	0.049	0.005
1997年	0.202	0.201	0.015	0.023	0.145	0.004

随着旅游人次数的增长,张家界景区生态环境质量开始下降。金鞭溪上游的锣鼓塔,地形呈"V"型峡谷,相对高差700米,年平均风速1.2米/秒,而且无风天气较多。然而这里却集中了49家宾馆、饭店、招待所,床位数已达到4 585个,此外还有312家商场、店铺,32家管理服务机构。森林公园辖区内还有443户农舍及其经营的55家餐馆,46个门面,44家旅社,1 000多个床位,9家商店,13个摊位。多年来,这些设施以煤为主要燃料,每年有近400吨SO_2,40多吨粉尘直接排入景区。

张家界国家森林公园在1982年以前是一个鲜为人知的林场。1984年,大庸县环保局组织进行的背景值调查时,绝大部分地区仍保持着原始风貌。景区内主要水体景观金鞭溪的水环境质量优于国家一级标准。根据张家界市环境监测站数据和森林公园接待人数,可对金鞭溪水质指标总值(水质的主要环境指标监测值之和)与旅游人数变化趋势进行对比,见图7—5所示。

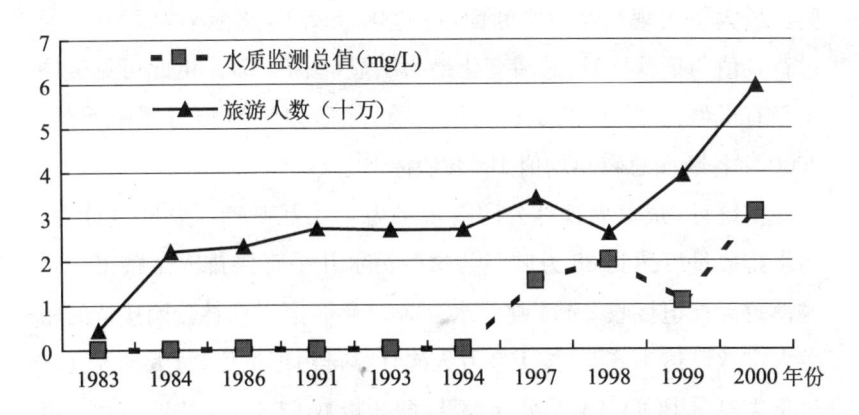

图7—5　1983～2000年金鞭溪老磨湾断面水环境监测指标总值变化与旅游人数变化

图 7—5 显示了 1983 年到 2000 年金鞭溪水质的主要环境指标（高锰酸钾指数、五日生化需氧量、亚硝酸盐氮、化学需氧量、总磷）监测值之和（简称总值）的年度变化曲线与旅游接待人数变化曲线的关系，总值排序是 2000 年＞1998 年＞1999 年＞1997 年。张家界国家森林公园入园人数分别为：2000 年 596 154 人，1998 年 393 919 人，1999 年 341 832 人，1997 年 261 462 人。两条曲线呈现出近似的波峰波谷。而且水环境指标监测总值的年度变化，滞后于旅游接待人数变化，这说明旅游人数的增长，导致了水环境指标监测总值的升高。金鞭溪老磨湾断面化学需氧量 COD 由 1984 年的 0.79 mg/L 上升到 2000 年的 2.5 mg/L。亚硝酸盐氮由 1984 年的 0mg/L 上升到 2000 年的 0.005 mg/L。从 2000 年才开始总磷监测。其背景值可用邻近监测断面、未受污染的支流监测值。老磨湾、紫草潭、水绕四门断面总磷背景值分别为 0.012，0.017，0.014，均低于地表水Ⅰ类标准（≤0.02）。2000 年度各断面平均值在 0.002 8～0.048mg/L 之间。最大值出现在紫草潭断面，达 0.063mg/L，超标率为 73％。通过背景值与现状比较，总磷变化最为明显（图 7—6）。由此可见金鞭溪呈有机型污染，特别是磷污染较重，除砂刀沟清洁对照断面外，2000 年各断面总磷年均值 100％超标[15]。

据统计，张家界森林公园需水量为 110 万吨/年，按 80％计算，污水排放量可达到 88 万吨/年，这些污水几乎直接排入金鞭溪。金鞭溪每天被迫接收 2 444 吨污水。2000 年张家界森林公园接待的旅游人次数已达 168 万，按 100 万人次计算排污理论值，每天排放五日生化需氧量 BOD_5 94.5 公斤，高锰酸盐指数 63 公斤，按地面水一级标准衡量，BOD_5 的等标负荷 9.45 万立方米/每天，而此段金鞭溪丰水期每昼夜水流量为 3.4～8.6 万立方米，最小流量为 1 000 立方

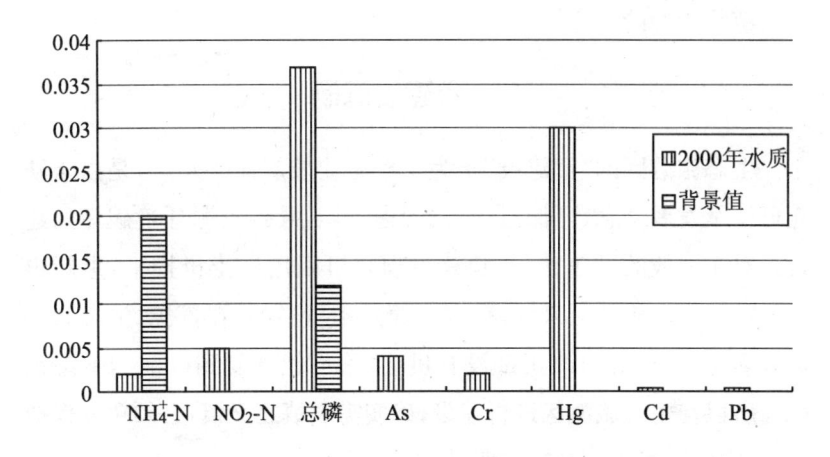

图7—6　金鞭溪水质现状与背景值比较

米,两处0.33万平方米的氧化塘已干枯;污水处理设施仅个别单位安装有地埋式无动力生活污水处理装置。虽然购置了抽粪机,将粪便污水拉出在分水岭之外浇地,但是金鞭溪水质仍在明显恶化。

景区游道造成生境片断化。为了繁衍后代和抵御侵害,动物种群须达到一定的大小,而且每一种群,都有一个最小生存面积(MVA)。在能量金字塔中,处于高营养级的肉食动物MVA较大。贝洛维斯基(Belovsky,1987)研究表明,体重大于50公斤的兽类,生存较长时间(105年),必须有106平方公里的生存面积。由于游道的分割,50公斤左右的豹、云豹已在张家界森林公园绝迹。对植物群落而言,其生境的地质、气候和土壤条件,决定了其最小群落面积。植物群落实际面积小于其最小群落面积时,则面临着灭绝危险。据专家估算,张家界森林公园的植物群落最小面积在1 000平方米左右,因此游道等游览设施对植物群落没有明显的直接影响。但游道等游览设施减少了动物迁移的频率,种子传播受到影响,最终影响到景区植物物种的多样性。

二、负建设问题

生态旅游区的"负建设"指为了旅游业发展而兴建，但是由于缺乏可持续发展理念、环保意识，或考虑不周，导致资源环境破坏的建设。对于一般的城镇建设，负建设项目可以用推土机推平，重新再来。对于生态旅游区来说，很多东西是不可逆的，在资源、生态和环境方面犯了错误，想改正都没有机会，不可能恢复到以前的生态系统。所以在生态旅游区进行建设，确实需要慎之又慎，必须树立保护第一的观念，尽可能减少负建设。

朱镕基（2001）视察张家界时，针对张家界景区城镇化、商业化破坏自然风貌，质问当地官员：为什么要把"人间仙境"变成了"天上人间"（陶凤翔，2003）。

由此可见，张家界负建设已引起国家领导的关注。

运用第五章第一节所述的生态旅游区建设"正""负"判别模型，对表7-1所列建设项目以及相连成片的索溪峪、天子山建设项目进行分析，影响较大的负建设项目主要有水绕四门天梯、黄石寨索道、锣鼓塔接待区、龙尾村旅馆群、深圳阁、黄石寨后山公路、泗南峪至天子山公路、松涛馆餐厅等。

张家界负建设的负面影响主要表现在对景区自然景观的破坏。

张家界峰峦属于石英砂岩，主要的景观是石英砂岩峰林，这种岩石的质地强度虽高，但是很多岩体的纹理就如积木粘贴而成，一旦岩体受震或者底部松软，就会分层剥落。而全长326米的天梯、全长2 084米的天子山索道、970米的黄石寨索道以及高30米的深圳阁、建筑面积800平方米的松涛馆餐厅等，就建在这样的悬崖峭壁上。

天梯垂直高差335米,运行高度313米,由156米山体内竖井和171米的钢质结构井架两部分组成。可以想见,这些浩大的工程在建造施工的过程中,给山体造成的巨大损害,此外,其接待游客运行期间的上上下下,对于山体岩石的震动有很大的影响。黄石寨索道建设期间,笔者于1997年3月19日带领学生对张家界景区所有人文建筑进行了全方位的普查,填写调查表198页,记录了792项建筑的21 384项数据。有关黄石寨索道建设有下列记录:上下站房及缆线建筑占地17 333平方米,白沙井站房通高29米,总投资3 000万元,建设时间:1995年5月18日～1997年7月8日(实际比计划推迟,1997年11月15日建成投入营运),为架设索道,砍伐了一条长1 150米,宽17.6米的原始次生林带,附近木材密度为1.86棵/平方米,平均树高20.8米,胸径18厘米,索道长度1 050米。

在张家界的水绕四门处,金鞭溪、鸳鸯溪、龙尾溪、索溪如四条血脉交汇于张家界武陵源景区的这个心脏地带,山水相映,景色秀美,是大自然的神奇造化。拥有"最高的户外电梯、最高的双层观光电梯、载重最大速度最快的客运电梯"三项吉尼斯世界纪录,被称为"世界第一梯"的天梯,就位于张家界武陵源区的这个水绕四门的中心地带。包括154米地下竖井和172米地上井架的天梯就紧贴在高达400多米的崖壁上。天梯工程施工时,强行炸毁了一座长8米,宽25米,高22米的小山头。天梯建成后,巨大的钢筋支架嵌入山体,犹如一枚钢针,硬生生插在山体上,突兀而起的钢架和房屋与周边的峰林景观不协调,完全破坏了风景区原有的自然和谐之美。

风景区的接待人数达到其所能承担的旅游环境容量这种状况,称为旅游饱和,超出这个饱和容量,即为环境超载。由于旅游行业的季节性特点,偶发性的短期超载是不可避免的,这种情况可以通过环境的自我休养生息慢慢恢复。但由于人为原因造成的负建设,使得景区景点的长期持续性建筑负荷超载。

三、体制问题

张家界景区在地域上连为一体,只要一个管理机构就会高效率运转,可是,由于历史的原因,这里管理机构多,特别是同级机构多。例如,与旅游有关的处级机构就有武陵源区政府、张家界森林公园管理处、张家界市旅游局、林业局、建设局、文化局、水电局、环保局等。世界遗产地归旅游、环保、建设等多部门管理;国家森林公园归口林业部门管理;国家自然保护区归口环保部门管理;国家地质公园归口国土资源部门管理;国家重点风景名胜区归口建设部门管理;宝峰湖和索溪湖归口水利部门管理。景区有天子庙、龙凤庵、朝天观等寺庙,这些庙宇又归宗教部门管理,庙里的古碑又归文物部门管理。管景区的管不了景点,管景点的管不了规划,管山的管不了林,管庙的管不了人。

张家界景区的多重管理机构,竞相争夺免票名额,竞相收钱发导游证,竞争项目管理权,谁也不服谁,大有"谁砸我位子,我砸谁饭碗"的架势。结果政出多门,各自为政,多家发证,一家多证。仅导游岗位,景区使用过的证件,就有"导游员证"、"临时导游员证"、"景区导游员证"、"接待证"、"服务证"、"入门卡"、"定点导游证"等,名目多达七种。景区的多头管理,造成景区和导游成了"唐僧肉",谁都想啃一口,多个部门设卡,多种理由检查,多种名目罚款,常常导致所带团队游览中止。多部门过多的检查、纠缠和限制,是导游带领旅游者避开核心景区,不走精华旅游线路,而热衷低等级景区、景点和游览线路的重要原因之一。由于体制问题,门票竞相打折,亲信竞相安置,招徕竞相拆台,责任竞相推诿,利益竞相争夺。重叠的机构之间,生出许多事端,忙得不亦乐乎。

武陵源区,实际上就是张家界风景区加上几个贫困乡村,居民总数不过 4 万,与一个乡镇差不多,但却设置一个庞大的县级机构,党委、政府、人大、政协"四大家"齐全,"公、检、法、司"一个不少,加上县级机构下设的众多局、委,医院、学校、幼儿园、殡仪馆等,臃肿的机构,大量的人员,硬是把邻近景区的自然小山村快速城市化,变成了景区里的城市。有些领导,居然还把这种"翻天覆地"的变化,当成政绩,写进报告里炫耀。国家强调旅游从业人员高素质,这里却发动农民当导游,把景区变成农民甚至文盲的就业场所。

张家界景区负建设、过度建设问题的核心,也是体制问题。垄断行业和权力部门在旅游开发过程中的占地牟利,是张家界景区城市化、人工化、商业化的重要原因,甚至是"小拆大建"的保护伞。遭到世界遗产委员会批评以后,拆掉的都是"没太大来头的",不拆的甚至顶风在建的,却是"有更大来头的单位"。所谓的旅游开发破坏环境,实际上问题出在这样的体制上,使垄断行业和权力部门侵占了很多的旅游资源,产生乱建滥建之风,这是核心问题,在全国许多风景区普遍存在。到一个地方,最显眼的建筑首先是各类培训中心,这都是政府行为,以及银行、烟草、电力、邮电等垄断行业。直观上,挂的牌子不是宾馆就是培训中心,所以在社会上造成了误解,包括专家也普遍误解,认为这就是旅游开发在破坏。为什么会造成这种状况,核心问题是体制问题。

对于体制问题,武陵源区政府在当年协调两地三县的矛盾中,起到了积极作用,但现在,这种行政区划矛盾不存在了,区政府就完成了历史使命。当前又产生了新的问题,就是区政府与张家界森林公园管理处的矛盾,与张家界市旅游局、林业局、园林局的矛盾。为了解决这一矛盾,建议将这些部门合并成一个旅游风景园林管理局,设置在张家界市区,同时取消张家界森林公园管理处和武陵源区。

四、景区经营权转让问题

1997年,张家界黄龙洞以4亿多元价码,委托给中国大通实业有限公司经营45年,由此引发了全国景区转让潮流。湖南凤凰8大景点,8.33亿元转让50年。曲阜三孔每年3 000万元转让给深圳华侨城。湖南崀山风景区6个主要景点48年的经营权以7.6亿元的价格转让。一些媒体沸沸扬扬热炒"新希望集团10亿'买断'桂林山水"。四川省出让包括世界自然遗产九寨沟在内的10大著名旅游景区及100多个旅游景点的经营权,把出卖景区经营权推向了高潮。据不完全统计,全国至今已有至少20多个省市区、400多个大小不一的景点加入此列。因此,分析张家界景区转让问题,对全国其他景区具有借鉴意义。

从1997年以来,关于景区经营权能否转让的争论就一直没有停止过。

持反对意见者认为,企业拥有主导经营权危及景区保护。其具体理由有三:第一,企业拥有主导经营权虽然增加了经济实力,但这并不意味着增加资源保护经费的投入;第二,企业拥有主导经营权虽然也关心景区资源的保护,但是资源保护的标准降低了;第三,企业拥有主导经营权,有可能带来"以企代政"。

支持者以经济学和管理学相关理论为依据,认为应该放开旅游景区的经营权,改变由管理机构垄断经营的传统模式,强调运用市场手段合理有效地配置旅游资源,把资源优势转化为产品优势,实现旅游资源保护事业和旅游产业的双赢。一改过去"管理者""经营者""监督者"三合一的混乱局面。

在目前体制下,许多景区的管理者同时又是经营者,他们既"忙"经营又"忙"管理,"两头忙"却两头都"盲"和"茫"。尤其是他们为追求经济利益,其过度性的,甚至破坏性的开发,往往只是"一家"说了算,甚至一人说了算,缺乏有效的监督制约机制。管理机构既管理又经营,不仅难以确保景区资源与环境的保值或增值,而且还可能产生:①寻租行为,随意免票,变公利为私利;②安置人员和增加其他福利开支,亏国家,肥自己;③为了短期政绩,产生建设性破坏。经营权转让,至少在改变自我监管、收取转让金、避免投资失误、尽可能盈利等方面优于主管部门直接经营景区。政府是代表国家的,景区交给政府并不是就万事大吉了,政府的体制是任期制,所以,政府官员的行为难免是短期行为。认为景区政府管就是好事,交给公司就是坏事,这种认识就是以偏概全。

类似张家界的许多景区天生丽质,景区本身无须太多投入就会吸引很多游客,可以多次重复销售,门票收入相当可观,几乎是无本生意,却还亏损严重,主要原因是"公有资本"无人心疼。对于上面的拨款,不争白不争,要了也白要,争到拨款是能耐,花钱潇洒也英雄。至于如何科学地花钱,则几乎无监管。于是,大手大脚投资,一个接一个失误,机构不断臃肿,人员越来越多,争拨款的关系愈来愈强,管理成本连续攀高,争拨款的胃口越来越大,"政绩"也就愈来愈耀眼,个人乃至亲属的腰包,就愈来愈殷实,呆账、烂账甚至混账,就越积越多。这样的经营管理,必然导致亏了国家,肥了管理者。这些景区一到私人经营就利润很高。浙西大峡谷,四川碧峰峡,张家界黄龙洞景区都充分证明了这一点。

实际上,保护还是破坏,与资本来源没有直接联系。关键不是由谁来经营的问题,而是怎样经营好,能不能经营好,如何才能经营好的问题;关键是具体经营方法是否科学,管理监督是否到位。政府管理对民营企业,私人资本管理一管就到位,甚至越位,一管就死。而对政府自己的部门,对所谓的"公有资本",往往既是裁判员,又是运动员,自己违规也无人敢管。

现在不少景区,有些甚至是世界自然遗产,有的是世界自然、文化双遗产,由于缺乏监督管理,景区乱开发、乱建设急剧增加,导致景区城市化现象日趋严重。旅游景区实行两权分离,就会使经营者与管理者的直接经济利益分割,产权关系明晰,权责明确。作为景区管理者的政府部门,从"越位"到"归位",从"缺位"到"到位",把经营放手给企业去做,集中精力对景区开发利用实行强有力的宏观调控管理。

张家界景区建设历史说明,许多景区所属的地方政府,把景区的管理权等同于所有权,把景区当成地方或部门的私有财产进行"保护",观念封闭,运作方式陈旧,导致部门管理、地区所有、部门经营,把景区变成"独立王国"。旅游本来是一个有机系统,但由于历史的原因,而被人为地属地分割和部门分割,导致景区重复建设,项目近距离雷同。

出让景区经营权等市场化手段并不一定造成资源破坏,而真正的破坏往往是规划不周、认识不足、政府部门监管不到位的结果。黄龙洞管理权与经营权的成功剥离,说明了这一点。

1997年12月28日,张家界市武陵源区政府对黄龙洞景点实行委托经营。黄龙洞经营权转让以后,经济效益增长迅速,图7—7所示为黄龙洞经营权转让后的旅游收入增长。经营权与管理权剥离后，也取得了可喜的社会效益。策划、出资并组织和实施的'99张家界世界特技飞行大奖赛，成为中国旅游界举办大型宣传促销活动的成功典范；获得湘西自治州凤凰县境内的凤凰古城、南方长城、黄丝桥古城等八大景区景点的50年经营权；取得湖南石门夹山、壶瓶山、蒙泉湖50年经营权；取得崀山风景名胜区48年经营权；策划并实施了"棋行大地，天下凤凰"南方长城2003中韩围棋邀请赛。2003年度，黄龙洞被评为湖南省A级诚信纳税先进单位。2004年度，黄龙洞在全国溶洞旅游界率先通过ISO三项国际质量体系认证；通过ISO9001、ISO14001、GB/T28001国际标准化管理体系认证。特别是在资源保护方面，公司为黄龙洞标志性景点"定海神针"进行亿元投保，创下世界为资源性遗产买保险之先河。

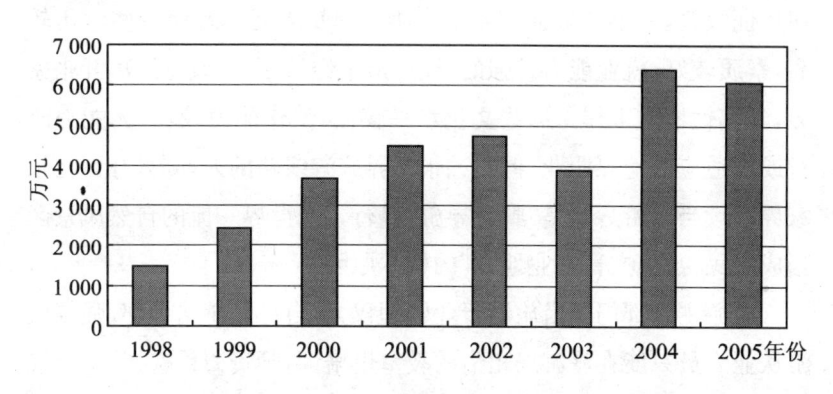

图7—7 黄龙洞经营权转让后的旅游收入增长

五、政企不分问题

主管旅游局长兼任旅游公司总经理，旅游局自办旅行社，在我国旅游业发展历程中，曾是比较普遍的做法。例如桂林，原来几个骨干旅行社都是旅游局直属的，旅游局无论如何要保直属企业。可是，从发展的角度来说,这样发展旅游业是不合适的。直属企业的成败并不重要,越这样保护,企业越完蛋。在市场经济体制日益完善的今天,特别是"入世"以后,更不能政企不分。

政府主管部门对非"嫡系"企业,进行刁难、排挤;对旅行社经营资格和导游资格审核,主要以交钱为依据。"以质量保证金的缴纳为确认旅行社经营资格的主要条件,也寄望以此项工作的落实来砍掉一批不合格旅行社","对不能按时缴齐保证金的旅行社予以坚决注销"(田贵君,1997)。为了确保导游工作质量,对于导游员,旅行社收取一定的质量保证金是可以的,但是张家界旅游主管部门却将其视为敛财手段,以政代企,强制收取导游押金、税金、管理费、保险、服装费等。无论导游员素质高低,带团或不带团,工作责任心强弱,一律按证收钱,一个导游证一年要缴纳2 000多元。致使一些学历较高,素质较好,就业能力较强的导游,迫于经济压力,改行或离开张家界,到其他地方工作。那些文化水平较低,工作能力较弱,无能力改行或不适应外地谋职业,但熟悉张家界旅游线路的人,则只好留在张家界继续当导游。这是"野马导游"盛行,"把世界一流的自然风景区当成农民,甚至文盲就业地方"的根本原因。

旅游主管部门凭借旅游行业管理权力,自办旅游培训部,强制旅游从业人员只能在旅游局租借的教室里培训,师资力量选择,主要根据其与旅游局负责人关系的密切程度。为了利润最大化,租借教室大多是比较简陋的会议室,几百人一起听课,学习效果可想而知。附近高校,具有先进的多媒体教学条件,具有博士、硕士学历,教授、副教授职称的师资力量,却很少被旅游培训利用。对于被培训人员来说,听不听课,学得好坏并不重要,只要交了钱,就会被旅游主管部门认可,考不上国家有关上岗证件,当地旅游局也会颁发临时证件,同样有效,有时甚至更加畅通无阻,因为张家界市旅游质量监督管理所的人员在景区巡逻时,只要有本单位的钢印就立即放行,而对于那些持有国家正规证件者,反而纠缠较长时间。但是,这种临时证件,有效期仅一年,迫使有志从事旅游业者必须一年一培训,一年一换证。然而,这些费用,与考上国家正式上岗证的每年"验证费"相差不大,因此,对培训学员来说,旅游局强制培训的质量就显得无关紧要。

旅游业实行定点服务,防止旅游者误入黑店、误上贼船、误乘黑车具有一定的作用,但是这又给旅游主管部门收取钱财造成可乘之机。一些不合格的商店、车船,只要缴纳质量保证金,就可以成为旅游定点单位。这些定点单位,实际上成了导游、司机拿小费,旅游主管部门获取利益,旅游者挨"宰"的场所。这是"零团费"屡禁不止,游客购物屡屡上当受骗的根本原因之一。

六、门票问题

门票问题包括相互关联的免票问题和门票涨价问题。

就全国而言,景区免票现象比较严重。据笔者近年来参与山西、甘肃、内蒙古、杭州、张家界等省市规划考察统计,多数景区免票平均占购票人数的30%左右,最高达41%。2002年,张家界市核心景区武陵源,大门票免票达5.8万张,免票金额高达623万元。享受免票的对象,并非全是老人、军人、残疾人等。除了有来头的领导享受免票外,一些营利组织也盯上了免票。如张家界市某领导一次批免票达200多人给旅行社带团。某部门领导给一纪念馆打招呼,一次就给一个800多人的旅行团免票。湘西一贫困县领导,利用手中职权,将财政拨款数百万元,以邀请考察为名,给张家界某旅行社,组织普通的旅游者进行营利性的旅游活动,不仅门票全免,而且交通费、住宿费、餐饮费等，全由该贫困县买单。旅行社既赚取游客的钱，又享受免费接待，还得到财政拨款。

2004年北京故宫、长城等6处世界文化遗产景点门票价格率先上涨，从此，网上"北京人涨价，外地人买单"的诘问就一直没有停息。但全国许多旅游景区还是不顾百姓呼声，"跟风"上涨门票价格，"多米诺"效应随之发生。从2005年4月16日开始，张家界武陵源核心景区的门票价格从原来的158元上涨到245元，245元的门票价格由两大块组成：门票180元，景区环保车交通费用65元。

张家界核心景区的门票价格再一次成了焦点：门票价格占了总团费近四分之一的核心景区，其接待设施、服务水平都应达到一个新的高度。当某一种商品或服务单价提高50%时，应该给消费者提供等值的服务。这些，并不会因为你是旅游经济团、标准团、豪华团的游客而有所改变。景区的完善与服务水准的提升，成了核心景区门票价格调整后游客关注的首要问题。许多涨价的景区，不仅没有同步改善接待设施，提高服务质量，相反，其他服务价格也"水涨船高"。管理景区的政府利用制定价格的权力率先涨价，其他旅游行业经营业主，也凭借占据的资源和设施，以提价来增加利润。

以2005年"五一"黄金周为例，明明接待容量还未饱和，许多旅游接待设施或经营主却人为地制造"短缺"，造成服务价格"搭车"提价，形成不正常的"虚高"。核心景区门票价格调整后，势必造成部分游客出游目的地的选择变化，一些宾馆、饭店、旅游运输企业、购物及娱乐场所的"搭车"提价行为，间接地夸大了门票价格调整所带来的负面影响力。据考察，张家界2005年"五一"黄金周期间，准四星级饭店的标准间卖到了上千元，许多社会饭店的执行价也达到了300元以上，远远超过游客的心理承受力。经营者不从改善企业软硬环境服务游客入手,认为黄金周期间涨价理所当然,也符合市场经济条件下供需矛盾的解决办法,一味地通过提高单价来弥补人流量不足的利润空间。原本意义上作为买方市场的旅游业,在黄金周期间陡然变成了卖方市场,这种经营者与消费者的角度易位及不平等的对接,严重损伤了旅游者的旅游体验质量,其口碑宣传,肯定会影响以后旅游者目的地的选择。

旅游景区门票价格所包含的成本范畴,一般应包括旅游资源有偿使用费、景区宣传促销费、税金、接待设施折旧、投资回报,而且包含人身财产保险费和价格调节基金等。适当提高门票价格有利于旅游资源的合理配置,缓解景区保护费用不足和控制景区人满为患等。但景区合理价格在旅游产业中到底以什么标准认定,认定的基础是景区资源的稀缺性,还是景区建设的社会平均成本,以及成本由谁确定,怎么确定等,现在的价格法规都不够明确。有的把通过政府提高景区价格直接获得的利益,不是用于改善旅游接待设施,提高服务质量,促进旅游业的可持续发展,而是用于安置人员和增加其他福利开支,甚至扩大门票回扣额度。

旅游者来自全国各地,甚至来自国外,旅游收益则是地方的、小集体的,而价格审批权在当地,导致旅游价格从开始审批就可能不利于旅游者而留下虚高定价、高额回扣、价格欺诈的空间,难以实现公平、公开和权威性。

我们可以借鉴国外有效措施来制定我国景区的门票价格和控制客流量的政策。第一,确定收费遵循的原则,并确定最高限额。例如,美国国会有专门的立法干预景区门票价格。第二,不同人群实行不同票价制度。在埃及,本国人在参观各景点和公园时所需门票价格通常仅为外国人的十分之一,甚至是二十分之一;学生和儿童的门票价格为成人的一半；残障者及老年人则可享受免票待遇。第三，不同时段实行不同票价。景区可以规定不同时段的票价优惠政策以满足人们的不同需求。第四，预约售票，控制客流量。我国可以采用分季节分时段控制游客进入数量，也可以在景区内分成不同类别区域对游客分流。

总之，价格杠杆对于景区控制客流量作用不大。据统计显示，2005年"五一"黄金周，张家界市旅游人次比去年同期下滑11%左右，但其诱因并非是门票涨价所致。这种同比分析，是以2004年"五一"黄金周作参照物，其中不可比因素太多。2003年的"非典"，压抑了百姓出游的欲望，造成2004年"五一"期间的"井喷"，2005年势必回落。加之游客节日外出更加理性，国内游全国都在下滑。2005年"五一"黄金周期间，海南、峨眉山等地采取低价促销战略，市场反应也未因此而改变。景区价格对于客流的调节作用很有限。所谓"调节客流，保护景区"的涨价理由，不攻自破。

七、旅行社问题

张家界景区在建设和发展过程中，旅行社功不可没。但是，在旅游市场竞争日益激烈的背景下，旅行社建设也出现了一些不容忽视的问题。

一是旅行社数量过多。据不完全统计，2005年末，张家界市旅行社总数已达62家（其中国际社15家），比当地的42家房地产企业数量还多出20家。其推出的旅游产品，基本上都是张家界业已存在的类似产品。张家界全市一、二、三产业从业人数分别为54.86万人、8.49万人、24.2万人，全部职工年平均工资为13 461元；农民全年人均可支配收入2 142元，因此张家界市出游人数非常有限。旅行社业务几乎全为接待外地旅游团。同时张家界市属于"老、少、边、穷"地区,工业基础薄弱,农业和其他产业比较落后,许多下岗职工和农民,涌向旅游业,为了生存,只好竞相低价促销,"贱卖张家界"。有的旅行社违规经营,采取低报价、零利润的方式招揽游客,造成了旅游行业低价格、低服务、低利润、高回扣的"三低一高"现象,严重影响了张家界的形象。

二是旅行社规模普遍较小,基本保持着作坊式的运作方式。即使像中国旅行社、中国国际旅行社、中国青年旅行社等大型旅行社,到了张家界,也大多分解成了各个部门包干,独立核算的小单位。"一间房子、一张桌子、一部电话就是一个旅行社"的状况比较普遍。在产品创新能力、品牌建设、网络构建等企业核心竞争力要素方面,张家界的旅行社距离外地发达地区同类企业,还存在着相当大的差距。

三是规避旅行社管理。一些宾馆饭店设立旅游部,以饭店揽客为名,实为组团旅游,与旅行社业务没有多大差别,却比旅行社有客房优势;还有些政府部门、企事业单位,将对口接待工作范围扩大,不申报旅行社,而经营旅行社业务;一些较低级别的旅行社,越范围经营更高级别旅行社才能经营的业务;旅行社部门承包,各自独立揽客,私自越权在主要客源市场设立办事处等,是一种混乱而普遍的做法。

有些"旅行社",为了逃避缴纳质量保证金,就注册成商务旅行公司或别的名称。过去一部电话,一间办公室,能开办旅行社业务,现在只要一部上网的电脑,不用员工,不要办公地点,业务关系不动,客户不动,生意照样做,只不过没有"旅行社"这个牌,没这个牌子,还少了一道紧箍咒。一些大社没法改名,因为他们已经有品牌了。其他的改完名可以脱离旅游业,改名之后,做的还是旅游业务。有些官方旅游网站,充当着"皮包公司"的角色,给旅行社分拨旅游报名者,提取人头费。有时管理部门为了赚钱,旅游宣传材料上只要交广告费,没有办理正规手续的"黑社",也可以堂而皇之地登广告,造成鱼龙混杂,旅游者真假难辨。所以,一些诚实经营的旅行社抱怨:"秩序混乱归根结底是权力部门造成的。"

四是不许别人在自家地盘办旅行社分社甚至办事处。从发展的眼光来看,要主动让出市场,下决心开放,允许旅行社到张家界来办分社,设立办事处或门市部。国内外大旅行社来办分社,开办事处,肯定抢了市场,但是客源滚滚而来,财源就会随之而来。从区域旅游发展的角度来看,这样比出去揽客源更合算。

五是导游队伍鱼龙混杂。2006年张家界全市拥有国家导游资格证的导游3 338个,而按时年检注册的仅2 270人。每到旅游"黄金周",旅游部门和景区管理部门,还要发放许多临时导游证,以缓解导游的不足。由于年检注册导游人数少,而且每年要缴纳2 000多元的多种费用,导致"野马"导游难以杜绝,"乱讲、乱导、乱争、乱要"现象时有发生。

八、布局问题

生态旅游区的建设布局是一个带有长远性、宏观性的战略问题。一旦布局失误,在短时间内,难以纠正,有些影响甚至是不可弥补的。在张家界生态旅游区建设过程中,主要的建设布局问题表现在三个方面:一是接待中心的布局;二是旅游线路的布局;三是景区景点的近距离重复建设。

锣鼓塔接待区、军地坪、水绕四门和天子山贺龙公园附近区域,这四个接待设施集中的地段,都想在张家界旅游接待这块"蛋糕"中,尽可能多切到一块,尤其是武陵源区政府所在地军地坪,还想与张家界市区竞争中心地位。接待中心选址,涉及政府和企业两个层次以及竞争与合作两方面的关系,但总的说来,旅游目的地接待中心须满足以下三个方面的条件:一是有较为完善的城市基础设施,有相应的政治、经济影响力,能够形成较强的辐射能力;二是具备旅游区交通枢纽地位,是游客出入旅游目的地的口岸或交通枢纽;三是有较高的市场知名度。由此可见,张家界旅游接待中心应该是张家界市区。武陵源区的军地坪,应朝着乡土化、民族化、生态化方向发展,实施差异化经营。锣鼓塔、水绕四门和天子山镇,应逐步压缩接待规模,以保护环境、维护生态平衡为主。

张家界景区旅游线路布局问题,主要表现在景区公路的盲目建设。游道竞争式的铺设,不仅浪费了开发初期宝贵的资金,而且给景区环境造成难以恢复的负面影响。张家界核心游览区内道路密集程度已经达到每平方公里2.3公里,而主要观景区的道路密度是这一数字的4~5倍。在行政区划未作调整之前,两地(湘西自治州、常德地区)三县(大庸、桑植、慈利)各自进行了配套设施的建设。现在看来,这种建设,特别是旅游线路方面的建设,大多已经不为游客所用。在旅游方面已基本不用、投资较大的旅游线路建设项目主要有:泗南峪至贺龙公园的天子山盘山公路、黄石寨后山公路、腰子寨游道、野鸡铺——绝壁藤王游道、天门初开—月亮垭—印家坡游道、月亮垭—黑龙寨—龙泉飞瀑游道、绝壁藤王—屈子行吟—李家封合—水落凹游道、李家封合—小谷塔—刘家堰游道、刘家堰—猴儿洞—中坪游道、独龙戏珠—天门初开游道、砂刀沟游道、中坪—下坪—丁香溶游道、水绕四门—空中田园—丁香溶游道、黄花溪—庙寨—鸳鸯瀑布游道、豹虎嘴—王爷洞—盘塔游道、盘塔——一步难行—石家檐游道、索溪峪—白虎堂游道等。这些已不用或很少被游客使用的游道,占武陵源景区游道的大部分。由于黄石寨索道、天子山索道、百龙天梯、十里画廊轨道、索溪湖等水陆空交通设施的建设,使游客行程大为缩减,仅有黄石寨游道、金鞭溪游道、十里画廊—天子山游道经常列入游客行程。也就是说,武陵源景区内的大部分游道,建设太多过滥,而且布局有问题,很少被游客选用。

景区近距离重复建设也是张家界布局问题的一个表现。严格地说,市场经济需要重复建设,没有重复建设就没有竞争。但是近距离低水平的重复建设,是一种布局失误。一个地区在历史上有延续性,在文化上有相关性,在地域上有相似性,旅游资源的近距离相似,是一种普遍现象。但在张家界,由于开发初期行政区划上的分割,管理不善,造成旅游产品布局的近距离重复。张家界森林公园与天门山森林公园相距不到 40 公里;黄龙洞、九天洞、龙王洞、观音洞、卧虎洞等溶洞也同在张家界核心景区周围;猛洞河漂流、茅岩河漂流、娄水漂流、赤溪河漂流、山羊溪漂流等 7 条漂流线,都在方圆 40 公里以内;杨家界、张家界、袁家界、金鞭溪、索溪、矿洞溪等十余条线路,主体景观同属石英砂岩峰林峡谷;宝峰湖、索溪湖相距仅 10 公里;芙蓉镇、苦竹镇、洪家关、大庸所等也相距不远;土家风情园和秀华山馆甚至同在张家界市区内,相距不到 2 公里。这些项目,基本上属于近距离低水平的重复建设,难免同质化、低层次的盲目竞争,结果是削价竞争。游客反映:"走了三天,还没有进入核心景区,还不知道张家界的庐山真面目。"这些都是空间布局问题引发的次生问题。

布局问题,归根结底是体制创新问题。如果体制问题解决了,产生一套激励机制,使过去以行政区划为单位的竞争逐步向旅游生产要素竞争转变,从单一的资源开发和市场销售逐步向商旅结合、产权交易、环境保护、社区和谐及人尽其才、物尽其用、货尽其流、信息畅达等方面的发展,不断拓宽领域,以旅游领域的空间拓展促进合理布局。这种以创新为动力,以市场为导向,以景区(点)为基础,以企业为主体,以投资为纽带的激励机制,才能从根本上打破行政区划限制,实现合理布局。

对生态旅游区来说,合理布局,应该是有计划、有步骤地将旅游资源合理配置,使旅游的经济效益、社会效益和生态效益最大化。这就要求一流资源,带动一般资源的利用,而不是一流资源比拼式的大开发、精华线路一次性的大拍卖。特别是像张家界这样,已经声誉海内外以后,最关键的问题,就应该是资源的节约、环境的保护、生态的可持续。景区建设要研究功能分区,要有时序上的设计,要实行阶段性分工。比如某景区(点)经营一段时间后,游客需求逐渐饱和,在市场就会降温,这时在附近再推出一个新景区(点)。新老景区(点)可能在内容上有类似之处,但资源得到节约,档次得到提高,布局更趋合理。同类项目为避免近距离布局重复,可公开实行非利益相关者(如全国范围内专家)优选,然后大范围集资入股,平等参与,利益共享。淡化行政特权,强化市场调节,而不要因行政区划,画地为牢,束缚思路,造成布局失误。

九、资源浪费问题

通过20世纪80年代的竞相开发,张家界全市已建成十多个景区,30多条游览线路。其中,以石英砂岩峰林旅游资源为主,开发建设了十多条线路;以澧水流域漂流河段为基础,开发了6条大同小异的漂流线路。号称"天下第一漂"的猛洞河漂流，距张家界市区仅1小时车程，由于具有芙蓉镇、老司城、猴儿跳峡谷等互补性较强的景区(点)，张家界境内根本没有必要扬短避长，再开发漂流产品。张家界境内，以石灰岩溶洞资源为基础，开发了4条旅游线路，游客全部走完这些游览线，大约需要一个月时间。根据张家界游客逗留时间统计，国内旅游者一般为2～3天，入境旅游者2天。换句话说，旅游市场只需要3天游览的旅游产品，张家界却开发出了30天的产品。旅游产品供给过剩，造成旅游资源浪费。游览线供大于求，加上这些游览线分属不同的核算单位，在部门利益和个人利益驱动下，重复开发，近距离模仿，主管部门和导游片面宣传，互相诋毁，以次充好，以次挤好，坑蒙游客，损毁了张家界旅游形象。这样不仅浪费了有限的建设资金，旅游设施经营亏损，投资回收无望，而且还浪费了宝贵的旅游资源。

不能把生态旅游区建设与发展，简单地与开发新景区(点)画等号。应根据旅游者可投入旅游的时间和资金数量，以及旅游兴趣、体力消耗等因素，确定游览线路和旅游项目的开发数量和质量，切忌只顾景区资源数量，有多少资源，就开发多少游览线路和景区(景点)，这样势必造成建设资金和精力分散，难以深度开发，将产品做精、做特，反而淡化，甚至破坏张家界旅游整体形象。

如果当初科学测算张家界旅游市场需求量，就可以避免盲目地过量开发建设。考虑景观特色的互补性，相邻区域的共生性，线路布局的舒展性，以及资源环境的节约性，张家界集中建设金鞭溪、天子山、九天洞、宝峰湖、天门山五条旅游线路，即可满足旅游市场的需求，而且，发展到现在，张家界旅游市场实际需求已趋于稳定(从图7-4张家界森林公园历年门票统计数据即可看出)，如果接待住宿设施布局适当,生态环境问题得到控制,今后十年内,无须考虑游客分流问题。

张家界森林公园是游客必游景区,根据2000～2005年张家界森林公园入园门票统计数据,6年平均入园人次数为649 591,按30%的比例,加上免票入园旅游者194 877人次,张家界森林公园近6年平均接待旅游者为844 468人次,假设这些人都游览上述五条精华线路,则总人次数为其5倍的4 222 340。以金鞭溪、天子山、九天洞、宝峰湖、天门山五条旅游线路空间容量计算,在保证旅游体验质量的前提下,日接待量可达23 000人次,按全年200个有效接待日计算,一年可接待460万人次,略大于张家界森林公园近6年平均接待人次数的5倍。这说明重点建设这五条精华游览线,在资源节约方面是比较经济的。如果接待容量远大于必游线路接待量的5倍,则说明供大于求,应减少线路,相反则超载,应增加线路。张家界许多旅游接待设施都是按照高峰期的接待容量而建设的,除了三个黄金周,有相当一部分时间会造成一定程度的人力资源和接待设施的空耗和闲置。对于已开发建成的其他游览线路,应借鉴"退耕还林"、"退牧还草"的办法,适当匀出重点游览线路经营的利润,补贴、鼓励"退旅还野",逐步封闭,以休养生息,为子孙后代保留一份自然遗产,避免在我们这一代,把"原始"消灭殆尽。

与资源浪费,过度开发现象同时存在的现象深度开发不足。深度开发不足意味着对自身的资源和文化历史内涵缺乏更深一步的认识,张家界对许多资源仅开发了一个方面,其余方面的旅游价值没有深度挖掘,没有集约利用旅游资源。

十、节庆问题

自1991年首届张家界国际森林保护节成功举办以来,已举办6届。首届国际森林保护节对于倡导保护绿色、珍爱森林、维护生态,提高张家界知名度起到了积极作用。中央电视台、湖南卫视等给予及时报道。以"地球呼唤绿色、人类渴望森林"为永恒主题的张家界国际森林保护节,先后得到了国家林业局、国家环保总局、国家旅游局及湖南省人民政府的高度重视和支持,吸引了越来越多的国际环保组织和国内外主流媒体的关注,已成为世界了解中国森林保护事业、了解张家界的一个重要窗口。但以后几届,可以说是一届不如一届,逐步演变成旅游发展的"鸡肋",变成了张家界市的负担,变成了每届投资几十万,请来大批免费内宾,找来一些在国内甚至就在省内工作的"金发、碧眼、高鼻梁"老外,装点国际气氛,难以起到宣传促销的作用,反而打消了一些旅游者想淡季来张家界旅游的念头。因为张家界地处亚热带,气候温和,适游期长,避开节日期间,交通更通畅,吃住更便利,环境更洁净,更有回归自然的感觉。"飞跃天门"等不定期的活动,在宣传造势上,起到一定效果,但难以持续,尤其是2006年邀请俄罗斯战机,仅仅在张家界荷花机场上空表演一些花样飞行,而没有穿越天门山洞,让很多游客有受骗的感觉。

张家界国际森林保护节,已经成为一个特色性的品牌,如果停办,有可能被别的森林公园"移花接木",效法模仿。应该深化节庆内容,增加自身吸引力,而不仅仅是一种宣传促销活动。可以利用张家界生态旅游区,打造更具活力的绿色系列节庆活动,以生态旅游促进生态产业的体系化发展。建议与湖南优势媒体结合,或主动联系国家环保总局、中央电视台等相关单位和强势媒体,海选全国绿色人物、绿色企业、绿色景区、绿色城市,对感人的绿色人物、事迹,对资源节约、环境友好的绿色产品、绿色企业、景区、城市,进行一年一度的排名、颁证,就像"超女"造星一样,每年举办一次"超绿"海选,造就中国、乃至世界的"绿星",使张家界成为中国的绿色圣地,进而成为世界的生态之都,其对于森林、生态,就像好莱坞对于电影。为了增加"超绿"活动的娱乐性,利用张家界民歌资源丰富、歌星(宋祖英、何继光等)辈出的地域优势,或与"超女"联姻,原汁原味原声,不加修饰的"超女"海选,与张家界天然去雕饰的生态景观结合,促进张家界市内旅游娱乐文化的发展。在"超绿"、"超女"等活动吸引下,大力发展张家界生态度假旅游、民俗体验旅游、湘西风情休闲度假等活动,形成由节庆延伸而来的体系化的生态度假、湘西休闲度假旅游产品,这种体系化的旅游产品,才能促进张家界形成一个终极目的地。将过去短短几天节庆,拉长成生态度假月,"超绿"、"超女"海选月,湘西休闲体验月。随着长沙至张家界高速公路的全线贯通,张家界的交通区位条件在变化,张家界可能是起点,也可能是终点,也可能是中间点,关键在于能否留住客人。现在游客平均停留天数,比过去更加少了,这是景区内外交通便捷带来的副作用。

  张家界的品牌已经形成,武陵源风景区自身的吸引力也很强,但是客人看完张家界就走了,拉动力不足。张家界市区到武陵源景区仅20多公里的距离,怎样把客流引过来,把参加节庆活动的客人留下来,要大力发展城市游憩区,这既涉及武陵源区的问题,更涉及张家界市区的问题。现在,市区及周边旅游变成了一些旅行社附加的节目,看张家界送普光寺、秀华山馆或土家风情园,一般用来打发旅行团上火车或候机前的零散时间。延长节庆时间,增加游客停留天数,要建设张家界市区和武陵源区的中心游憩区,使之成为张家界文化的活的展示,成为城市的灵魂,集中地体现一个城市的亲和力和人文主义精神。

如果以节庆活动、生态旅游和张家界市区游憩为基础,培育一个比较完善的体系化的产品,对旅游者的吸引力会更强,张家界单一景区、单一观光、单一主题、单一市场、单一门票的旅游业态就会有所改变。不仅是拉长节庆活动自身,而且通过生态旅游拉动循环经济的发展,进一步拉动生态工业和绿色农业的发展,围绕生态旅游形成一个绿色产业集群或生态产业循环链。

第四节 张家界景区生态环境阈值分析

一、生态环境阈值的含义

旅游生态环境阈值可理解为旅游区生态环境对负面影响的容限值,指在某一时期、某种状态或某种条件下,旅游区在保证其旅游生态系统结构和功能不受破坏所能承受旅游活动的最大容量值。旅游生态环境阈值具有综合性、反馈性、动态性、可控性、可测性。旅游生态环境系统具有一定的结构和稳定性,因而,旅游生态环境阈值具有可测性。旅游生态环境阈值随时空条件变化而变化,所以具有动态性。

生态环境阈值的确定与量测,立足于维持当地原有的自然生态质量。对于不同的环境因子,其脆弱性不同,基于其承载力的生态环境阈值也不相同。计算每一种环境因子承载力的生态环境阈值过于复杂,也没有必要。根据景观安全理论,景观中有某些潜在的空间格局,它们由景观中的某些关键性的局部、位置和空间联系所构成,对维护或控制某种生态过程有着异常重要的意义(俞孔坚,1999)。

二、张家界景区环境脆弱因子分析

根据实地调查,张家界核心景区武陵源景观因子变化最大的是水体。金鞭溪就是张家界生态旅游区关键性的局部。

1998年以来,金鞭溪水开始变黑发臭,说明污染物排放量超过了溪水对污染物的自然净化阈值。藻类和水生植物在金鞭溪中逐年增多,表明由于氮和磷已过多地进入了金鞭溪水体,产生了"富营养化",过分消耗了水中的溶解氧,致使鱼类因缺氧而减少。磷的过多排放,与锣鼓塔生活接待区过量使用洗涤剂直接相关。因为洗涤剂中含有三聚磷酸钠,是藻类的重要营养物,可使水中藻类迅速、大量繁殖。张家界生态旅游区生态环境阈值中,最小分阈值是金鞭溪水对污染物的容限值。根据本章第三节的问题分析,得知金鞭溪水体的主要污染因子是总磷(全华、陈田、杨竹莘,2002)。

三、核心景区建筑合理规模测算

水环境容量是满足水环境质量标准要求的最大允许污染负荷量,其计算模型以环境目标河水体稀释自净规律为依据。根据第六章提出的阈值模型计算得出:在不超出张家界景区最为脆弱的环境因子——景区水质标准总磷≤0.02的前提下,景区上游接待区旅游生态阈值,春季宾馆可使用面积容限为29 650平方米,夏季为76 425平方米,秋季为13 625平方米,冬季为8 325平方米。

因金鞭溪游览线主要景点集中在老磨湾至紫草潭地段,而且该段溪流几乎没有新的总磷污染源,所以,老磨湾至紫草潭总磷污染衰减系数(表7—3),比较真实地反映了金鞭溪总磷污染衰减情况。

表7—3 2000年金鞭溪总磷实测值及衰减系数表

监测季节 平均值	老磨湾 C_1	紫草潭 C_2	衰减系数 $K_i=(C_{i+1}-C_i)/$ $(X_{i+1}-X_i)$
春	0.252	0.163	3.47×10^{-5}
夏	0.542	0.337	7.995×10^{-5}
秋	0.571	0.463	4.21×10^{-5}
冬	0.054	0.038	6.24×10^{-6}
距排污口距离	$X_1=860$	$X_2=3\,424$	

按水域功能划分,金鞭溪水质应执行地表水环境质量Ⅰ类标准:总磷含量 $C_N\leqslant 0.02$。宾馆为保证住店游客吃住卫生及环境整洁,据调查每床位每天需消耗 $P=56.7\text{g}$ 洗衣粉或洗涤剂。据检测,各种洗涤用品中,总磷含量平均为 $R=0.37\%$。根据最近的人口普查,张家界村锣鼓塔共有常驻人口 $L_0=1\,123$。由此可推算出在不超出总磷的最大允许污染负荷前提下,金鞭溪上游最大床位数量为:

$$L=\frac{W}{P\cdot R}-L_0=[(C_N-C_0)Q+K\frac{x}{U}CNQ]/P\cdot R-L_0$$

(6.1)

将表7—3及表7—4中数据代入公式(6.1),根据标准客房平均每两张床占建筑面积50平方米的经验数据,即可算出金鞭溪老磨湾段水环境的总磷生态阈值 W 及锣鼓塔接待区宾馆最大建筑面积动态系列值(表7—4,全华,2003)。

表7—4　金鞭溪老磨湾段总磷动态阈值及锣鼓塔接待区宾馆建筑面积容限值

季节	项目	参照面砂刀沟	断面1老磨湾	断面2紫草潭	断面3水绕四门	衰减系数 $K_i=(C_{i+1}-C_i)/(X_{i+1}-X_i)$	总磷容量W (mg/D)	宾馆建筑面积容限值 (m^2)
春	C_0 (mg/L)	0.019	0.014	0.312	0.023	3.47×10^{-5}	484.5	29 650
春	U (m/s)	0.609	0.481	0.47	0.356			
春	Q (立方米)	23 572	66 737	71 352	88 434			
夏	C_0 (mg/L)	0.013	0.012	0.354	0.208	7.995×10^{-5}	877.01	76 425
夏	U (m/s)	0.764	0.653	0.586	0.767			
夏	Q (立方米)	35 327	86 747	90 173	98 354			
秋	C_0 (mg/L)	0.021	0.016	0.563	0.312	4.21×10^{-5}	350	13 625
秋	U (m/s)	0.483	0.369	0.282	0.206			
秋	Q (立方米)	21 747	58 725	62 414	83 193			
冬	C_0 (mg/L)	0.017	0.015	0.042	0.052	6.24×10^{-6}	305.35	8 325
冬	U (m/s)	0.464	0.357	0.275	0.247			
冬	Q (立方米)	19 872	57 613	59 115	81 337			

通过上表计算结果得知,锣鼓塔地段在夏季丰水季节,总磷容量最大,此时可容纳的宾馆建筑面积为 76 425 平方米。冬季金鞭溪水量最小,总磷容量为每天 305.35 毫克,此时可容纳的宾馆建筑面积为 8 325 平方米。然而锣鼓塔实际宾馆建筑面积已达 89 625 平方米,远大于其总磷生态阈值许可的最大建筑面积容量。解决办法有三:一是关闭一些宾馆,使之不超过相应季节的最大宾馆建筑容量;二是沿着现已动工兴建的"峪园公路"隧道铺设排污管道,使宾馆污水流过隧道,经处理后排入两叉河;三是建污水处理场,根据国外经验,1 公顷污水处理场,可处理约 3 330 人产生的生活污水(谢彦君,1999)。

张家界在生态旅游区中具有典型性,其环境演变趋势反映出的普遍性问题,有着深层内涵:①住宿设施排污是景区最大的污染源,景区环境治理往往忽视虽在景区外,但位于上游的接待设施。②景区污染受体中,水体通常是最为脆弱的环境因子。③随着旅游接待人次数的增长,旅游生态环境质量下降趋势明显。④ 上游接待区住宿设施规模超过生态阈值,洗涤用磷过量导致总磷超标。⑤总磷超标排放是风景区水质下降的主要原因,水质恶化感官表现为蓝藻、绿藻迅速繁殖,在生态旅游区环境演变中最为明显。⑥不同数量的常驻居民及服务管理人员、不同的季节、不同地段、不同的排污治理措施,景区生态环境阈值各不相同。本书只是对典型生态旅游区张家界生态环境阈值的探讨,但方法可以借鉴。不同类型的风景区,生态环境脆弱因子不同,例如,海拔较高的山岳型景区最为脆弱的生态环境因子是高山草甸;洞穴景观最为脆弱的生态环境因子是洞内空气中 CO_2 的浓度。根据本书思路,可计算出其他类型风景区环境阈值。

第五节 景区生态环境的恢复与重建

一、建设生态旅游城市

张家界是世界一流的自然风景区,但作为接待中心的市区,目前却是既无特色,又脏乱破败。一些原打算在张家界投资的客商,也因城市投资环境差而改变计划,甚至部分游客也不愿在此过夜。为了更好地接待来自海内外的游客,真正落实"市里住,山上游"的要求,减少景区的环境污染,实现旅游业的可持续发展和关联带动效应,应运用恢复生态学理论,将张家界建设成为一座名副其实的生态旅游城市。

1. 生态旅游城市形象策划

生态旅游城市建设要高起点,并有超前意识,树立鲜明持久的城市个性化形象,避免反复拆建。首先要求对城市形象进行科学策划。影响城市形象的因素很多,可以归结为理念识别系统,视觉识别系统和地文识别系统。

从理念识别而言,张家界市应是环境宜人、富有情趣的生态城市;从视觉识别而言,张家界市应是青山绿水、美丽愉悦的山水城市;从地文识别系统来看,张家界市应建成亚热带土家风情都会。其山水理念可概括为:山为骨架,水为血脉,竹木为衣饰。陈从周认为:张家界应把森林引进城市,把动物引进城市,把古典园林引进城市,把土家族风俗画引进城市,这就是古人追求的"师法自然,天人合一"的生态性家园境界。

总而言之,张家界市区的形象定位应是:具有浓郁土家风情的亚热带生态旅游城。其基本形态可以概括为:山环城、城含水、吊脚楼依山临水,天门山成为全城的借景,城市建筑沿澧水两岸呈多中心组团布局,之间以通透的绿脉(绿地系统)和蓝脉(水网系统)有机连接。

2. 生态旅游城市框架构想

(1) 城市规模。按"十一五"规划,张家界市市区人口近期达30万,"十一五"期末达到50万,比较切合实际。张家界市绝不能与大城市攀比,它的定位在精,在美,在特色,在风格,在生态、在环境,在文化品位,在旅游功能。

(2) 范围:可概括为一河两岸四山六大组团。

一河:即以澧水为中轴线,划分两岸城区。建议减少拦河大坝,保持澧水的自然状态,杜绝在城区河段挖沙取石;增强河流自然排洪能力,做活水文章,引领市区"蓝脉"。

两岸:澧水两岸展出的两大片平原,视野开阔,远山近水,田园沃野,这是生态城市的自然环境依托。

四山:按山脉走向划分为天门山(天门山—三望坡)一线、阴山、回龙山(子午台—回龙山—阳湖坪后山)、卧虎山一线。这是未来的天然林、植物园、野生动物园区。

六大组团:指老城区、且住岗、南庄坪、官黎坪、西溪坪、阳湖坪。

(3) 旧城改造。

① 中央游憩区建设,恢复五座古城门及部分古城墙。临河且距城市中心较近城墙段落,作内空处理,内设商场或民俗文物陈列,城楼可作文化茶座、酒吧、咖啡屋或娱乐场所或民俗歌舞表演场馆或民族工艺品商场等。石板街道、吊脚楼门面、露天茶吧、酒吧、咖啡吧、小吃摊,街头小表演(如气功、阳戏、山歌、白族杖鼓舞、土家茅古斯、打溜子、苗族猴儿鼓等),湘西特色小吃(如酸萝卜、米豆腐、葛粑粑等)。

② 对临街旧建筑进行修旧如旧式的修缮和保护，对不伦不类的贴瓷砖的"厕所"建筑或拆除或改造，或作绿化、净化、美化、民族化、艺术化、生态化包装处理。可用三种方法：一是"戴朵花"，在临街屋面，做一些民族文化符号。例如在墙面上点缀土家族图案，游客就会觉得这个楼有神韵，有文化气息。二是"穿衣戴帽"，就是改造墙的外立面，改成土家吊脚楼式样，把平屋顶改成飞檐翘角的瓦屋顶，不能改的屋顶，全部进行屋顶绿化。三是"以绿遮丑"，实在难以改造的破墙烂屋，移植大树遮挡，或者种植爬山虎，垂直绿化，使之成为生态楼。将旧大操坪临街房屋拆除，扩大改造成森林广场，不作体育、集会场所。体育、集会场所迁至吉首大学张家界校区（原武陵大学）体育场。

③ 按照张家界著名景点命名城市主干道，并配以相称的风景标志建筑。如果照此法命名街道，让国内外游客一进城市便觉得风景区的绿色信息扑面而来，这比现在的子午路、死人子湾、张青大道等街道名称要更加具有亲和力。建议有关部门尽快组织专家论证实施，让改造后的山水生态旅游城市配上一个个美丽动听的名字。

3. 建设步骤

建设生态旅游城市，不等于建大都市，应定位在小城市规模，具体工程可分近期、中期、远期实施。可分 3 年、5 年、10 年实施建设，因时制宜，量力而行，可分板块、分区段进行，步步为营、逐片推进。

（1）近期

举行全民大讨论，强化生态意识，提出一个响亮的口号和明确的目标，印制在各种宣传品上，成为品牌广告，形成全民合力。

① 组建规划设计班子，由城建、设计、民族、民俗、旅游、环保、文化等方面的行家组成（特别邀请国内外生态建设专家参与），以湖南

省审定的张家界市城市规划为基础,予以科学调整、补充、完善,拿出生态旅游城市总体规划,公诸于全国、全社会,提交全民参与评议,其过程就是一次生态普及教育,同时,让广大市民参与,能增强主人翁精神和责任感,提高市民素质,生态旅游城市规划一旦审定,即以法律法规形式逐届相传,经过十年或更长一些时间的努力,一座美丽的生态家园城市,就会矗立在天门山下,澧水河畔,与张家界生态景区交相辉映。

② 在每年适当季节,设置"爱树月"、"爱鸟周"、"亲水季",使张家界全市范围内山常青,水常绿,鸟常来,客常驻。旅游旺季前,对城市残破、脏乱环境及一切有碍观瞻的内容,进行整治,修补街面,疏理阴沟,美化门面,硬化道路。按照国际标准,规范标识系统,统一摆摊设点等。要让游客一进小城,就有绿色扑面、纤尘不染、耳目一新的生态舒适感。

③ 建设"官—产—学"一体化的城市景观研究、设计、建设机构,广纳具有生态意识和科学素养的人才,对全市景观的生态化改造提供技术支持。对全市范围内的企事业单位、家庭和个人,评选一年一度的"生态之星"给予重奖。同时,建立强有力的生态景观执法队,将巡警职能扩大,即同时又作生态景观执法队,常年巡查不懈。动员社会上更多志愿者上街执法。

(2) 中期

① 凡街道、商店、机关、民宅等一切边角空地均植树培花育草,尽可能腾出空地,设计园林小品,强制绿化、美化、亮化,让恶劣的小城生态环境在短期内有根本性的改观。

② 在进行充分的可行性研究基础上,空地上种植楠竹、凤尾竹、水竹等竹类植物,快速绿化,形成"中国竹城",尤其绿化市区至景区

公路、机场至市区马路、永定大道、子午台、回龙观、白羊坡、氮肥厂后山等直观荒山,特别绿化上自澄潭水厂,下至火车站一段30华里澧水两岸荒芜地带,力争三五年之内再现昔日"夹岸绿树戏澧水,四围青山抱古城"的生态环境。可以利用一年一度的植树节,将每年林业部门必须支付的造林资金集中使用,将任务分段分片包干落实到单位;并利用党、工、青、妇、学校及各民主党派等开展一系列生态绿化活动,以促进生态旅游城市建设快速完成。

③ 建设回龙路步行街。步行街是一个城市成熟与祥和文明的形象展示载体。回龙路具备了建步行街的若干有利条件。与北京、上海的步行街不同,这里的步行街建设不要大而全,不建大商场、阔门面,而要小而精——小街道、小商店、小餐饮、小广场,街头小表演,土家风味小吃。充分挖掘小城的文化底蕴,集中体现张家界的文化,成为张家界文化的活的展示,成为张家界城区的灵魂。游客到了这里,感觉非常亲切,充满文化,很有情趣,觉得张家界小城市有味道。张家界的景点大多在武陵源核心景区,这些景点已经足够了,不要在城区再建景点,城区就是要形成一个真正具有人本主义精神,具有浓郁的人文气息的地方,这样才能留住游客,形成立体消费。立体消费包括三个层面:一是全天候,白天在山上景区消费,晚上在山下城区消费,晴天在室外消费,雨天在市内休闲,冬季温泉疗养,夏季山上纳凉;二是全方位,就是在城区范围内成片生态化、景观化、民族化建设,处处吸引游客,处处能留住游客;三是多领域,就是除了观光之外也要积极开展生态度假,生态旅游房产,绿色产品购物,生态科普教育等。

(3) 远期

① 建设生态旅游城市与创建最佳旅游城市结合起来,二者概念

相同，目标一致，如能科学规划、精心实施，必能获得事半功倍的效果。

② 边改造现存环境，边招商引资，以张家界的品牌，舒适的生态环境吸引内外资金，共建生态旅游城市。特别注意营造平等、公正、诚信、友善的政策环境，支持已投资的企业和本市有经济实力的市民参与投资建设生态旅游城市。切忌"开门招商"，"关门打狗"，钱没到位的时候，投资者是爷爷，钱到位了，马上变成孙子，成为各级、各部门索、拿、卡、要的对象。

③ 利用建设防洪大堤的基础，将澧水大桥至鸬鹚湾大桥一段沿江大道改造成土家民俗街，在这条街上，恢复老卫城已经失去了的一系列古文化建筑，如卫署衙门、商帮会馆、寺庙、佛塔、城楼、牌坊、吊脚楼等，囊括土家族历史、人物、风情、神秘文化、民族艺术、民族饮食等，再现昔日永定卫之风貌，再造一处城市休闲场所。

土家民俗街，集防洪大堤与民俗步行街于一体，将防洪大堤建设成大自然的峡谷河岸，用毛石造出悬崖峭壁，或山头或沟谷或洞穹或森林或瀑布等，"同自然争胜，越自然之美"。此外，还必须吸取南庄坪河堤的教训，那是一种死板的、毫无艺术美感的人工堤，并将水利工程建设与城市生态景观美化有机结合。

二、建成两个生态旅游示范村

生态旅游村的建设选址，既要考虑核心景区的生态环境阈值，即不因生态旅游村的建设，增加核心景区的承载负荷，最好能分流核心景区的旅游压力，又要考虑游客游览生态旅游村的可达性、便捷性和可能性。在此基础上，还需兼顾生态旅游村的现有基础和彼此的差异性。据此，笔者认为天门山乡的仙人溪村和杨家界景区附近的中湖乡白鹤坪(图7—8)是比较理想的生态旅游村建设区位。

1. 仙人溪生态旅游示范村

仙人溪村位于张家界市区南郊,距机场4公里,距火车站11公里(图7—9)。溪水发源于七星山和崇山之间,流经犀牛潭、仙人溪两大村寨,从张家界市区南门外注入澧水。由于仙人溪水库回水,高峡出平湖,全村上下青山滴翠,绿水环绕,土家民居依山傍水,稀疏散落于绿水青山之间。虽然距市区仅8公里,但由于60米高的大坝,近乎垂直攀缘的羊肠小道,"一夫当关,万夫莫开"的关隘地形,恬静而原始的农耕生活,使这里几乎成了世外桃源。

仙人溪村不仅村内自然风光幽静恬美,而且出村到市区的必经之路上,有水碾、"一线天"峡谷、硬气功之乡官黎坪、土家风情园等具有较大开发潜力的景点。随着天门山国家森林公园的建设,位于两大森林公园之间、张家界市区近郊的仙人溪生态旅游村,发展前景广阔。

主要建设项目有以下7个。

① 乡村别墅:200平方米,木质结构,二层布置,建筑形式以吊脚楼为主。

② 土家美食屋:300平方米,单层木质结构,为游客提供自助烹调或土家"八大碗"传统美食,以酸萝卜、酸辣子、酸鱼、菜豆腐、粉辣子、甑蒸饭和鼎罐饭为主。建成木质青瓦结构木屋,单层建筑,土家风格,可容纳160人左右。

③ 水上娱乐厅:200平方米,钢筋仿木结构,单层建筑,临水悬空。定期或不定期开展气功展演、土家婚嫁习俗、水龙灯、摆手舞、茅古斯舞、傩戏、阳戏、花灯等表演。

④ 游人闲居茶饮屋100平方米,厢式木结构。

⑤ 生态厕所 3 个。

⑥ 垃圾点设计三处，封闭式混凝土结构。

⑦ 改造公路。

仙人溪至机场全长 4 公里，柏油路面，连接水碾、"一线天"峡谷、硬气功之乡官黎坪、土家风情园等比较成熟的景点。

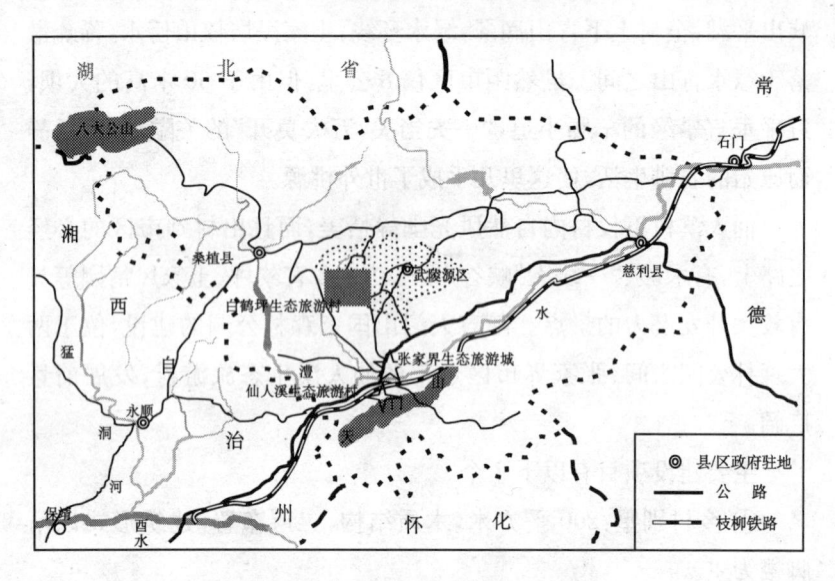

图 7—8　张家界市生态旅游建设布局

2. 白鹤坪生态旅游村

白鹤坪村因树枝上经常停满白鹤而得名，位于中湖乡政府驻地东南约 500 米处，是武陵源杨家界景区西南入口，见图 7—9 所示。随着天子山镇建设规模的控制和部分搬迁，这里将成为进出天子山、杨家界的最佳通道，应尽早进行生态旅游村的科学规划，避免重蹈其他旅游城镇的覆辙。白鹤坪地形似展翅欲飞的白鹤，北、南两峰似鹤之两翼,树木繁茂,四季长青。每年暮春至秋初,数千白鹤陆续自外地飞聚于此,高潮时,可聚万只,或飞或栖,或鸣或嬉。中央电视台《人与自然》栏目及专题片《人与鹤》等曾取此景观,说明这里人与自然相协调的生态环境,具有一定的典型性。

　　白鹤,学名白鹭,鸟纲,鹭科,好群居,春夏多活动于南方水田或湖沼岸边,主要以小鱼等水生动物为食。当地居民又称白鹤为仙鹤,认为是一种吉祥鸟,幸福鸟。白鹤坪候鸟种类主要是池鹭、大白鹭等。据当地山民介绍,众多白鹤来这里安家,这里便人丁兴旺,风调雨顺,五谷丰登。若白鹤搬迁,离此远去,则自然灾害频繁,人畜不旺,庄稼歉收。因此,这里的山民对白鹤呵护备至,从不伤害。

　　白鹤坪村不仅生态环境优越,人与自然协调,而且紧邻核心景区,经杨家界箱子溪,有标准石板游道与张家界森林公园的月亮垭、砂刀沟相连。与最近的龙凤庵景点仅11公里,即进入黄石寨游览区(图7—9)。对核心景区环境保护最为有利的是,此处溪水由风景区向外流向澧水河。如果当初张家界森林公园接待区选址于此,而不是锣鼓塔,就不会产生金鞭溪的严重污染。

　　主要建设项目有以下7个。

　　①张家界博物馆:1 200平方米,钢混结构,仿石英砂岩峰林造型,展示张家界珍稀动植物或标本、张家界景观微缩模型、土家、白、苗等少数民族服饰表演、多媒体景观成因可视化展示和旅游信息查询。

　　②仙鹤远望塔:钢架观光电梯,顶部为全玻璃透明球体,配置高倍望远设备,即可远望白鹤,又可观赏杨家界全景。

　　③婚丧节令聚会宾仪馆:配备上等设备和场所,承办周边地区婚丧嫁娶宾仪活动,岁时节令聚会,如过赶年、闹元宵、四月八、赶秋节、

火把节、七月七、武术杂耍、斗鸡、摆手舞、仗鼓舞、接龙舞、花灯等。

④土家乐：土家族的"农家乐"，单层木质结构，为游客提供民居式吃、住、游乐活动，自助烹调或土家"八大碗"传统美食，以酸萝卜、酸辣子、酸鱼、菜豆腐、粉辣子、甑蒸饭和鼎罐饭为主。吊脚楼风格建筑，小体量分散布局于山野之间。

⑤生态厕所 10 个。

⑥垃圾点：设计三处，封闭式结构。

⑦改造公路。黑化教子垭—中湖乡公路。

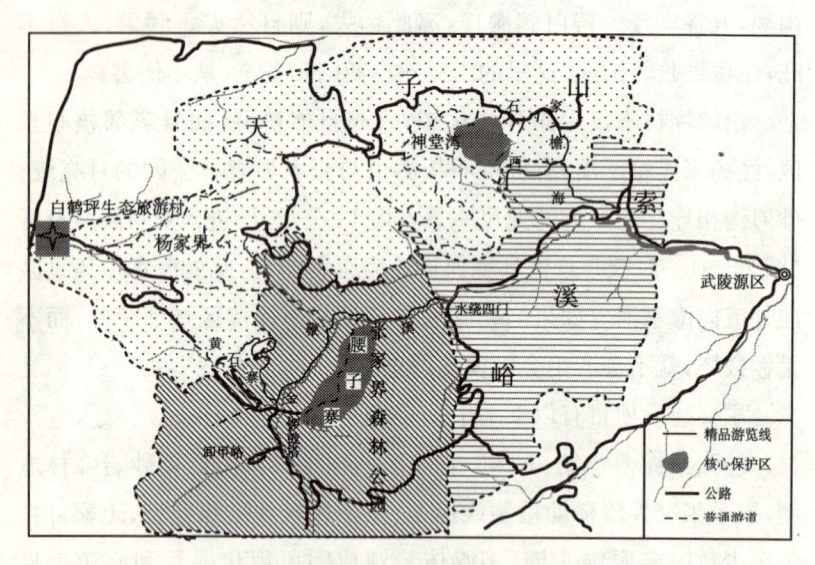

图 7—9　武陵源核心景区建设布局

三、设置三处核心生态保护地

为了张家界生态旅游的长期可持续发展，必须划定人文建筑的真空地带——核心生态保护区。根据张家界生态旅游区现有基础，结合生态旅游发展现状,既考虑当代人的旅游受益,又考虑下一代人对生态旅游区的需求,张家界宜划定三处核心生态保护区,见图7—8和图7—9所示。

1. 八大公山

八大公山位于澧水的源头,距桑植县城89公里,有公路相通,见图7—8所示。清朝前有八大业主在此指山划界定权属,之后迁往他处,其权属遂成公山,故名。1986年定为国家级自然保护区,总面积250平方公里,主峰斗篷山海拔1 890.4米,年均气温11.5摄氏度。森林蓄积量106.3万立方米,森林覆盖率90%。孕育和保存了亚热带完整的原生性常绿阔叶林,被誉为"世界罕见的物种基因库",1993年被纳入"中国人与生物保护区网络"(MAB)。已探明区内有维管束植物176科、648属、1 676种,其中国家重点保护的珍稀濒危植物44种,名贵中草药资源极为丰富。已查明脊椎动物168种,其中国家重点保护的珍稀动物有金钱豹、云豹、苏门羚、水鹿、娃娃鱼等,境内空气清新,风景宜人。

保护内容:中亚热带向北亚热带过渡地带原始次森林生态系统,9个植被类型,26个植被群系,珙桐(呈群落分布,是中国珙桐分布的中心区)、光叶珙桐、红豆杉、钟萼木5种一级保护植物;黄杉、白豆杉、篦子三尖杉、巴山榧树等二级保护植物;金钱豹、云豹、黄腹角雉、金雕5种一级保护动物;黑熊、苏门羚、斑羚、水鹿、大(小)灵猫、林麝等二级保护动物。

2. 神堂湾

神堂湾为索溪峪十里画廊景区与天子山石家檐景区之间的梯级深坑,见图7—9所示。神堂湾呈圆桶形,悬崖峭壁,树木掩映,深不可测。明万历《慈利县志》载:"神堂湾名神堂寨。"相传向王天子兵败受伤不屈,跳入此峡殉难。

神堂湾四面都是悬崖绝壁,到处都是茂密的森林,形如一个巨大的天坑,宽约5 000米,长约10 000米。据当地山民介绍,四周悬崖绝壁中,只有一处岩墩,可能通向湾底,估计由岩墩到湾底,要下九级石墩,当地采药者,曾下去采药,但最多下至二墩,就返回。1968年解放军某部采药队,为了采集灵芝等名贵药材,腰缠绳索,相互牵拉,攀藤附树,也只下至六墩,便无法再进一步下去。从六墩往下看,还是深不见底,只好原路攀缘返回。神堂湾究竟有多深,范围有多大,植物种类有多少,有哪些珍禽异兽,当地人无人知晓,外人也从未进行过勘测。

由于当地人视神堂湾为神秘谷,并附上妖魔鬼怪的传说,无人敢涉足,所以至今保存完好。尽管当今张家界旅游名震海内外,但这里一直是人迹未至的无人区,具有设立核心保护区的先天优势。

保护内容:青年期石英砂岩峰柱林,原始次森林生态系统,5个植被类型,16个植被群系,珙桐、南方红豆杉、钟萼木3种一级保护植物;鹅掌楸、白豆杉、篦子三尖杉、巴山榧树等17种二级保护植物;武陵松、大庸鹅耳枥、粉背旌节花等特有种;金钱豹、云豹2种一级保护动物;猕猴、黑熊、苏门羚、穿山甲、林麝等二级保护动物。

3. 腰子寨

腰子寨,又名竭功山。位于森林公园东南,距老磨湾5公里,因形似腰子(肾脏)而得名,见图7—9,海拔1 050米。寨顶为一狭长岭脊,长约1 400多米,宽100米左右,是一座屹立云天,西、北、东三面绝壁深达300余米的扁状观景台,以奇险著称。有天桥、层岩涌塔等主要景点。

保护内容:壮年期石英砂岩峰柱林,原始次森林生态系统,5个植被类型,18个植被群系,珙桐、南方红豆杉、钟萼木3种一级保护植物;鹅掌楸、白豆杉、篦子三尖杉、巴山榧树等19种二级保护植物;武陵松、大庸鹅耳枥、粉背旌节花等10个特有种;金钱豹、云豹2种一级保护动物;猕猴、黑熊、苏门羚、穿山甲、林麂等28种二级保护动物。

四、完善四片特色旅游区

1. 张家界国家森林公园

武陵源的张家界国家森林公园(图7—9),总面积48.10平方公里。公园管理处驻锣鼓塔,距张家界市城区30公里,有高等级公路通达。境内峰密岩险,谷深涧幽,水秀林碧,云缭雾绕。集雄、奇、幽、野、秀于一体,汇峰、谷、壑、林、水为一色。有金鞭溪、黄狮寨、琵琶溪、腰子寨、砂刀沟、袁家界6个小景区游览线,已命名景点90多个。有标准石板游道6条,总长21.8公里;车行公路游道总长29.8公里。

建设主要内容:切实控制锣鼓塔接待设施规模,使之不超过生态阈值;除了提高门票价格外,选择具备良好生态道德的旅游团队或游客,限制游客量;建设高质量的环境保护设施和污水处理厂,建设生物多样性科研与保护中心。

2. 天子山自然风景区

天子山景区位于武陵源风景名胜区西北部(图7—9),总面积54平方公里。境内中部高,四周低,海拔800米以上为发育不成熟的石灰岩层,800米以下属厚度很大的石英砂岩层。该景区交通畅达,自天子山上贺龙公园始,有公路经天子山镇、中湖乡、永定区教字垭镇直达张家界市城区,全程58公里,沿此条公路经张家界市区可达武陵源区人民政府驻地、张家界国家森林公园,里程分别为 114.8 公里、89 公里。山顶公路与杨家寨景区、张家界国家森林公园袁家界小景区相通。全程 20 公里。从天子山农场往左经丁香溶有简易公路可去老屋场小景区。旅游旺季,有班车从贺龙公园来往桑植县城。此外,建有步行游道 16 公里。

建设主要内容:切实控制贺龙公园附近接待设施规模,使之不超过生态阈值;选择具备良好生态道德的旅游团队或游客,限制游客量;建设高质量的环境保护设施和污水处理厂;建设配套的居民参与旅游业的制度和激励机制,提高当地居民收入。

3. 天门山国家森林公园

天门山位于永定区城区南面 8 公里,最高海拔 1 519.7 米,是张家界境内最高峰。山顶距张家界市城区 15 公里,距武陵源区人民政府驻地约 66 公里(图 7—9)。四周绝壁,山顶平旷,顶部面积 2.2 平方公里。与城区遥望,可见南北对穿的洞孔如门,凌空高悬于近山顶部位,被称为天门洞,天门山因此得名。天门洞口海拔 1 261 米,位于 110°28′56″E,29°03′04″N,洞高 127.42 米,洞深 279.42 米,洞口最窄处 28.03 米。作为悬空危立的穿山巨洞,其海拔高度和飞嵌绝壁的险要位置,与城市如此之近的距离,在世界上实属罕见。'99 张家界世界特技飞行大奖赛,穿越的自然山洞就是天门洞。2006 俄罗斯军用飞机飞行表演,也在这里举行。山上有高昂低俯的 16 峰,岩浴十分发育,有岩溶丘、漏斗、落水洞、石牙和石林,溶洞数以百计,已命名的有 16 个洞,部分洞中有流泉飞瀑,森林繁茂,覆盖率达 80%。平均气温 9.9℃。全年无夏季,适合避暑、观云海、雾涛和日出。1992 年 7 月 27 日,林业部批准为天门山国家森林公园。

建设主要内容:建设仙人溪生态旅游村;建设天门山顶空中原始

花园；建设全长 7 200 米世界最长的索道；建设高质量的环境保护设施和污水处理厂；建设配套的居民参与旅游业的制度和激励机制，提高当地居民收入。

4. 索溪峪自然保护区

索溪峪自然保护区位于武陵源风景名胜区东北部（图 7—9），总面积约 180 平方公里，有公路分别与张家界市城区、张家界国家森林公园相通，并与慈利—长沙公路连接。景区内以军地坪为中心，已开通至各小景区和张家界国家森林公园—十里画廊—卧龙岭—西海天台、宝峰桥—鹰窝寨—宝峰湖游船码头等高标准步行游道，总长 9.4 公里。景区呈盆地状，四周高，中间低，山、丘、川并存，峰、洞、湖俱备。峰秀、谷幽、水碧、洞奥为其景观的主要特征。现已开发小景区 8 个，即西海、十里画廊、水绕四门、百丈峡、叶家岗、宝峰湖、黄龙洞、观音洞。另有待开发小景区 1 个，即白虎堂。

建设主要内容：建设军地坪生态旅游镇；建设改造市区至军地坪公路为高速公路，使军地坪的可达性超过锣鼓塔，迫使锣鼓塔压缩接待设施规模；适度发展休闲度假区、汽车旅馆、森林野营基地；建设高质量的环境保护设施和污水处理厂；建设配套的居民参与旅游业的制度和激励机制，提高当地居民收入。最终建成武陵源风景名胜区研究、保护和管理中心。

五、做强五条精品游览线

1. 黄石寨游览线

黄石寨亦名黄狮寨，原名黄丝寨、黄氏寨。位于森林公园中部（图 7—9），为一巨大方山台地，海拔 1 080 米，是雄伟、高旷的观景台。寨顶面积 16.5 公顷，西南略高，东北稍低。周围则悬崖绝壁，绿树丛生,伸出许多凌空观景台。有南北两条步行登寨游道,还有后山公路自老磨湾通往后卡门,系砂石路面。从南面登寨,沿途有天书宝匣、定海神针、南天一柱、摘星台、天桥遗墩、六奇阁等绝佳景点。

建设方向:这是最早进行建设的游览线,石板游道标准,设施齐全,利用率较高。今后建设方向是:建设生态环境监测系统,严格控制新建项目,严密监视古树名木和石壁的乱刻乱画,严肃查处污染环境的不良行为。驱除风情表演点,使之集中于旅游城镇,使黄石寨恢复空气清新、原始怪野的自然氛围。

2. 金鞭溪游览线

金鞭溪位于森林公园东部(图7—9),因流经金鞭岩得名。西汇琵琶溪,东入索溪,是一条曲折幽深的峡谷。两岸翠峰簇拥,溪水绕峰穿峡,森林茂密浓荫,花草争奇斗妍,全境鸟语蝉鸣,是张家界最吸引游客的黄金旅游线。游客集中路段仅2米宽,其他地段为1.5米宽,5540米长的标准石板游道。沿金鞭溪而下,绝佳景点有闺门倒影、金鞭岩、紫草潭、千里相会、跳鱼潭等。

建设方向:这是利用率最高的游览线,石板游道标准,设施齐全。今后建设方向是:根治金鞭溪污水,建设生态环境监测系统,严格控制新建项目,严密监视古树名木和石壁的乱刻乱画,严肃查处污染环境的不良行为。驱除风情表演点,拆除不必要的人文建筑,使之恢复空气清新、原始怪野的"中华第一溪"景观。

3. 石家檐游览线

石家檐位于天子山景区东北面(图7—9),距天子山镇人民政府驻地16公里。以神堂湾谷地奇异峰林为主要景观,为景区黄金游览区段。该游览线串连着贺龙公园、天子阁、御笔峰、神堂湾、仙女献花等著名景点。有4条游路可达:由索溪峪镇斋公湾乘坐天子山索道缆车上山,出站后车行2公里至停车场;由索溪峪镇车行6公里至绿喁山庄,再沿西海游道经南天门步行6公里;由十里画廊游道经卧龙岭、月亮垭步行4.5公里;由天子山镇政府所在地泗南峪乘车16公里。石家檐游览线景点密度不如前两条,但每一处景点,都绝妙无双,例如,御笔峰、神堂石柱等已成为张家界的景观标志。

建设方向:这条游览线景点险绝,而且彼此相距较远,游客相对较少,因而受到良好的天然保护。因海拔较高,湿度较小,宜建设木板或仿木板生态游道,控制柏油公路的进一步扩建,以免破坏野生动植物的生境条件。今后建设方向是:合理规划餐饮点,力求少而精,建设一批生态厕所;建设生态环境监测系统,严格控制新建住宿设施,严密监视古树名木和石壁的乱刻乱画,严肃查处污染环境的不良行为。保持空气清新、原始怪野的自然氛围。

4. 西海游览线

西海位于索溪峪景区的西部(图7—9),为一盆地型峡谷峰林群。"海"指"云海"、"峰海"、"林海"。在大约30平方公里的地下盆地内,数以千计的石英砂岩峰柱,相互簇拥,昂然向上,铺天盖地,极为壮观。三"海"合一即为西海之特色,是张家界风景的标志性景点之一。其中通天门、天台为绝景。

建设方向:这条游览线主要是从山脊向下俯瞰石英砂岩群峰,开发建设时间较早,游览设施较多。今后建设方向是:合理规划商业网点,力求少而精,建设一批生态厕所;建设生态环境监测系统,拆除多余的商业摊位设施,严密监视古树名木和石壁的乱刻乱画,严肃查处污染环境的不良行为。保护沿途生态环境。

5. 市区及周边游览线

张家界市区及其周边地带,分布着天门山、土家风情园、秀华山馆、玉皇洞、普光寺等景区(点),虽然单个景点不如武陵源核心景区内景点有特色,但类型多样,交通便捷,游览时间安排较为灵活。

建设方向:张家界市区周边环境容量比核心景区大,而且是绝大部分游客进出张家界的必经之地,客流集中,张家界游览线建设主要任务在这条线上。秀华山馆成名后,在澧水大桥南端,市区通往永顺、机场的三叉路口,于1999年建成了土家风情园。之后,秀华山馆拟在武陵大学西北部的热水坑村,建设更大规模的"巴楚遗郡",同时,市旅游局也在筹建类似项目。今后建设方向是:合理规划民俗展演设施和商业网点,力求少而精,避免重复建设,粗制滥造;规范商业摊位设施,在新的生态旅游城总体规划下,突出特色和观赏性。

六、构建六条生态产业链

真正的生态旅游目的地,不仅仅是多几块绿地,种几片树林,建几个人工湖,摆一些花草,而是要有扎实的生态产业链做支撑,构筑一种持续、高效、优质、良性循环的区域发展模式。它不仅表现为整个城市或乡镇外在的花坛、草坪、水景、清洁、美观、环保,更在于在城市居民中间培植起了系统的生态观念和生态文化,通过一套科学的生态产业体系的建设,确保了生态旅游目的地的生态建设,实现经济效益、社会效益和环境效益的完整统一。

生态产业是一类按循环经济规律组织起来的基于生态系统承载能力,具有完整的生命周期、高效的代谢过程及和谐的生态功能的网络型、进化型、复合型产业。生态产业链是按生态学原理和系统工程方法运行的具有整体、协同、循环、自生功能的复合生态经济链条。从传统产业无序组团向生态产业链的转化,需要一场生产方式、消费模式和生态影响方式的产业生态革命。其理论基础是经济生态、人类生态、景观生态和复合生态理论。产业生态转型的实质是变产品经济为功能经济,变环境投入为生态产出,促进生态资产与经济资产、生态基础设施与生产基础设施、生态服务功能与社会服务功能的平衡与协调发展。生态产业设计的原则包括横向耦合、纵向闭合、区域联合、社会整合、功能融合、能力组合、结构柔化、信息开放、人类生态。产业生态系统是一类社会-经济-自然复合生态系统,具有生产、生活、供给、接纳、控制和缓冲的整合功能和错综复杂的人类生态关系,其方法论的核心在于时、空、量、构、序的生态整合。生态文化是生态产业链的灵魂,指人与环境和谐共处、持续生存、稳定发展的文化,包括体制文化、认知文化、物态文化和心态文化(王如松,2003)。

在市场经济条件下,一种产业发展模式能否生存并得到推广,关键在于它能否带来经济效益。对于生态旅游区而言,生态产业获得经济效益的渠道主要有三条:一是通过区域大循环获得规模经济和结构效应,如废弃物的集中处理、加工、资源化利用;二是通过企业小循环和生态产业链延长获得经济效率产业链增值,例如,资源、副产品和废弃物在企业间的循环利用,降低成本的同时增大了利润空间;三是通过旅游者产业观光、工艺体验、农产品采摘或工艺品自制,获取产业生产的旅游附加值。

由于张家界旅游相关产业不发达,没有形成产业链条,能满足游客的吃、住、行、游、购、娱一条龙服务的高品位消费场所不多,六要素发展不平衡,食无特色,购无产品,娱无亮点。"游客白天看山头,晚上抱枕头",无法为张家界的相关产业作出更大贡献,更谈不上生态产业体系的完善与配套。

根据张家界生态旅游发展基础和湘西的地域特色,张家界市应围绕生态旅游进行产业化推进,重点构建民族生态文化产业、生态景观农业、生态景观工业、生态休闲产业、生态景观房产等,形成生态产业链。

1. 生态旅游产业化

生态旅游产业化,就是以生态旅游为核心,配套旅游要素,并向相关行业渗透,形成具有一定规模的产业。生态旅游目的地要摆脱收入主要依靠门票的现状,逐步取消门票,实施无障碍旅游,让生态旅游资源真正属于全人类。取消门票的同时,吸引游客和旅游经济要素向景区以外的产业活动区域聚集。通过旅游要素流动,形成服务流和物料流,带动资金流和人才流,拉动信息流和商务流,创造文化流和科技流。使生态旅游促进当地社会发展、环境优化、区域协调、国际合作、文化繁荣、生活质量提高,从而使生态旅游成为新的重要产业。生态旅游产业可分为三个层面。①生态旅游核心产业,包括绿色住宿设施、以生态旅游产品为销售对象的旅行社、生态景区(点)和景区绿色交通等。②生态旅游特征产业,包括直接为生态旅游者服务、具有生态环保特征的餐饮、娱乐、铁路、航空、公路、水运、公共设施服务等行业。③生态经济,指通过生态旅游活动所拉动的直接、间接的生态产业。

2005年,张家界接待入境旅游者46.13万人次,占湖南入境旅游人数的64%,张家界已经成为湖南旅游出口的龙头。但是,旅游的带动作用不明显,生态旅游产业化水平有待进一步提高。张家界生态旅游已进入发展的黄金期、品牌的飞跃期、产业的培养期。

建设主要内容:抓住发展机遇,适应市场需求,转变旅游业态形式,强化生态环境的保护,提升观光旅游品位,丰富度假产品内涵,壮大产业规模,提高产业效益,延长产业链,扩展产业面,集聚产业群。

2. 民族生态文化产业

民族生态文化是特定民族为了适应所处的自然生态环境,满足社会需求,维持社会稳定而创造出来的,能够自我形成、蔓延和进化,具有与外界相谐相生、自我调整、自我延续功能的生产、生活方式,是宗教信仰、语言文字、艺术体育等精神事物和现象的总和。民族生态文化经历了古代的"依生文化"、近代的"竞生文化"和现代的"共生文化"阶段。由于各民族所处的自然环境、生态条件具有多样性和差异性,因而民族生态文化也具有多样性、差异性和独特性。这也是民族生态文化能够围绕旅游业,发展成民族生态文化产业的内在原因。

张家界土家族、白族等少数民族文化底蕴深厚,但对民族生态文化进行产业化开发还远远不够。许多特色文化还沉睡在文献里,停留在口头上,有"说头",缺"看头",没有"玩头"。目前,游客能感觉到的文化产品,仅有土家风情园、秀华山馆,以及"山歌"、"土家婚俗"、"阳戏"、"花灯"等少数表演性节目。文化产品的深度开发不够,民族生态文化娱乐市场发育不成熟,至今还没有一首能真正体现张家界民族生态文化特色,旋律优美并能唱响全国的歌曲,也没有一台能充分体现张家界民俗风情的能与"丝路花雨"、"丽水金沙"和"印象·刘三姐"相媲美的演艺节目。

建设主要内容:以土家风情园为窗口,以湖南卫视为传播渠道,以吉首大学艺术学院为创作主体,以湘西自治州歌舞团、张家界阳戏团、吉首大学舞蹈队等表演团体为基础,借鉴长沙综艺性文艺演出的成功经验,立足大湘西,放眼全中国,广纳贤才,凝聚力量,打造《土风苗韵——湘西魂》系列大型民族生态综艺节目。例如,以真山、真水、真狼烟、南长城等真背景,海量演员,构筑宏大的表演阵容,配以高科技手段,游客参与某一角色,再现波澜壮阔的向王天子起义。苗民修

"边墙"(即南长城)、"溪州大战"、土司王朝、"改土归流"、贺龙两把菜刀闹革命、湘西剿匪等历史场景,活化历史事件,给人以视觉冲击,听觉震撼,而不局限于静态实物展示,非人性化的多媒体展示。表演旺季时保证张家界旅游的需要,淡季时全世界巡回演出,创造中国式的"欢乐嘉年华",这比旅游宣传大篷车更有效。

3. 生态景观农业

生态景观农业是尊重生态景观系统和经济活动系统的基本规律,以宜居景观和经济效益为驱动力,以绿色 GDP 核算体系和可持续协调发展评估体系为导向,按照 3R 原则,通过生产过程的景观调控,优化农业产品生产至消费整个产业链的结构,实现物质多级循环使用,有害因子最小排放,农田景观生态化、景观美化的一种农业生产经营模式。

生态景观农业主要特点有:①注重农业生产环境的优化、美化,以及农田生物多样性和景观多样性的保护;②提倡农业的生态化、观赏性、体验式经营,清洁生产,使用环境友好的"绿色"农用化学品,实现环境污染最小化;③利用高新技术,优化农田景观系统结构,按照"资源→农产品→农业废弃物→再生资源"反馈式流程,组织农业生产,实现资源利用最大化;④延长农业生态产业链,通过废物利用、要素耦合等方式与相关产业,形成协同发展的产业网络。

建设主要内容:把生态景观农业建设作为张家界市社会主义新农村建设的重要内容。在景区之外,游客必经之地,如机场至市区沿线、火车站至市区沿线、市区至张家界森林公园沿线、军地坪沿线、张常高速公路张家界市境内路段沿线,扶持生态景观农业示范户、示范区,让利于民,逐步推广。重点建设葛根、杜仲、五倍子、食用菌、烟叶、银鱼、大鲵、草食牲畜八大农产品基地,扶持九天食品、西部万农等龙头企业,带动茶叶、薯类淀粉等农产品的加工生产。通过发展生态景观农业,实现生态、景观与农业经济三个系统的良性循环,走上高产、优质、高效与可持续发展的道路。在张家界市,由于以小农户为主要生产单位,生态景观农业面临着农民素质、土地规模、经济效益等一系列短期内难以克服的制约因素。因此,须先示范,再由点到面,逐步推广。

4. 生态景观工业

生态景观工业的基本内涵是对生产工艺和场所,增加生态化、景观化、体验化设计和建设,而且实现产业旅游、污染治理与原先独立生产方式的"整合"与"一体化"。生态景观工业不仅要求充分利用输入的原料资源,对"废物"进行再利用,而且要求生产内外部环境洁净、美观、舒适,生产工艺具有观赏性、参与性和生态性,从而在总体产业系统内部景观优美,资源节约,环境友好,形成一个闭环产业生态价值链。

张家界工业基础比较薄弱。2005年,张家界全市工业增加值18.25亿元。张家界市工业门类也比较少。电力、医药化工、农产品加工、建材四大行业增加值占规模工业的比重达70%。工业基础薄弱,门类少,对于发展生态景观工业来说,并不就是劣势。张家界发展生态景观工业的环境条件,要比老工业基地优越得多。

建设主要内容:围绕旅游产业,加快发展旅游工艺品生产、水电、农副产品加工和生物制药四大特色产业,并按照生态景观工业的要求,进行门类配套和布局调整。建设六个基地,即以杜仲、五倍子为基本原料的化工出口生产基地;以甘薯为原料的农产品出口加工基地;以张家界制药厂为主体的生物制药生产基地;以江垭银鱼场为主体的名贵水产生产基地;以金秋、茅岩河、九天食品为主体的绿色食品生产基地；以康发棕叶为主体的农产品生产基地。在一批骨干企业和大型水电基地建设中，增加景观廊道设施，便于游客观赏、参与和体验。构建具有较高生态效益、经济效益和较强竞争力的生态景观工业体系。

5. 生态休闲产业

休闲就是人们对闲暇时间的多样化安排。从时间轴面观察，休闲有三种：一是小休闲，即八小时以外，也称为日常休闲。休闲主体是本地上班族，休闲对象主要是城镇境内休闲体系。二是中休闲，即大周末，全年104天，扣除黄金周后有92天，休闲主体是城镇家庭或企事业单位。休闲对象主要是以周边景区（点）、度假村和农家乐为基础，形成环城镇休闲游憩带。三是大休闲，即长假，现在主要表现为三个"黄金周"，共21天。休闲主体是具有一定经济支付能力的客源城市群的旅游团队或散客，休闲对象主要是长线旅游和度假。从空间轴面考虑，休闲也有三种：一是室内休闲，如棋牌娱乐、逛商场、听音乐会、联欢、等等；二是室外休闲，如户外运动、逛街、野炊、野营；三是异地休闲，离开居住地，到外地走亲访友、旅游、度假。

休闲产业就是满足人们休闲的多样化安排，并促进最佳配置的休闲供给体系。生态休闲产业就是在休闲的场所、设施和过程中，贯穿生态理念的休闲供给系统。

建设主要内容：由于历史上没有大的工业项目布局，没有旅游之外的大投资，张家界市保留了其他地方不可比拟的生态环境，具有开展生态休闲的天然优势。这是别的地方，特别是客源集中的大都市，无法用大投资进行"克隆"的大背景。因此生态休闲产业在张家界具有广阔而长远的发展前景。张家界应"抓大放小"，即在8小时以外的小休闲方面，可以有所为，有所不为。重点针对省内客源"中休闲"、省外客源"大休闲",建设针对异地客源的休闲设施。发掘培育湘西特色的休闲饮食,在突出绿色,倡导生态,促进健康的前提下,推出一批土家风味特色鲜明的休闲餐饮、小吃,突出乡土特色,让异地休闲者"吃有风味"。加大对本土特色旅游纪念品、土特产品的研究开发,如土家织锦、葛根系列产品、杜仲茶、茅岩莓茶、苗家银饰等。扶持有研发潜力、有专利技术的企业进行规模化的土特产品开发,整合本土品牌,形成高、中、低档产品系列,适应各层次休闲者的消费需求,使之"购有特色"。建设生态休闲文化,把苗族鼓舞、土家摆手舞、桑植民歌等民间文化加以整合,形成系列"土风苗韵——湘西魂"民族歌舞节目,编导精制、小巧、看似即兴的街头小表演。让休闲者"娱有文化"。

6. 生态景观房产

生态景观房产是指依托和谐的生态环境和优美的自然景观,以满足消费者观光、休闲、疗养、度假为主,消费者自己或其亲友不定期居住、接待生态旅游者为辅,将景观、房产、休闲完美结合,集消费和投资为一体,可以按产权出售,也可以按时权出租的综合性房地产产品。

现代游客已不再满足于走马观花、疲于奔命的过境旅游,更加注重置身于优美的生态景观、良好的人居环境,追求"回归自然"、"天人合一"的生态体验,将旅游延长成为一段常态的生活。未来旅游市场将进一步细化,自助游、自驾车游、商务旅行、休闲度假将在旅游市场中占有更多的份额。针对市场需求,逐步发展包括生态公寓、生态楼、高档商务度假生态社区等多种形式的生态景观房产,将有效延长游客的逗留周期,增加消费支出,从而延长生态旅游产业链。

张家界生态旅游区具有丰富的生态景观,景区之外的大部分地区,保留着完好的生态环境。青山绿水,田园农舍,宁静安详,这是都市旅游者难以享受到的原生态场景。张家界市房地产建设也有一定的基础。2006年,张家界市有房地产企业49家,完成房地产开发投资3.66亿元,房屋施工面积69.71万平方米,竣工面积22.49万平方米,销售面积33.39万平方米。但是,房地产显示出产能过剩,49家房地产企业中,只有23家投入房地产开发。房屋空置面积5.22万平方米,增长了3.19倍。如果将部分产能投入到生态景观房的开发,不仅可以打开新的市场,而且还可以延长旅游者在张家界的居住时间,为旅游创造增加值。

建设主要内容:在张家界市郊区、军地坪外围、张家界火车站、张常高速公路入口附近,选取宏观景观比较优美,山形水势比较和谐,符合风水学原理,中观生态环境比较协调,微观条件便于改造,"三通一平"比较便利的地段,选址建设生态景观房产。可以借鉴杭州乐园的经验,低价出让已经被建材行业,炸石、取土(泥)、挖沙后留下的废弃地,高处植树,洼地造湖,平地建房。景观房产建设,要尽可能符合人居生态要求,遵循可持续发展原则,体现绿色平衡理念,通过科学的整体设计,集成绿色配置、自然通风、自然采光、低能耗围护结构、太阳能利用、中水利用、绿色建材和智能控制等高新技术,充分展示生态与经济、人文与建筑、环境及科技的和谐统一。屋顶上布置太阳能电池板以收集太阳能;自然采光系统白天通过反光装置把阳光引入地下室、走廊等阴暗处;天然气通过发电机转化为电能、热能;热能再进一步作为换风、温度、湿度的处理动力。

第六节 生态环境监测保护体系建设

由于张家界旅游环境问题日益突出,为了有效保护,防范于未然,建立张家界森林生态系统环境监测与保护体系已迫在眉睫。这对世界遗产的保护、生态旅游区建设、森林公园的可持续发展具有十分重要的现实作用和示范意义。

一、建设内容和方法

1. 建设目的和任务

一是按照《天然林保护工程实施方案》、《全国环境监测管理条例》的规定要求,更好地保护张家界世界罕见的景观和生态系统,更好地发挥森林的生态效益和旅游功能,促进张家界生态旅游的可持续发展。

二是通过监测张家界世界自然遗产地,及时掌握境内自然资源、动植物资源、大气资源、水质污染变化状况及人为活动对生态环境的影响,为上级部门、景区管理提供及时的动态信息,促使其采取相应的管理和保护措施。

三是为全国生态旅游区、世界遗产地、森林公园、自然保护区生态环境监测提供示范,促进全国生态旅游区生态环境监测体系建设。

2. 监测保护对象与内容

(1) 森林生态系统监测

在张家界景区及其周围地区选择有代表性的森林生态系统进行长期的动态监测,取得大量可比、系统、规范的数据,从而为景区的管理提供科学依据。森林生态系统的监测要建立生态监测站,为了满足生态监测站长期监测的需要,要求在生态监测站范围内分别设置综合观测场、辅助观测场、长期采样地、自动气象观测辐射场。综合观测场的选址,应是生态监测站所在地区最有代表性生态系统类型的地段(对森林生态站来说,就是经过优选的最有代表性的森林植被类型地段)。综合观测场设置在靠近生态监测站本部的地方,具有供水、供电和管理等方面的便利条件,适合开展多学科综合试验。在综合观测场内建立一块面积为 10m×10m 的小样方,供长期生物、土壤和水分样品采集。辅助观测场是对综合观测场的必要补充,对辅助观测场的要求与对综合观测场的要求一样。长期采样地主要用于在较长的一段时期内进行系统的生物、土壤和水文样品的采集和观测。为了保证采样地段的代表性,生态监测站的长期采样地将根据生物、土壤和其他重要条件的不同,分别设置在综合观测场和相应的辅助观测场内。自动气象辐射观测场是按国家规定的自动气象站设计和安装,场地相对独立。

森林生态监测站的长期监测内容如下。

① 生物要素监测(观测频度均为每 5 年 1 次)。

a. 主要植物群落类型的结构特征。包括种类组成、层次、生活型、胸径或盖度、多度。

b. 主要动物群落类型和结构特征。包括主要野生动物种群的种类和数量、土壤动物主要种类组成、森林昆虫的种类组成。

c. 主要微生物群落结构类型组成。

d. 病虫害和自然灾害发生状况。

② 土壤要素监测。包括土壤物理特性分析、土壤化学特性分析、土壤养分分析、土壤微量元素和重金属元素分析。

③ 水文要素监测。包括雨水水质常规及微量元素、地下水水质

常规及微量元素(分析频率均为每年2次)。

④ 大气要素监测。包括气象因子和空气成分。

(2) 景观因子监测

植被类型及其面积,植被的结构特征、生境特征以及生物量,植被动态;土地覆盖类型及其面积,植被与土壤覆盖面积比例,土地利用在空间和时间上的变化;各斑块的空间格局;干扰的范围、严重程度及频率,景观对人为干扰和全球气候变化的反应;水域(河流、湖泊)面积及其污染状况;张家界景区的峰林类型及其高度等变化。

(3) 人类活动监测

游人数量及活动,外来种入侵的状况(主要监测有害的外来动物与植物)。

(4) 物种监测与保护

① 植物监测与保护。

a. 珍稀濒危植物的监测与保护对象。张家界景区中有国家一级保护植物:红豆杉、银杏、光叶珙桐、珙桐等,国家二级保护植物:香果树、鹅掌楸、金钱松、巴东木莲、篦子三尖杉、香樟、楠木、白豆杉、伞花木、伯乐树、水青树等,对这些植物进行监测。

b. 古树名木的研究保护。古树名木是活的古文物,武陵源境内共有树龄达百年以上的古树名木数百株,这些古树名木分属于17科25种:银杏、黄山松、红豆杉、罗汉松、枫杨、栓皮栎、青钱柳、苦槠、细叶青冈、糙叶树、黄心夜合、樟树、檫木、黑壳楠、猴樟、缺鄂枫香、枫香、毛红椿、黄连木、南酸枣、仿栗、珙桐、刺楸、桂花、银鹊树等,有平均树龄达150年左右的成片分布的古黄山松数百株。对这些古树名木进行必要的研究保护。

② 动物监测与保护。

珍稀濒危动物的研究保护对象。武陵源国家一级保护动物有豹、云豹等几种，国家二级保护动物有大鲵、红腹角雉、金鸡、勺鸡、白冠长尾雉、褐翅鸦鹃、雀鹰、猕猴、穿山甲、豺、黑熊、水獭、大灵猫、小灵猫、林麝、獐、苏门羚、斑羚等多种，对这些珍稀动物进行研究保护。

3. 监测保护方法

(1) 监测保护技术路线

生态环境监测保护体系建设，在国内生态旅游区尚属探索阶段，没有成熟的技术路线可资借鉴，笔者结合在张家界工作的实践[①]，提出如图7—10的技术路线。

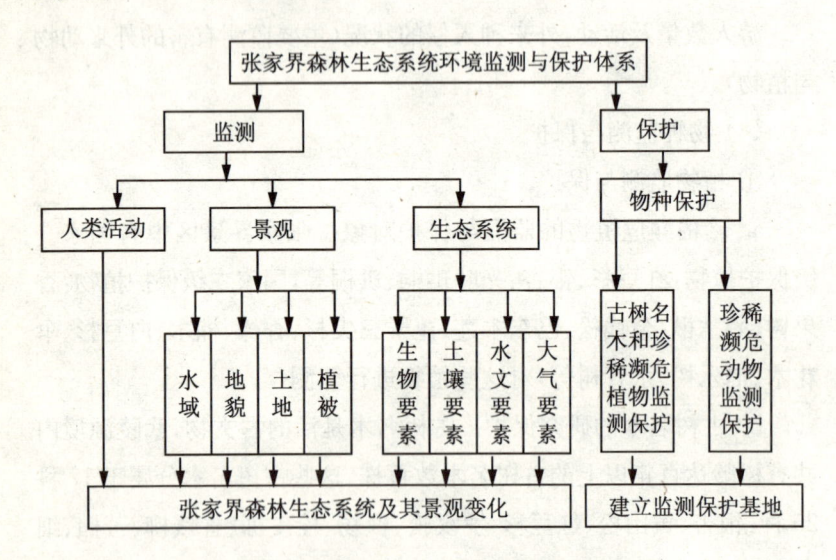

```
                张家界森林生态系统环境监测与保护体系
                ┌─────────────┴─────────────┐
                监测                         保护
      ┌──────────┼──────────┐                │
   人类活动      景观      生态系统         物种保护
      │      ┌───┼───┬───┐  ┌──┬──┬──┐   ┌────┴────┐
      │      │   │   │   │  │  │  │  │   古树名     珍稀
      │     水  地  土  植  生 土 水 大   木和珍    濒危
      │     域  貌  地  被  物 壤 文 气   稀濒危    动物
      │                     要 要 要 要   植物监    监测
      │                     素 素 素 素   测保护    保护
      └─────────┬─────────────────┘        └────┬────┘
        张家界森林生态系统及其景观变化       建立监测保护基地
```

图7—10 环境监测保护体系建设技术路线

---

① 全华、向言词、曹庸等："张家界森林生态系统环境质量监测与保护体系建设项目可行性研究报告"。

(2) 监测方法

首先进行本地调查,同时采用地面监测和遥感技术、地理信息技术监测相结合的方法进行监测。

对张家界景区的主要生态系统各种生态因子(物理、化学和生物)进行监测。在主要森林生态系统中设立观测场进行监测。针对三级监测指标的监测方法见表7—5所示。

表7—5 生态监测指标

一级指标	二级指标	三级指标	监测方法
景　观	宏观地形	海拔高度 地貌类型 岩石类型	地形图、地质图 地形图、地质图 地形图、地质图
	气　象	降雨量 降水时数 降雨分布状况 年蒸发量 空气相对湿度 降水强度(mm/h) 灾害性天气	气象观测、汇总 气象观测、绘图 气象观测、汇总 气象观测、计算 气象观测、比较 气象观测 气象观测、摄像
	空气成分	大气常规检测和废气监测	定期实测
	溪流水质	水和废水监测	定期实测
	植　被	土地利用情况 主要植被类型及其面积 森林类型 森林覆盖率 森林面积	遥感影像判读、测绘 测量、遥感影像判读 踏勘、遥感影像判读 遥感影像判读 遥感影像判读

续表

一级指标	二级指标	三级指标	监测方法
景观	动物	数量与活动范围	定点定期观测
	水文因子	溪流年径流量 年径流深 年径流系数 3日洪量径流深/年径流深 泥沙输移比 洪枯比	水文观测、计算 水文观测 计算 水文观测、计算 观测、计算 观测、计算
	人类活动	旅游人数及其相关活动 道路建设 宾馆、民居修建与搬迁 外来种动物与植物的入侵 噪声	实测 实测与航片判读 实测与航片判读 实测 实测
生态系统	小集水区监测	小气候	按常规气象观测项目	小型气象站
		集水区地形	海拔高度 坡度 坡向 坡长 地形 小集水区面积	地形图或实测 地形图或实测 地形图或实测 地形图或实测 地形图或实测 地形图或实测

续表

一级指标	二级指标	三级指标	监测方法
生态系统	小集水区监测	林分因子	主要森林类型面积	小集水区调查
		林分郁闭度	小集水区调查
		林窗数目及大小、年龄	小集水区调查
		林窗内生物多样性、植物种类	小集水区调查
		森林各层透光率、叶面积指数	小集水区调查
		物种组成	小集水区调查
		优势树种年龄结构及其密度	小集水区调查
		乔木层高度	调查与实测
		凋落物量	调查与实测
		病虫危害程度	调查与实测
	森林水文	树冠截流量	水量平衡场与径流场观测
		林冠截持率	水量平衡场与径流场观测
		林内降水量	水量平衡场与径流场观测
		树干径流量	水量平衡场与径流场观测
		灌木截流量	水量平衡场与径流场观测
		草本截流量	水量平衡场与径流场观测
		土壤中渗滤水的总量	水量平衡场与径流场观测
		土壤入渗过程	水量平衡场与径流场观测
		地表径流量	水量平衡场与径流场观测
		平均径流量	水量平衡场与径流场观测
	岩石	砂岩风化剥蚀、崩塌、流水侵蚀强度	实测
		泥石流年次数、强度、造成损失情况	实测、调查、访谈
	生物量	枝重、叶重、茎重、根重（均为干重）	实测

续表

一级指标	二级指标	三级指标	监测方法
生态系统	样地监测，样地面积为20m×20m	土壤侵蚀因子	径流含沙量	径流场
		土壤侵蚀量	径流场
		土壤侵蚀模数	径流场
		土壤侵蚀深度	径流场
		小集水区输沙量	径流场
		泥沙输移比	径流场
		重力侵蚀土方及侵蚀面积/总面积	径流场
		洪水冲走的泥沙量及冲蚀面积/总面积	径流场
		泥石流固体物质搬运量	径流场
	样地地形	海拔	实测
		坡向	实测
		坡度	实测
		坡位	实测
		坡形	实测
	林分因子	乔木层叶面积指数、透光率、树的胸径、树高、树的冠幅	定期实测
		灌木层植物种类、高度、密度、冠幅	定期实测
		草本层(1m×1m)、植物种类、高度、盖度	定期实测

续表

一级指标	二级指标	三级指标	监测方法
生态系统	样地监测，样地面积为20m×20m / 土壤因子	各土(0~60cm)根系重量、活根与死根的比例	实测
		粗根与细根的生物量	实测
		土壤各层的含水量	实测
		土壤容量、土壤机械组成	实测
		土壤总孔隙度、毛管孔隙度、非毛管孔隙度	实测
		土壤有机质含量、N,P,K含量、pH值	实测
		土壤深度	实测
	侵蚀因子	面蚀侵蚀深度、侵蚀模数、侵蚀面积	测针法

(3) 物种保护研究方法

对珍稀濒危动物和植物的保护，主要措施是建立研究保护基地。

① 珍稀濒危植物的保护：对景区的国家级重点保护植物，特别是国家一级和二级保护植物进行保护；用铁丝网把这些植物原分布区围住，禁止游人及其他非管理研究人员进入。除此之外，建立珍稀植物园，对珍稀植物进行迁地保护。

② 古树名木的保护：对古树名木进行全面调查，要逐一挂牌保护，对易遭雷击的古树名木，应安装避雷设施，以防雷击，对易受干扰的古树名木，应建围栏。

③ 珍稀濒危动物的保护：通过调查，明确各种珍稀濒危动物的活动范围，在其活动区周围划定小保护区，禁止旅游活动和非管理研究人员入内干扰。此外，建立珍稀野生动物饲养基地，对这些珍稀濒危动物进行驯养繁殖。

二、建设方案

1. 建设指导思想

坚持实事求是的原则，以维护张家界森林旅游的可持续发展为宗旨，依靠林业和公园主管部门，以景区的森林资源调查为基础，根据境内野生动植物分布和旅游现状、趋势，进行监测，全面开创森林生态环境监测保护的新局面。

以张家界市境内有代表性的森林生态系统、溪流和旅游精品线路为监测的基本单元，利用高科技手段，采用分层控制、点面结合的监测方法，建设一个有高素质管理人员参与的、拥有先进设备的有效监测系统。

2. 建设规模

监测区域为张家界市全境，总面积9 563平方公里。监测站土建工程2 000平方米，仪器设备459台件，人员编制共计30人。

(1) 监测站设置

根据《全国环境监测管理条例》规定，结合张家界生态环境和旅游状况，为了有效地对生态旅游区的生态现状和变化进行监测和保护研究，同时充分利用设备，张家界生态旅游区的森林生态环境监测保护站按综合三级站设置。本站实行站长负责制的管理系统。站内设置机构见图7—11所示。

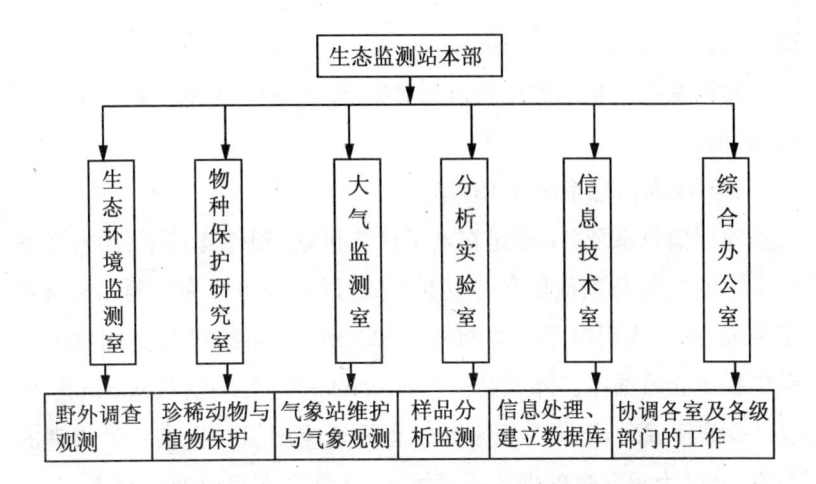

```
                        ┌─────────────────┐
                        │  生态监测站本部  │
                        └────────┬────────┘
    ┌──────────┬──────────┬──────┼──────┬──────────┬──────────┐
    │          │          │      │      │          │          │
┌───┴───┐ ┌────┴───┐ ┌────┴──┐ ┌─┴───┐ ┌┴─────┐ ┌──┴─────┐
│生态环境│ │物种保护│ │大气监 │ │分析 │ │信息技│ │综合办公│
│监测室  │ │研究室  │ │测室   │ │实验 │ │术室  │ │室      │
│        │ │        │ │       │ │室   │ │      │ │        │
└───┬───┘ └────┬───┘ └────┬──┘ └─┬───┘ └┬─────┘ └──┬─────┘
    │          │          │      │      │          │
┌───┴───┐ ┌────┴────┐ ┌───┴────┐ ┌┴────┐ ┌┴─────┐ ┌┴────────┐
│野外调查│ │珍稀动物与│ │气象站维│ │样品分│ │信息处│ │协调各室及各级│
│观测    │ │植物保护  │ │护与气象│ │析监测│ │理、建│ │部门的工作    │
│        │ │          │ │观测    │ │      │ │立数据│ │              │
│        │ │          │ │        │ │      │ │库    │ │              │
└───────┘ └─────────┘ └────────┘ └─────┘ └──────┘ └─────────────┘
```

图7—11 生态监测站内机构设置及其基本功能

(2) 网点布局

由于张家界景区面积较大,而且地形复杂多样,对其监测保护要考虑到这一点。监测网站以张家界森林公园生态监测保护站为运作主体,在景区及其周围地带设置多个监测点。具体监测点位置如下:

综合观测场和自动气象辐射观测场:张家界公园正门往腰子寨方向处。

辅助观测场:黄石寨、腰子寨、砂刀沟、袁家界、紫草潭、张家村、协合茶场、抗金岩村、野鸡铺村、神堂湾、天子山、军地坪。

小气候监测场:黄石寨、腰子寨、袁家界、琵琶溪、砂刀沟、天子山、军地坪。

水文站:金鞭溪上游、紫草潭、砂刀沟、水绕四门、百仗峡、琵琶溪、军地坪。

珍稀濒危动物监测点及监测对象:腰子寨(猕猴)、天子山包袱嘴地带(云豹、豺)、天子山(豹、林麝)、索溪峪(斑羚)、黄石寨(雀鹰)、金鞭溪(大鲵)。

珍稀濒危植物监测点及监测对象:腰子寨(红豆杉、银杏、光叶珙桐、珙桐)。

(3) 地理信息系统(GIS)建设

地理信息系统(GIS)是在电子计算机软、硬件支持下,用各种不同来源的空间与其他信息建立起来的,以地理坐标为控制的复杂技术系统,我们选用电子计算机和 ARC/INFO 系统进行空间数据的采集和建立数据库。外围设备有 calcom9500 数字化仪、calcom 绘图仪。GIS 建成后,既可为张家界生态环境监测保护提供科学管理的手段,又可为领导视察进行模拟演示,让领导在短时间内全面、及时地把握张家界动态情形,还可为旅游者提供网上虚拟旅游的平台,从源头上阻止"野马"导游错误、功利性的宣传。

(4) 监测信息网络管理系统建设

为达到准确、高效、快速传递,建立以森林生态监测站为中心的监测信息网系统,将监测数据通过计算机监测中心汇总后送报主管部门,发布森林生态信息。

(5) 附属工程

供水:境内山泉水水质清纯,可作为饮用水水源,监测保护站需铺设自来水管道。

供电:境内高、低压线路已架设完备,监测保护站只需按照工作需要架设电缆。拟架设高压电缆 3 公里,低压电缆 6 公里。

3. 监测技术保障

(1) 加强领导,及时配套生态监测保护所需经费,保证监测保护工作顺利进行。

(2) 成立专家技术组及专家技术顾问委员会:主要聘请在张家

界景区进行过科学考察、教学,做过资源调查的院士、教授或专家组成专家技术顾问委员会,负责对张家界资源监测保护体系的建立和资源监测保护工作进行总体指导和规划;专家技术组主要由吉首大学张家界校区(原武陵大学)、中南林业科技大学有关专家及张家界市林业、环保、气象等部门专家组成,负责对具体项目实施进行技术指导和示范。

(3) 广泛与省内外科研院所、高等院校及兄弟保护区、森林公园进行联系协作,充分利用他们的科技力量和先进技术手段,使监测保护工作达到更高水平。

(4) 制定严格、科学的取样方法,组成一支以张家界生态监测保护站为主的专业队伍,同时利用本地科研院所的分析检测及生态方面的技术人才优势,使监测保护工作及时、准确。

(5) 采用当前世界上较先进的生态监测保护方法,如利用遥感、全球卫星定位、地理信息技术等现代高新技术,利用先进的设备建立和完善张家界生态监测保护网络系统。

4. 投资预算

(1) 投资依据

① 土建工程。据 1999 年建筑安装预算定额,结合本地区材料价格及竣工类似工程的结算情况,并参照本项目造价指标估算。

② 仪器设备价格。

③ 仪器设备价格根据当前市场及设备仪器厂家的近期报价。设备运杂费按设备费的 8% 计取。

(2) 资金筹措

① 本项目资金拟申请国家预算内森林非经营性基本建设项目投资。

② 流动资金。

③ 投资预算。本项目总投资为 2 948.66 万元,其中建筑工程 231.6 万元,仪器设备 1 976.75 万元,生态监测保护基地建设 200 万元,工程其他费用 540.31 万元,其中不可预见费用 149 万元 (表 7—6)。

表 7—6 投资概算统计

项目名称	单位	数量	单价(万元)	投资额(万元)	备注
投资总额				2 948.66	
一、基建工程				531.6	
1. 土建工程	平方米	2 000	0.1	200	
2. 土石方工程	立方米	2 000	0.0158	31.6	含监测点
3. 生态监测与保护基地建设	公顷	50		200	
二、工程其他费用				540.31	
1. 建设单位管理费				29.8	
2. 土地使用费				57.35	
3. 供水供电				60.0	
4. 前期工作费				59.6	
5. 工程质量监理费				10.86	
6. 设计费				89.4	
7. 不可预见费				149	
8. 招标费				69.4	
9. 技术培训费				14.9	
三、仪器设备				1 976.75	

三、效益评估

1. 生态效益

张家界生态环境监测与保护体系建成后,将把张家界景区内主要的旅游路线,268个重点观景台进行全方位生态监测,定期提供张家界的资源储量,生态环境状况,动、植物群落组成及各生态环境因子的动态变化等监测数据,通过对张家界景区的生态环境和旅游发展等因子的监测研究,及时、准确地测报景区的生态环境状况,及时为政府制定合理、有效的政策、法规提供科学依据。根据刘亚萍(2004)等人的研究,张家界核心景区自然生态环境的非利用价值为12 806.28万元,游憩利用价值为112 606.31万元,自然生态环境的经济价值为125 412.59万元。生态环境监测与保护体系建设,将使张家界的生态价值得以长期保值、增值,最终达到资源节约、环境友好、生态旅游可持续的目标。

2. 社会效益

张家界生态环境监测与保护体系的建成,将开创我国生态旅游区生态系统环境质量监测与保护体系的先河,使张家界的生态旅游得以持续发展,促进整个社会对生态环境保护的重视,使张家界景区的管理水平再上一个新台阶,而且这也有利于扩大国际交流,提高社会民众参与生态环境保护的积极性。对张家界景观及生态系统状况及时准确的报道,对游客了解张家界的旅游状况起到了重要的作用。此外,保护好野生动植物资源和大峰林地质地貌,维护张家界的本来面貌,对于给游人带来自然、原始的生态旅游环境具有重要的现实意义。

通过对张家界景观及生态系统长期进行监测保护及相关信息进

行科学分析,可以最大限度地延缓人类对自然生态的破坏,让张家界的生态美景更长久地为世人和后人所拥有,具有长期的社会效益。同时通过研究人为、自然等因素对张家界的影响,采取相应措施,如控制进园人数,提高门票价格,延长逗留时间等,多、快、好、省地带动当地社会、经济的协调发展,使张家界世界自然遗产得到及时监测和有效保护,为其他世界自然遗产地和生态旅游区提供经验和借鉴。

3. 风险性分析与对策

张家界生态旅游区地形、地势复杂,给选点、布点及后期观测工作带来了一些难度,尤其是选点的代表性。如何既能正常工作又不影响生态景观,须从长远、从保护角度去考虑,否则反而影响景观,破坏生态环境,故应科学布点,慎之又慎。后期观测技术的规范和观测制度的健全是该项目成功的保证,必须先培养人员,后上岗规范操作。项目资金能否及时到位,也是确保项目顺利实施的主要因素,所以必须加强项目资金的筹集和管理,确保项目资金的全面落实。

结　语

　　人类可以在没有工业产品的情况下生活,但绝不能离开自然生态环境而生存。然而,作为人类赖以生存的自然生态环境,正在缩小成饱受污染的陆块中的岛屿。于是生态旅游区因其协调共生的生态系统、未受损的资源环境系统,越来越强烈地唤起人们游览的记忆,或激起去那里旅游的激情。对生态旅游区建设的理论、构成要素、建设内容、驱动机制、可视化表达进行系统研究,建立具有可操作性的生态旅游区建设的理论与方法,寻求开发建设规模与生态环境保护最合适的"度",成为本书研究的主要内容。通过前述七章对上述问题进行的理论、方法和实证研究,我们可以获得下列认识。

　　1. 生态旅游区是对游客有吸引力、相对未受旅游以外人类营利活动干扰的原赋景观地区,包括伴随的过去和现在的文化特征。它是生态旅游资源集中的地段,是发展生态旅游的物质基础。根据生态旅游区的自然属性,可将其分成:山岳型、洞坑型、森林型、草原型、湿地型、水景型、荒漠型、复合型 8 个主要类型、20 个亚类。

　　2. 建设生态旅游区,首先要解决的问题是如何界定生态旅游区和非生态旅游区。本书通过多方面研究,提炼出生态旅游区四个关键性"构件":协调共生的生态系统、未受损的资源环境系统、利于环保和居民的旅游业以及具备积极生态道德的游客。

　　3. 生态旅游区建设的最终目的是旅游区生态系统状态最优,主要建设内容是生态建设。生态旅游区建设应遵循"四化"(生态化、本土化、简朴化、零散化)原则。

4. 鉴于生态旅游区建设中不断出现的"负建设"、"大炸大拆"、"拆后又建"、"边拆边建"、"建炸恶性循环"的现象,本书提出了对于"负建设"判别模型:以生态平衡、环保、生态旅游区发展三条轴面,在空间相交成八个卦限,构成生态旅游区建设的"正"、"负"判别模型。

5. 通过对时间轴上多因素协调作用、空间轴上多构件协同作用的分析,文章尝试着构建了生态旅游区建设多因素驱动机制、生态旅游区构件空间模型、生态旅游区建设驱动—制约机制模型,并提出了优化途径。

6. 经过多因素比较、分析、筛选,可建立由四大综合层(一级指标)、23个项目层(二级指标)、69个评判因素(三级指标)组成的生态旅游区建设状态评判指标体系。文章构建了基于环境脆弱因子的阈值模型,提出了生态旅游区建设构想四维可视化表达的技术路线,阐述了景观体数据采集、显示与处理,时间维叠加等的工作流程和方法。

7. 实证张家界建设过程中,出现了诸如"天梯"、"深圳阁"、"六奇阁"等"负建设"项目。文章根据阈值模型计算出了张家界锣鼓塔接待区建设的合适"度"。景区生态环境恢复与重建包括下列内容。

(1)建设生态旅游城市——张家界市区。建设成具有浓郁土家风情的亚热带生态旅游城。由一河两岸四山六大板块构成其主体,其基本形态可以概括为:山环城、城含水、吊脚楼依山临水,天门山成为全城的借景,城市建筑沿澧水两岸呈多中心组团布局,之间以通透的绿脉(绿地系统)和蓝脉(水网系统)有机连接。空地上种植楠竹、凤尾竹、水竹等竹类植物,快速绿化,打造"中国竹城"。

(2) 建成两个生态旅游示范村。一是仙人溪村,不仅村内自然风光幽静恬美,而且出村到市区的必经之路上,有水碾、"一线天"峡谷、硬气功之乡官黎坪、土家风情园等具有较大开发潜力的景点。随着天门山国家森林公园的建设,位于两大森林公园之间、张家界市区近郊的仙人溪生态旅游村,发展前景广阔。二是白鹤坪村,因树枝上经常停满白鹤而得名,位于中湖乡政府驻地东南约500米处,是武陵源杨家界景区的西南入口。随着天子山镇建设规模的控制和部分搬迁,这里将成为进出天子山、杨家界的最佳通道,应尽早进行生态旅游村的科学规划,避免重蹈其他旅游城镇的覆辙。

(3) 设置三处核心生态保护地。根据张家界生态旅游区现有基础,结合生态旅游发展现状,既考虑当代人的旅游受益,又考虑下一代人对生态旅游区的需求,张家界宜划定八大公山、神堂湾、腰子寨三处核心生态保护区。

(4) 完善四片特色旅游区。即武陵源风景区内的张家界国家森林公园、天子山自然风景区、索溪峪自然保护区和天门山。

(5) 做强五条精品游览线。包括黄石寨游览线、金鞭溪游览线、石家檐游览线、西海游览线、市区及周边游览线。

(6) 启动生态环境监测体系建设。该工程应尽早纳入建设计划,及时掌握境内自然资源、动植物资源、大气资源、水质污染变化状况及人为活动对生态环境的影响,为上级部门、景区管理提供及时的动态信息,促使其采取相应的管理和保护措施。更好地保护张家界世界罕见的石英砂岩景观和森林生态系统,更好地发挥生态效益和旅游功能,促进张家界森林旅游的可持续发展。

生态旅游区建设研究,是一个跨学科门类的边缘性课题,而不仅仅是一级学科或二级学科的次一级学科交叉,它涉及理(地质、地理、生物)、工(计算机、建筑、管理)、农(农业、林业)、社会、艺术、经济、政治等诸多学科。其历史演变跨越几千年,空间分布纵横数万里,其形态、结构、发展机理的复杂性,远非十几万字的博士论文所能囊括。本论文作为尝试性的探讨,在几乎查不到包含关键词"生态旅游区建设"文献的条件下,仅仅是粗略地勾勒了生态旅游区建设的局部轮廓,难免稚嫩、欠缺乃至谬误。恳望得到充实、提高和完善,尤其是生态旅游区建设机制的量化与实证研究、多类型生态旅游区阈值模型的构建与实证研究、生态旅游区建设构想虚拟仿真等方面,更是需要多学科、多学者的帮助和参与。敬请有关专家,呼吁有关部门,设立相关科研课题,进行更加深入、细致的研究,以确保生态旅游区建设沿着可持续发展的方向,在更加广阔的时空中展开。

参 考 文 献

1. David, A. Fennell. 1999. *Ecotourism: an Introduction*. London: Routlege Press.
2. Daily and Ehrlich, P. R. 1992. Population, Sustainability, and Earth's Carrying Capacity. *Bioscience*, Vol. 42, pp. 761-771.
3. Daly, H. E. 1990. Carrying Capacity as a Tool of Development Policy: the Ecuadoran Amazon and the Paraquayan Chaco. *Ecological Economics*, Vol. 2, pp. 187-195.
4. Diamantis, D. 1999. The characteristics of UK's ecotourists. *Tourism Recreation Research*, Vol. 24, No. 2, pp. 99-102.
5. Eagles, P. PerNilsen. 1995. The *Ecotourism Society*, *Ecotourism: Interpretation of References for Planners and Managers*. North Bennington.
6. Elizabeth, Boo, E. 1990. Ecotourism: *The Potentials and Pitfalls*. Washington: World Wildlife Found.
7. Fennell, D. A. and Eagles, P. F. J. 1990. Ecotourism in Costa Rica: A Conceptual Framework. *Journal of Park and Recreation Administration*, Vol. 8, No. 1, pp. 23-34.
8. K. F. Backman and D. B. Morais. 2001. Methodological Approach Used in the Literature, in Encyclopedia of Ecotourism. New York: CABI Publishing.
9. Kreg Lindberg, Rian Furze, Marilyn Staff and Rosemary Black. 1998. Ecotourism in the Asia-Pacific Region. *Issues and Outlook*, pp. 20.

10. Lee, D., Snepenger, D. 1992. An ecotourism assessment of Tortuguerro. *Annals of Tourism Research*, *Costa Rica*, Vol. 19, No. 2, pp. 366-371.

11. Lew, A. 1998. The Asia-Pacific ectourism industry: putting sustainable tourism into practice. In: Hall, C. M. and Lew, A. A. (eds) Sustainable Tourism: a Geographical Perspective. Addison Wesley Longman Ltd.

12. Odum, E. P. 1989. *Ecology and our Endangered Life-Support System*. M. A, Sinauer Assoc, Sunderland.

13. R. Buckley. 2001. *Environmental Impacts*, *in Encyclopedia of Ecotourism*. New York: CABI Publishing.

14. Shery Ross and Geoflrey Wall. 1999. Ecotourism: Towards congruence between theory and practice. *Tourism Management*, Vol. 20, pp. 123-132.

15. Valentine, P. S. 1993. Ecotourism and nature conservation: Adefinition with some recent developments in Micronesia. *Tourism Management*, Vol. 14, No. 2, pp. 107-115.

16. Yanina Rovinski. 1991. *Private Reserves*, *Parks*, *and ecotourism in Costa Rica*, *Nature Tourism*. Washington D. C: Island Press.

17. Ziffer, K. 1989. *Ecotourism: The Uneasy Alliance*, *Conservation International and Ernst & Young*, Washington, D. C.

18. 保继刚、楚义芳：《旅游地理学》，高等教育出版社，1999年，第148~158页。

19. 蔡运龙、蒙吉军："退化土地的生态重建：社会工程途径"，《地理科学》，1999年第3期。

20. 曹敏鲁等：《中国生态旅游指南》，经济日报出版社，1999年。

21. 陈传康："丹霞风景名胜区的旅游开发研究"，《地理学报》，1990年第3期。

22. 崔凤军："泰山旅游环境承载力及其时空分异特征与利用强度研究"，《地理研究》，1997年第4期。

23. David Weaver 著，杨桂华等译：《生态旅游》，南开大学出版社，2004年，第80~81页。

24. 邓金阳、陈德东:"中国森林生态旅游资源的开发和保护",《资源开发与市场》,1995年第5期。
25. 邓金阳、陈德东、李州东:"森林生态旅游的生态影响——兼论建立定位站的必要性",《农村生态环境》,1996年第1期。
26. 方创琳、毛汉英:"区域发展规划指标体系建立方法探讨",《地理学报》,1999年第5期。
27. 冯卫红:"生态旅游业地域系统与旅游地可持续发展探讨",《经济地理》,2001年第1期。
28. 傅家骥等:《技术创新学》,清华大学出版社,1998年。
29. 葛岳静:"生态旅游业与可持续发展:以哥斯达黎加为例",《北京师范大学学报》,1998年第34期。
30. 管群等:"基于VR-GIS地质景观的三维重建",《岩土工程学报》,2000年第4期。
31. 管伟光:《体视化技术及其应用》,电子工业出版社,1998年。
32. 郭岱宜:"生态旅游——21世纪旅游新主张",扬智文化事业股份有限公司,1999年。
33. 郭来喜:"中国生态旅游——可持续旅游的基石",《地理科学进展》,1997年第4期。
34. 郭康:"嶂石岩地貌的发现及其旅游开发价值",《地理学报》,1993年第5期。
35. 黄震方、朱晓华:"生态道德是发展生态旅游的道德保障",《生态经济》,2001年第7期。
36. 蒋明康、吴小敏:"自然保护区生态旅游开发与管理对策研究",《农村生态环境》,2000年第3期。
37. 姜文来、罗其友:"区域农业资源可持续利用系统评价模型",《经济地理》,2000年第3期。
38. 李友元:"以生态学理论为指导建设和管理好森林公园",森林公园建设和森林旅游学术交流会论文集,1993年。
39. 李贞、保继刚、覃朝锋:"旅游开发对丹霞山植被的影响研究",《地理学报》,1998年第6期。
40. 刘昌明、岳天祥、周成虎:《地理学的数学模型与应用》,科学出版社,2000年。
41. 刘春玲、路紫:"数学方法在森林生态旅游区开发中的具体应用",《经济地理》,2001年第1期。
42. 刘家明:"生态旅游及其规划的研究进展",《应用生态学报》,1998年第3期。
43. 刘营军、于永献、高贤伟:"生态旅游农业的特点及其发展趋势",《农业经济问题》,1998年第2期。
44. 陆林:"山岳型旅游地生命周期研究——安徽黄山、九华山实证分析",《地理科学》,1997年第1期。
45. 卢云亭、王建军:《生态旅游学》,旅游教育出版社,2001年。
46. 卢云亭、肖诚:"云南建水燕子洞游客和雨燕生态环境质量的研究",《地理学报》,1998年第5期。
47. 骆培聪:"武夷山国家风景名胜区旅游环境容量探讨",《福建师范大学学报》,1997年第7期。
48. 马勇:《区域旅游规划——理论·方法·案例》,南开大学出版社,1998年。
49. 毛汉英:《人地系统与区域可持续发展》,中国科学技术出版社,1995年。
50. 毛汉英、余丹林:"环渤海地区区域承载力研究",《地理学报》,2001年第3期。
51. 牛亚菲:"可持续旅游、生态旅游及实施方案",《地理研究》,1999年第2期。
52. 裴沛:"中国生态旅游泛化现象原因探析",《北方经贸》,2005年第8期。
53. (美)平狄克·鲁宾费尔德:《微观经济学》,第四版,中国人民大学出版社,2000年。
54. 全华:"武陵源风景名胜区旅游生态环境演变趋势与阈值分析",《生态学报》,2003 年第 5 期。
55. 全华、陈田、杨竹莘:"张家界景区水环境演变与旅游发展关系探讨",《地理学报》,2002 年第 5 期。
56. 全华:"生态旅游研究方法综述",《生态学报》,2004 年第 6 期。
57. 全华、王丽华:《旅游规划学》,东北财经大学出版社,2003 年。
58. 全华:《旅游资源开发与管理》,旅游教育出版社,2006 年。
59. 孙根年:"我国自然保护区生态旅游业开发模式研究",《资源科学》,1998 年第 6 期。
60. 孙玉军、刘艳红、赵炳柱:"生态旅游及其评价指标探讨",《北京林业大学学报》,2001 年第 3 期。
61. 孙玉军、王如松:"生态旅游景区环境容量研究",《应用生态学报》,2000 年第 4 期。
62. 唐礼俊:"佘山风景区景观空间格局分析及其规划初探",《地理学报》,1998 年第 5 期。
63. 田贵君:《张家界旅游业若干问题研究》,中国旅游出版社,1997 年。
64. 王义民、李兴成:"中国自然保护区生态旅游开发的对策",《社会科学家》,1999 年第 2 期。
65. 吴必虎:《区域旅游规划原理》,中国旅游出版社,2001 年,第 194~195 页。
66. 吴必虎:"小兴安岭风景道旅游景观评价",《地理学报》,2001 年第 2 期。
67. 吴必虎:《地方旅游开发与管理》,科学出版社,2000 年。
68. 吴文晖:"武陵源景区水体中总磷的监测及环境意义",《湖南林业》,2001 年第 5 期。
69. 吴兆录、阎海忠:"乡村生态旅游与自然保护区土地利用模式的趋向",《中国生物圈保护区》,1998 年第 2 期。
70. 王磊:"三维地理信息系统及其在地学中面临的挑战",《世界地质》,1998 年第 4 期。
71. 王良健:"试论中国的生态旅游",人文地理,1996 年第 2 期。

72. 王兴国、王建军:"森林公园与生态旅游",《旅游学刊》,1998年第2期。
73. 王瑛、王铮:"旅游业区位分析——以云南为例",《地理学报》,2000年第3期。
74. 王铮:"基于铁路廊道的中国国家级风景名胜区市场域分析",《地理学报》,2001年第2期。
75. 谢家放、孙青:"生态旅游与昆明旅游业的可持续发展",《地理教育》,2000年第6期。
76. 徐君亮:"我国旅游区规划建设若干问题研究",《地理学与国土研究》,1997年第1期。
77. 杨桂华等编译:《生态旅游的绿色实践》,科学出版社,2000年。
78. 杨桂华、钟林生、明庆忠:《生态旅游》,高等教育出版社、施普林格出版社,2000年第1期。
79. 俞孔坚:《理想景观探源》,商务印书馆,2002年。
80. 俞孔坚:"生物保护的景观生态安全格局",《生态学报》,1999年第1期。
81. 张广瑞:"生态旅游的理论与实践",《旅游学刊》,1999年第1期。
82. 张建萍:《生态旅游的理论与实践》,中国旅游出版社,2001年。
83. 张捷、都金康等:"自然观光旅游地客源市场的空间结构研究:以九寨沟及比较景区为例",《地理学报》,1999年第4期。
84. 张金霞:"生态旅游:神农架旅游业可持续发展之路",《生态经济》,1998年第5期。
85. 张理华等:"九华山旅游资源开发条件评价",《地域研究与开发》,2001年第4期。
86. 张丽英:"生态旅游:西部地区先导产业",《生态经济》,2000年第9期。
87. 赵体顺、卢琦、赖郑华:"世界国家公园和保护区的兴起与发展",森林公园建设和森林旅游学术交流会论文集,1995年。
88. 郑向敏:《中国古代旅馆流变》,旅游教育出版社,2000年。
89. 郑立:《张家界旅游开发史》,中国旅游出版社,1999年。

90. 周世强:"生态旅游与自然保护、社会发展相协调的旅游行为途径",《旅游学刊》,1998年第4期。
91. 朱信凯、雷海章、张娇健:"生态旅游农业发展初探",《农业现代化研究》,1999年第6期。

后　记

　　本书是以博士论文为基础，博士后期间潜心修改而成的书，凝结着我的导师、师兄弟和研究生们三代学人的心血。

　　1989年硕士毕业后，我回到家乡张家界，一干就是十余年。正是那片神奇的山水，让我与生态旅游结下不解之缘，也与许多张家界人成为挚友。

　　2000年我有幸考入中国科学院地理科学与资源研究所，师从毛汉英、陈田研究员。三年攻读博士学位期间，导师在学业上严格要求，生活上关怀备至。学位论文的选题、开题、可行性分析，两位导师更是一丝不苟，倾注了大量心血。正是导师的引领，我才有机会参加重大课题研究，接触到当前旅游研究的前沿，科学素养和规划动手能力得到明显提高。

　　特别感激前辈何龙和师兄方创琳，没有他们的帮助，我根本就不敢奢望从偏远的山沟考入中国科学院地理科学与资源研究所。

　　本书渗透着多名专家学者的智慧，他们是中国科学院地理科学与资源研究所的吴传钧、陆大道、尹泽生、刘毅、成升魁、董锁成、樊杰、牛亚菲、甘国辉、何书金、张文忠、刘家明、钟林生，北京大学的杨开忠、俞孔坚、吴必虎、李迪华，东北财经大学的卢昌崇、谢彦君，同济大学的刘滨谊、严国泰等。张家界市旅游局原局长杨开业、森林公园管理处的尹立、李赫龙，张家界市环境监测站的黄学锋等在实证研究方面，给予了很多帮助。

同门师兄李平，给我提供了许多经典著作，在百忙中还将我急需的资料寄到我家。他这种主动帮助他人，无求也应的品格，使我深受感动。商务印书馆的颜廷真博士以及其他老师，为提高本书的出版质量，做了许多深入细致的工作。

在京"读博"期间，"同室操锅"、"有盐同咸、无盐同淡"的学兄，河南地理研究所所长冯德显，以及张耀军、黄金川、高群、王长征、龙开元、许豫东、陈颖彪、武建军、尤飞、唐政宏、章春华等学友，给予了诸多支持。

在深表感谢的同时，只有认真撰写论文，才能对得起上述老师、同学和朋友们的支持和帮助。值得欣慰的是这篇博士论文在盲审和答辩期间，包括两名院士的所有评阅专家，均给出了一致的投票结果"优秀"，也算是对关心与支持者的回报。

获得博士学位后，我没有急于出书，而是将尚未解决的问题，再凝炼成研究生论文题目，与研究生们一起继续研究。期间笔者参加或主持了湖南、大连、内蒙古、广西、西藏、福建、浙江、河北、甘肃、山西等地的旅游规划横向课题，特别是进入上海财经大学博士后流动站，师从何建民教授，对生态旅游区建设问题，有了更加深入的思考，修改、增加了很多内容。尽管此书还有许多不足，但我还是应该将这凝结着众人心血的成果予以出版，奉献给社会。

全 华

2006 年 10 月 1 日